禮記集說（上）

衛湜 撰

前聖繼天立極之道。
莫大於禮。
後聖垂世立教之書。
亦莫先於禮。
禮儀三百。
威儀三千。
孰非精神心術之所寓。

華夏出版公司本著「弘揚傳統文化，好書永世流傳」的理念，因舊版圖書年代久遠，囿於時空因素，在尚未能聯繫到原著作人並取得同意下，重新出版了這本著作，如有侵權，敬請著作權人或其親友和華夏出版公司聯繫，謝謝您。

禮記集說序

前聖繼天立極之道莫大於禮後聖垂世立教之書亦莫先於禮禮儀三百威儀三千孰非精神心術之所寓故能與天地同其節四代損益世遠經殘其詳不可得聞矣儀禮十七篇戴記四十九篇先儒表章庸學遂爲千萬世道學之淵源其四十七篇之文雖純駁不同然義之淺深同異誠未易言也鄭氏祖讖緯孔疏惟鄭之從雖有他說不復收載固爲可恨然其灼然可據者不可易也近世應氏集解於雜記大小記等篇皆闕而不釋噫愼終追遠其關於人倫世道非細故而可略哉先君子師事雙峰先生十有四年以是經三領鄉書爲開慶名進士所得於師門講論甚多中罹煨燼隻字不遺不肖孤僭不自量會萃衍繹而附以臆見之言名曰禮記集說蓋欲以坦明之說使初學讀之卽了其義庶幾章句通則蘊奧自見正不必高爲議論而卑視訓故之辭也書成甚欲就正于四方有道之士而衰年多疾遊歷良艱姑藏巾笥以俟來哲治教方興知禮者或有取焉亦愚者千慮之一爾至治壬戌良月旣望後學東匯澤陳澔序

禮記篇目

禮記卷之一

曲禮上第一

經曰。曲禮三千。言節目之委曲。其多如是也。此卽古禮經之篇名。後人以編簡多。故分爲上下。○張子曰。物我兩盡。自曲禮入。

曲禮曰。毋不敬。儼若思。安定辭。安民哉。毋。禁止辭。○朱子曰。首章言君子脩身。其要在此三者。而其效足以安民。乃禮之本。故以冠篇。○范氏曰。經禮三百。曲禮三千。可以一言蔽之。曰毋不敬。○程子曰。心定者。其言安以舒。不定者。其辭輕以疾。○劉氏曰。篇首三句。如曾子所謂君子所貴乎道者三。而籩豆之事。則有司存之意。蓋先立乎其大者也。毋不敬。則動容貌。斯遠暴慢矣。儼若思。則正顏色。斯近信矣。安定辭。則出辭氣。斯遠鄙倍矣。三者脩身之要。爲政之本。此君子脩己以敬。而其效至於安人安百姓也。○毋與無通。下同。冠去聲。遠去聲。

敖不可長。欲不可從。志不可滿。樂不可極。朱子曰。此篇雜取諸書精要之語。集以成篇。雖大意相似。而文不連屬。如首章四句。乃曲禮古經之言。敖不可長以下四句。不知何書語。又自爲一節。皆禁戒之辭。○應氏曰。敬之反爲敖。情之動爲欲。志滿則溢。樂極則反。○敖去聲。長上聲。從音縱。樂音洛。

賢者狎而敬之。畏而愛之。愛而知其惡。憎而知其善。積而能散。安安而能遷。朱子曰。此言賢者於其所狎能敬之。於其所畏能愛之。於其所愛能知其惡。於其所憎能知其善。雖積財而能散施。雖安安而能徙義。可以爲法。與上下文禁戒之辭不同。○應氏曰。安安者。隨所安而安也。安者仁之順。遷者義之決。○施去聲。

臨財毋苟得。臨難毋苟免。很毋求勝。分毋求多。毋苟得。見利思義也。毋苟免。守死善道也。很毋求勝。忿思難也。分毋求多。不患寡而患不均也。況求勝者未必能勝。求多者未必能多。徒爲失己也。○難分並去聲。

疑事毋質。直而勿有。朱子曰。兩句連說爲是。疑事毋質。卽少儀所謂毋身質言語也。直而勿有。謂陳我所見。聽彼決擇。不可據而有之。專務强辯。不然則是以身質言語矣。○少去聲。

若夫坐如尸。立如齊。疏曰。尸居神位。坐必矜莊。坐法必當如尸之坐。人之倚立。多慢不恭。雖不齊。亦當如祭前之齊。○朱子曰。劉原父云。此乃大戴禮曾子事父母篇之辭。曰孝子惟巧變。故父母安之。若夫坐如尸。立如齊。弗訊不言。言必齊色。此成人之善者也。未得爲人子之道也。此篇蓋取彼文。而若夫二字失於刪去。鄭氏不知其然。乃謂此二句爲丈夫之事。誤矣。○夫音扶。後俱倣此。齊音齋。疏去聲。後亦倣此。齊色之齊如字。

禮從宜。使從俗。鄭氏曰。事不可常也。○呂氏曰。敬者禮之常。禮時爲大。時者禮之變。禮常盡變。則達之天下。周旋無窮。○應氏曰。大而百王百世。質文損益之時。小而一事一物。泛應酬酢之節。又曰。五方皆有性。千里不同風。所以入國而必問俗也。○使去聲。泛應之應去聲。

夫禮者。所以定親疏。決嫌疑。別同異。明是非也。疏曰。五服之內。大功以上服麤者爲親。小功以下服精者爲疏。若妾爲女君期。女君爲妾若服之則太重。降之則有舅姑爲婦之嫌。故全不服。是決嫌也。孔子之喪。門人疑所服。子貢請若喪父而無服。是決疑也。本同今異。姑姊妹是也。本異今同。世母叔母及子婦是也。得禮爲是。失禮爲非。若主人未小斂。子游裼裘而弔。得禮是也。曾子襲裘而弔。失禮非也。○別。必列切。爲女爲妾爲婦之爲。去聲。期音基。斂。去聲。

禮不妄說人。不辭費。求以悅人。巳失處心之正。況妄乎。不妄悅人。則知禮矣。躁人之辭多。君子之辭達意則止。言者煩。聽者必厭。○說音悅。處上聲。

禮不踰節。不侵侮。不好狎。踰節則招辱。侵侮則忘讓。好狎則忘敬。三者皆叛禮之事。不如是則有以持其莊敬純實之誠。而遠於恥辱矣。○好去聲。遠去聲。

○脩身踐言。謂之善行。行脩言道。禮之質也。人之所以爲人。言行而已。忠信之人。可以學禮。故曰禮之質也。○鄭氏曰。言道。言合於道也。○行。去聲。

禮聞取於人。不聞取人。禮聞來學。不聞往教。朱子曰。此與孟子治人治於人。食人食於人。語意相類。取於人者。爲人所取法也。取人者。人不來而我引取之也。來學往教。卽其事也。○治。平聲。食音嗣。

道德仁義。非禮不成。道。猶路也。事物當然之理。人所共由。故謂之道。行道而有得於身。故謂之德。仁者。心之德。愛之理。義者。心之制。事之宜。四者皆由禮而入。以禮而成。蓋禮以敬爲本。敬者。德之聚也。

教訓正俗。非禮不備。立教於上。示訓於下。皆所以正民俗。然非齊之以禮。則或有教訓所不及者。故非禮不備。

分爭辯訟。非禮不決。朱氏曰。爭見於事而有曲直。分爭則曲直不相交。訟形於言而有是非。辯訟則是非不相敵。禮所以正曲直。明是非。故此二者非禮則不能決。○見音現。

君臣上下。父子兄弟。非禮不定。一主於義。一主於恩。恩義非禮則不能定。

宦學事師。非禮不親。宦。仕也。仕與學皆有師。事師所以明道也。而非禮則不相親愛。

班朝治軍。涖官行法。非禮威嚴不行。班朝。朝廷上下之位。治軍。軍旅左右之局。分職以涖官。謹守以行法。威則人不敢犯。嚴則人不敢違。四者非禮則威嚴不行。○朝。治。並平聲。

禱祠祭祀。供給鬼神。非禮不誠不莊。禱以求爲意。祠以文爲主。祭以養爲事。祀以安爲道。四者皆以供給鬼神。誠出於心。莊形於貌。四者非禮則不誠不莊。○今按供給者。謂奉薦牲幣器皿之類也。

是以君子恭敬撙節退讓以明禮。是以承上文而言。撙裁抑也。禮主其減。○撙。祖本切。

鸚鵡能言。不離飛鳥。猩猩能言。不離禽獸。今人而無禮。雖能言。不亦禽獸之心乎。夫惟禽獸無禮。故父子聚麀。鸚鵡鳥之慧者。隴蜀嶺南皆有之。猩猩人面豕身。出交趾封谿等處。禽者鳥獸之總名。鳥不可曰獸。獸亦可曰禽。故鸚鵡不曰獸。而猩猩則通曰禽也。聚。猶共也。獸之牝者曰麀。○離。去聲。猩音生。坊本音星。

是故聖人作。句爲禮以教人。使人以有禮。知自別於禽獸。朱子曰。聖人作絕句。○別。必列切。

大上貴德。其次務施報。禮尚往來。往而不來。非禮也。來而不往。亦非禮也。大上。帝皇之世。但貴其德足以及人。不貴其報。其次。三王之世。禮至三王而備。故以施報爲尚。○施。去聲。下同。大音泰。

人有禮則安。無禮則危。故曰禮者不可不學也。禮者。安危之所係。自天子至於庶人。未有無禮而安者也。

夫禮者。自卑而尊人。雖負販者。必有尊也。而況富貴乎。負者事於力。販者事於利。雖卑賤。不可以無禮也。○販。方萬切。富貴而知好禮。則不驕不淫。貧賤而知好禮。則志不懾。馬氏曰。富
貴之所以驕淫。貧賤之所以懾怯。以內無素定之分。而與物爲輕重也。好禮。則有得於內。而在外者莫能奪矣。○好。去聲。懾。之涉切。分。音問。○人生十年曰幼。學。二十曰
弱。冠。三十曰壯。有室。四十曰強。而仕。五十曰艾。服官政。六十曰耆。指使。七十曰老。而傳。八十九十
曰耄。七年曰悼。悼與耄雖有罪。不加刑焉。百年曰期。頤。朱子曰。十年曰幼爲句絕。學字自爲一句。下至百年曰期。皆然。○呂氏曰。五十曰艾。
髮之蒼白者。如艾之色也。古者四十始命之仕。五十始命之服官政。仕者。爲士以事人。治官府之小事也。服官政者。爲大夫以長人。與聞邦國之大事者也。才可用則使之仕。德成乃命爲大夫也。
者耆。稽久之稱。不自用力。惟以指意使令人。故曰指使。傳。謂傳家事於子也。耄。惽忘也。悼。憐愛也。耄者。老而知已衰。悼者。幼而知未及。雖或有罪。情不出於故。故不加刑。人壽以百年爲期。故曰期。
飲食居處動作。無不待於養。故曰頤。○冠。去聲。治。平聲。長。上聲。與。去聲。令。平聲。知。音智。大夫七十而致事。致。還其職事於君也。若不得謝。則必賜之几
杖。不得謝。謂君不許其致事也。如辭謝代謝。亦皆却而退去之義。几。所以馮。杖。所以倚。賜之使自安適也。○馮與憑同。行役以婦人。適四方。乘安車。疏曰。婦人能養
人。故許自隨。古者四馬之車。立乘。安車者。一馬小車。坐乘也。自稱曰老夫。於其國則稱名。呂氏曰。老夫。長老者之稱。已國稱名者。父母之邦。不敢以尊者自居也。
越國而問焉。必告之以其制。應氏曰。一國有賢。衆國所仰。故越國而來問。文獻不足。則言禮無證。故必告之以其制。言舉國之故事以答之也。謀於長者。
必操几杖以從之。長者問。不辭讓而對。非禮也。謀於長者。謂往就長者而謀議所爲也。長者之前。當執謙虛。不辭讓。非事長之禮。○應氏曰。操几杖
以從。非謂長者所無也。執子弟之役。其禮然耳。○長。上聲。操。平聲。凡爲人子之禮。冬溫而夏凊。昏定而晨省。在醜夷不爭。溫以禦其寒。凊
以致其涼。定其衽席。省其安否。醜。同類也。夷。平等也。一朝之忿。忘其身。則害及其親。故在羣衆儕輩之中。壹於遜讓。○凊。七性切。省。悉井切。夫爲人子者。三賜不及車
馬。故州閭鄉黨稱其孝也。兄弟親戚稱其慈也。僚友稱其弟也。執友稱其仁也。交遊稱其信也。言爲
人子。謂父在時也。古之仕者。一命而受爵。再命而受衣服。三命而受車馬。有車馬。則尊貴之體貌備矣。今但受三賜之命。而不與車馬同受。故言不及車馬也。君之有賜。所以禮其臣。子之不受。不
敢並於親也。二十五家爲閭。四閭爲族。五百家爲黨。二千五百家爲州。一萬二千五百家爲鄉。孝之所該者大。故其稱最廣。曰慈。曰弟。曰仁。曰信。皆孝之事也。僚友。官同者。執友。志同者。同師之友。
其執志同。故曰執友。交遊。則泛言遠近之往來者。○弟。去聲。見父之執。不謂之進。不敢進。不謂之退。不敢退。不問不敢對。此
孝子之行也。父之執。父同志之友也。謂之。命之也。敬之同於父。○行。去聲。夫爲人子者。出必告。反必面。所遊必有常。所習必

有業。出則告違。反則告歸。又以自外來。欲省顏色。故言面。遊有常。身不他往也。習有業。心不他用也。○告音牿。恒言不稱老。恒言。平常言語之間也。自以老稱。則尊同於父
母。而父母爲過於老矣。古人所以斑衣娛戲者。欲安父母之心也。年長以倍。則父事之。十年以長。則兄事之。五年以長。則肩隨
之。肩隨。並行而差退也。此泛言長少之序。非謂親者。○長上聲。差楚宜切。少去聲。羣居五人。則長者必異席。古者地敷橫席。而容四人。長者居席端。若五人會。則
長者一人異席也。爲人子者。居不主奧。坐不中席。行不中道。立不中門。室西南隅爲奧。主奧。中席。皆尊者之道也。行道則或左或右。立
門則避棖闑之中。皆不敢迹尊者之所行也。古者男女異路。路各有中。門中央有闑。闑之兩旁有棖也。○闑魚列切。食饗不爲槩。食饗。如奉親延客及祭祀之類。皆是。不爲槩量
順親之心。而不敢自爲限節也。○食音嗣。槩丘蓋切。又音蓋。祭祀不爲尸。呂氏曰。尸取主人之子行而已。若主人之子。是使父北面而事之。人子所不安。故不爲也。○行音杭
聽於無聲。視於無形。先意承志也。○疏曰。雖聽而不聞父母之聲。雖視而不見父母之形。然常於心想像。似見形聞聲。謂父母將有教使已然。不登高。不臨
深。不苟訾。不苟笑。孝子不服闇。不登危。懼辱親也。疏曰。不服闇者。不行事於暗中。一則爲卒有非常。二則生物嫌。故孝子戒之。○呂氏曰。苟
訾近於讒。苟笑近於諂。服闇者欺人所不見。登危者行險以徼幸。是忘親也。非特忘之。不令之名。且將加之。皆辱道也。○訾音紫。闇音暗。爲去聲。卒倉沒切。父母存。不許友
以死。不有私財。不許友以死。謂不爲其友報仇也。親在而以身許人。是有忘親之心。親在而以財專已。是有離親之志。○爲離並去聲。爲人子者。父母存。
冠衣不純素。疏曰。冠純冠飾也。衣純深衣領緣也。○純音準。下同。緣去聲。孤子當室。冠衣不純采。呂氏曰。當室謂爲父後者。問喪曰。童子不緦。唯當室
緦。亦指爲父後者。所謂不純采者。雖除喪猶純素也。惟當室者行之。非當室者不然也。幼子常視毋誑。視與示同。常示之以不可欺誑。所以習其誠。童子不衣
裘裳。立必正方。不傾聽。呂氏曰。裘之溫。非童子所宜。裳之飾。非童子所便。立必正所向之方。或東或西。或南或北。不偏有所向。士相見禮云。凡燕見於君。必辨君之南
面。若不得。則正方不疑君。疑謂邪向之也。○衣去聲。燕見見音現。長者與之提攜。則兩手奉長者之手。負劍辟咡詔之。則掩口
而對。劉氏曰。長者或從童子背後而俯首與之語。則童子如負長者然。長者以手挾童子於脅下。則如帶劍然。蓋長者俯與童子語。有負劍之狀。非眞負劍也。辟偏也。咡口旁。詔告語也。
掩口而對。謂童子當以手障口氣而應對。不敢使氣觸長者也。○奉上聲。辟音僻。咡音二。應去聲。從於先生。不越路而與人言。遭先生於道。趨
而進。正立拱手。先生與之言則對。不與之言則趨而退。呂氏曰。先生者。父兄之稱。有德齒可爲人師者。猶父兄也。故亦稱先生。以師爲
父兄。則學者自比於子弟。故稱弟子。○從去聲。從長者而上丘陵。則必鄉長者所視。登城不指。城上不呼。高而有向背者爲丘。平而

人可陵者爲陵。鄉長者所覤。恐有問。則即所見以對也。城人所恃以爲安固者。有所指則惑見者。有所呼則駭聞者。○石梁王氏曰。先生年德俱高。又能敎道人者。長者則直以年爲稱也。○

從去聲。上上聲。鄉呼並去聲。背音佩。道去聲。**將適舍。求毋固。**戴氏曰。就館者誠不能無求於主人。然執平日之所欲而必求於人。則非爲客之義。**將上堂。聲必**

揚。戶外有二屨。言聞則入。言不聞則不入。上堂升主人之堂也。揚其聲者。使內人知之也。古人脫屨在戶外。客雖衆。脫屨於戶內者。惟長者一人。言

有二屨。則幷戶內一屨爲三人矣。三人而所言不聞於外。必是密謀。故不入也。○上上聲。屨音據。俗混作上聲。聞去聲。**將入戶。視必下。入戶奉扃。視瞻毋**

回。戶開亦開。戶闔亦闔。有後入者。闔而勿遂。入戶。入主人之戶也。視下。不擧目也。扃。門關木也。入戶之時。兩手當心。如奉扃然。雖視瞻而不爲迴

轉。嫌於干人之私也。開闔皆如前。不違主人之意也。遂。闔之盡也。嫌於拒後來者。故勿遂。○奉上聲。**毋踐屨。毋踖席。摳衣趨隅。必愼唯諾。**復下曰舃。單下

曰屨。毋踐屨。謂後來者不可躐先入者所脫之屨也。踖猶躐也。玉藻曰。登席不由前爲躐席。是登席當由前也。摳。提也。摳衣與論語攝齊同。欲便於坐。故摳之。趨隅。由席角而升坐也。唯諾皆

應辭。既坐定。又當謹於應對也。○踖音迹。摳苦侯切。唯上聲。齊音咨。應去聲。**大夫士出入君門。由闑右。不踐閾。**闑。門橛也。當門之中。闑東爲右。主人入門

而右。客入門而左。大夫士由右者。以臣從君。不敢以賓敵主也。○闑魚列切。**凡與客入者。每門讓於客。客至於寢門。則主人請入爲**

席。然後出迎客。客固辭。主人肅客而入。讓於客。欲客先入也。爲猶布也。○疏曰。天子五門。諸侯三門。大夫二門。禮有三辭。初曰禮辭。再曰固辭。三曰終

辭。○呂氏曰。肅客者。俯手以揖之。所謂肅拜也。**主人入門而右。客入門而左。主人就東階。客就西階。客若降等。則就主**

人之階。主人固辭。然後客復就西階。入右。所以趨東階。入左。所以趨西階。降等者。其等列卑於主人也。主人固辭者。不敢當客之尊己也。**主人與**

客讓登。主人先登。客從之。拾級聚足。連步以上。上於東階則先右足。上於西階則先左足。讓登欲客

先升也。客不敢當。故主人先而客繼之。拾級。涉階之級也。聚足。後足與前足相合也。連步。步相繼也。先右先左。各順入門之左右也。○拾音涉。上上聲。並上聲。**帷薄之外不趨。堂**

上不趨。執玉不趨。堂上接武。堂下布武。室中不翔。疏曰。帷幔也。薄簾也。接武。足迹相接也。○陳氏曰。文者上之道。武者下之道。故足在體之

下曰武。卷在冠之下亦曰武。執玉不趨。不敢趨也。室中不翔。不可翔也。行而張拱曰翔。○朱氏曰。帷薄之外無人。不必趨以示敬。堂上地迫。室中地尤迫。故不趨不翔也。**並坐不橫**

肱。授立不跪。授坐不立。橫肱則妨並坐者。不跪不立。皆謂不便於受者。**凡爲長者糞之禮。必加帚於箕上。以袂拘而退。**

其塵不及長者。以箕自鄉而扱之。糞除穢也。少儀云。埽席前曰拚。義與糞同。呂氏讀扱爲插音。然凡氣之出入。噓則散。吸則聚。今以收斂爲義。則吸音爲是。

○疏曰。初持箕往時。帚置箕上。兩手舉箕。當埽時。一手捉帚。舉一手衣袂以拘障於帚前。且埽且遷。故云拘而退。扱。斂取也。以箕自向斂取糞穢。不以箕向尊者。○爲去聲。帚之手切。拘音溝。又如字。鄉去聲。下同。扱音吸。埽去聲。**奉席如橋衡。**如橋之高。如衡之平。乃奉席之儀也。○奉上聲。橋如字。**請席何鄉。請衽何趾。**設坐席則問面向何方。設臥席則問足向何方。○疏曰。坐爲陽。面亦陽也。臥爲陰。足亦陰也。故所請不同。**席南鄉北鄉。以西方爲上。東鄉西鄉。以南方爲上。**朱子曰。東向南向之席。皆尚右。西向北向之席。皆尚左也。**若非飲食之客。則布席。席閒函丈。**非飲食之客。則是講說之客也。○疏曰。古者飲食燕享。則賓位在室外牖前。列席南向。不相對。相對者。惟講說之客。席之制。三尺三寸三分寸之一。則兩席并中閒空地共一丈也。○閒從月。俗從日。誤。函音咸。空去聲。**主人跪正席。客跪撫席而辭。客徹重席。主人固辭。客踐席乃坐。**跪而正席。敬客也。撫以手按止之也。客不敢居重席。故欲徹之。主人固辭則止。客踐席將坐。主人乃坐也。○重平聲。**主人不問。客不先舉。**席坐既定。主人以客自外至。當先有所問。客乃答之。客不當先舉言也。**將卽席。容毋怍。兩手摳衣。去齊尺。衣毋撥。足毋蹶。**劉氏曰。將就席。須詳緩而謹容儀。毋使有失而可愧怍也。仍以兩手摳揭衣之兩旁。使下齊離地一尺而坐。以便起居。免有蹎躓失容也。坐後更須整疊前面衣衽。毋使撥開。又古人以膝坐。久則膝不安。而易以蹶動。坐而足動。亦爲失容。故戒以毋動也。管寧坐席歲久。惟兩膝著處穿。是足不動故然耳。○齊音咨。撥半末切。離易並去聲。著直略切。**先生書策琴瑟在前。坐而遷之。戒勿越。**疏曰。坐亦跪也。弟子將行。若遇師諸物。或當己前。則跪而遷移之。戒愼不得踰越。**虛坐盡後。食坐盡前。坐必安。執爾顏。長者不及。毋儳言。**古者席地而俎豆在其前。盡後。謙也。盡前。恐汙席也。儳。暫也。亦參錯不齊之貌。長者言事未竟。未及其他。少者不可舉他事爲言。暫然錯雜長者之說。○盡子忍切。儳仕鑑切。**正爾容。聽必恭。毋勦說。毋雷同。必則古昔。稱先王。**上言執爾顏。謂顏色無或變異。此言正爾容。則正其一身之容貌也。聽必恭。亦謂聽長者之言也。擥取他人之說以爲己說。謂之勦說。聞人之言而附和之。謂之雷同。如雷之發聲而物同應之也。惟法則古昔。稱述先王。乃爲善耳。○勦初交切。擥。攬同。和去聲。**侍坐於先生。先生問焉。終則對。**問終而後對。欲盡聞所問之旨。且不敢雜亂尊者之言也。**請業則起。請益則起。**請業者。求當習之事。請益者。再問未盡之蘊。起所以致敬也。**父名無諾。先生名無諾。唯而起。**父以恩。師以道。故所敬同。○呂氏曰。諾者許而未行也。○唯上聲。**侍坐於所尊敬。毋餘席。見同等不起。**所尊敬。謂先生長者及有德有位之人也。餘席。謂己之席與尊者之席相近。則坐於其端。不使有空餘處。近則應對審也。同等之人與己無尊卑。故不爲之起。○空去聲。**燭至起。食至起。上客起。**燭至而起。以時之變也。食至而起。以禮之行也。上客至而起。以其非同等也。**燭不見跋。**跋。本也。古者未有蠟燭。以火炬照夜。將盡則藏其所餘之殘本。恐客見之。以夜久欲辭退也。○見音現。跋音鈸。**尊客之前不叱狗。**

方氏曰。不以至賤褻尊者之聽。讓食不唾。嫌於似鄙惡主人之饌也。○唾。吐臥切。惡。去聲。

侍坐於君子。君子欠伸。撰杖屨。視日蚤莫。侍坐者請出矣。氣乏則欠。體疲則伸。撰。猶持也。此四者皆厭倦之容。恐妨君子就安。故請退。○撰。須兗切。莫音暮。

侍坐於君子。君子問更端則起而對。呂氏曰。問更端則起而對者。因事有所變而起敬也。○更。平聲。

侍坐於君子。若有告者曰。少閒。願有復也。則左右屏而待。居左則屏於左。居右則屏於右。○鄭氏曰。復。白也。言欲須少空閑。有所白也。屏猶退也。○呂氏曰。屏而待。不敢干其私也。○閒音閑。屏音丙。空去聲。

毋側聽。毋噭應。毋淫視。毋怠荒。上言聽必恭。側耳以聽。非恭也。應答之聲宜和平。高急者。悖戾之所發也。淫視。流動邪眄也。怠荒。謂容止縱慢。○噭音叫。應。去聲。

遊毋倨。立毋跛。坐毋箕。寢毋伏。遊。行也。倨。傲慢也。立當兩足整齊。不可偏任一足。箕。謂兩展其足。狀如箕舌也。伏。覆也。○倨音據。跛。彼義切。

斂髮毋髢。疏曰。髢。髲也。垂如髲也。古人重髮。以纚韜之。不使垂。○髢音替。髲音避。

冠毋免。勞毋袒。暑毋褰裳。喪有喪冠。吉有吉冠。非當免之時。不可免。有袒而露其裼衣者。有袒而割牲者。因勞事而免。不袒則爲褻。褰。揭也。涉淺而揭則可。暑而揭其裳。亦爲褻。

侍坐於長者。屨不上於堂。解屨不敢當階。侍長者之坐於堂。故不敢以屨升。若長者在室。則屨得上堂而不得入室。戶外有二屨是也。解。脫也。屨有綦繫。解而脫之。不敢當階。爲妨後升者。

就屨。跪而舉之。屏於側。疏曰。此侍者或獨暫退時取屨法也。就。猶著也。初升時解置階側。今下著之。先往階側跪舉取之。故云就屨。跪而舉之也。屏於側者。屏退不當階也。○屏音丙。著。入聲。

鄉長者而屨。跪而遷屨。俯而納屨。疏曰。此明少者禮畢退去。爲長者所送。則於階側跪取屨稍移之。面向長者而著之。遷。徙也。就階側跪取稍移近前也。俯而納者。既取因俯身向長者而納足著之。不跪者。跪則足向後不便。故俯也。雖不並跪。亦坐左納右。坐右納左。

離坐離立。毋往參焉。離立者。不出中間。方氏曰。兩相麗之謂離。三相成之謂參。○應氏曰。出其中間。則立者必散而不成列矣。故君子謹之。○離。平聲。

男女不雜坐。不同椸枷。不同巾櫛。不親授。內則註云。植者曰楎。橫者曰椸。枷與架同。置衣服之具也。巾以帨潔。櫛以理髮。此四者皆所以遠私褻之嫌。○椸音移。枷音架。楎。戶昆切。音同渾。遠。去聲。

嫂叔不通問。諸母不漱裳。不通問。無問遺之往來也。諸母。父妾之有子者。漱。浣也。裳。賤服。不使漱裳。亦敬父之道也。○漱。平聲。遺。去聲。

外言不入於梱。內言不出於梱。梱。門限也。內外有限。故男不言內。女不言外。

女子許嫁纓。許嫁則繫以纓。示有所繫屬也。此與幼所佩香纓不同。大故。大事也。○屬音燭。

姑姊妹女子子。已嫁而反。兄弟弗與同席而坐。弗與同器而食。女子子。重言子者。別於男子也。專言兄弟者。遠同等之嫌。○遠。去聲。

父子不同席。尊卑之等異也。

男女非有行媒。不相知名。非受幣。不交不親。行媒。謂媒氏之往來也。名。謂男女之名也。受幣。然後親交之禮分定。○分音問。

故日月以告君。

齊戒以告鬼神。爲酒食以名鄉黨僚友。以厚其別也。日月。娶婦之期也。媒氏書之以告于君。厚其別者。重愼男女之倫也。○別。彼列切。

取妻不取同姓。鄭氏曰。爲其近禽獸。○取。去聲。下取妻同。故買妾不知其姓則卜之。卜其吉凶。寡婦之子。非有見焉。弗與

爲友。有見。才能卓異也。若非有好德之實。則難以避好色之嫌。故取友者謹之。○見音現。好去聲。賀取妻者曰。某子使某聞子有客。使某羞。

呂氏曰。賀者。以物遺人而有所慶也。著代以爲先祖後。人子之所不得已。故不用樂。且不賀也。然爲酒食以名鄉黨僚友。則遺問不可廢也。故其辭曰。聞子有客。使某羞。舍曰昏禮而謂之有

客。則所以羞者。佐其供具之費而已。非賀也。作記者因俗之名稱賀。貧者不以貨財爲禮。老者不以筋力爲禮。應氏曰。無財不可以爲悅。而財非貪

者之所能辦。非強有力者不足以行禮。而強有力非老者之所能勉。名子者不以國。不以日月。不以隱疾。不以山川。常語易及。則避諱爲難。故

名子者不之用。男女異長。各爲伯仲。示不相干雜之義也。○長。上聲。男子二十冠而字。冠而字之。敬其名也。○冠。去聲。父前子名。君前臣名。

呂氏曰。事父者家無二尊。雖母不敢以抗之。故無長幼皆名。不敢致私敬於其長也。事君者國無二尊。雖父不可以抗之。故無貴賤尊卑皆名。不敢致私敬於其所尊貴也。春秋鄢陵之戰。欒

書欲載晉侯。其子鍼曰。書退。此君前臣名。雖父亦不敢抗也。女子許嫁。笄而字。許嫁則十五而笄。未許嫁則二十而笄。亦成人之道也。故字之。凡進食之禮。

左殽右胾。食居人之左。羹居人之右。膾炙處外。醯醬處內。葱渫處末。酒漿處右。以脯脩置者。左

胊右末。肉帶骨曰殽。純肉切曰胾。骨剛故左。肉柔故右。飯左羹右。分燥濕也。膾炙異饌。故在殽胾之外。醯醬食之主。故在殽胾之內。葱渫。烝葱。亦菹類。加豆也。故處末。酒漿或酒或漿

也。處羹之右。若兼設。則左酒右漿。○疏曰。脯訓始。始作即成也。脩亦脯。脩訓治。治之乃成。薄析曰脯。捶而施薑桂曰腶脩。胊謂中屈也。左胊。胊置左也。脯脩處酒左。以燥爲陽也。○呂氏曰。其

末在右。便於食也。食脯脩者先末。○胾。側吏切。食音嗣。炙音柘。處。上聲。渫音薛。胊音劬。腶音段。客若降等。執食興辭。主人興辭於客。然後客坐。

降等。謂爵齒卑於主人也。不敢當主賓之禮。故食至則執之以起。而致辭於主人。主人見客起辭。故亦起而致辭於客。客乃復就其坐也。主人延客祭。祭食。祭所先

進。殽之序。徧祭之。古人不忘本。每食必每品出少許。置於豆閒之地。以報先代始爲飲食之人。謂之祭。延。導之也。祭食之禮。主人所先進者則先祭之。後進者後祭。各以殽

之次序而祭之徧也。○朱子曰。古人祭酒於地。祭食於豆閒。有版盛之。卒食徹去。○序。平聲。三飯。主人延客食胾。然後辯殽。疏曰。三飯。謂三食也。禮食三飧

而告飽。須勸乃更食。三飯竟。而主人乃導客食胾也。公食大夫禮云。賓三飯以湆醬。鄭云。每飯歠湆以殽擩醬。食正饌也。所以至三飯後乃食胾者。以胾爲加。故三飧前未食。食胾之後。乃可

徧食殽也。○飯。上聲。辯音徧。湆音泣。擩音碝。主人未辯。客不虛口。疏曰。虛口。謂食竟而飲酒蕩口。使清潔及安食也。用漿曰漱。以潔清爲義。用酒曰酳。酳訓演。演養其

氣也。侍食於長者。主人親饋則拜而食。主人不親饋則不拜而食。饋進饌也。○方氏曰。凡以稱禮之施而已。○稱去聲。共食不飽。共飯不澤手。呂氏曰。共食者所食非一品。共飯者止飯而已。共食而求飽。非讓道也。不擇手者。古之飯者以手。與人共飯。摩手而有汗澤。人將惡之而難言。○之飯飯上聲。惡去聲。毋摶飯。毋放飯。毋流歠。毋摶者。疏云。若取飯作摶。則易得多。是欲爭飽也。○朱氏曰。放謂食之放肆而無所節也。流謂飲之流行而不知止也。○摶徒丸切。上飯如字。下飯上聲。易去聲。毋咤食。毋齧骨。毋反魚肉。毋投與狗骨。毋固獲。咤食。謂當食而叱咤。疏謂以舌口中作聲。毋咤恐似於氣之怒也。毋齧。嫌其聲之聞也。毋反魚肉。不以所餘反於器。鄭云。謂已歷口。人所穢也。毋投與狗骨。不敢賤主人之物也。求之堅曰固。得之難曰獲。固獲。謂必欲取之也。○咤陟嫁切。毋揚飯。飯黍毋以箸。揚謂以手散其熱氣。嫌於欲食之急也。毋以箸。貴其匕之便也。○下飯上聲。箸音筯。毋嚃羹。毋絮羹。毋刺齒。毋歠醢。客絮羹。主人辭不能亨。客歠醢。主人辭以窶。羹之有菜宜用梜。不宜以口嚃取食之也。絮就器中調和也。口容止。不宜以物刺於齒也。醢宜鹹。歠之以其味淡也。客或有絮羹者。則主人以不能亨飪為辭。客或有歠醢者。則主人以貧窶乏味為辭。○嚃音踏。絮摛據切。刺七迹切。亨音烹。窶其羽切。濡肉齒決。乾肉不齒決。毋嚃炙。濡肉。殽胾之類。乾肉。脯脩之類。決。斷也。不齒決。則當治之以手也。○疏曰。火灼曰炙。若食炙不一舉而併食。併食之曰嚃。是貪食也。○乾音干。嚃楚怪切。炙音柘。斷上聲。卒食。客自前跪。徹飯齊以授相者。主人興辭於客。然後客坐。自從也。齊醬屬也。飯齊皆主人所親設。故客欲親徹。此亦謂降等之客耳。敵者不親徹也。○飯如字。齊牋西切。相去聲。侍飲於長者。酒進則起。拜受於尊所。長者辭。少者反席而飲。長者舉未釂。少者不敢飲。尊所。置尊之所也。飲盡爵曰釂。○呂氏曰。古之飲酒。貴賤長幼無不及。鄉飲之禮。堂下之賓。樂工及笙。無不與獻。特牲饋食禮。賓兄弟弟子。公有司私臣。無不與獻。其獻也。皆主人親酌授之。此侍飲者亦長者親酌授之。所以有拜受于尊所之節也。惟燕禮。以宰夫為獻主。故君不親酌。鄉飲射饋食禮。皆尊于房戶之間。賓主共之也。燕禮大射。皆尊于兩楹之西。尊面向君。君專之也。燕禮鄉飲禮。皆不云拜受於尊所。以禮與侍飲異也。○釂子妙切。與去聲。長者賜。少者賤者不敢辭。辭而後受。賓主平交之禮。非少賤事尊貴之道。賜果於君前。其有核者懷其核。敬君賜。故不敢弃核。御食於君。君賜餘。器之溉者不寫。其餘皆寫。御食於君者。君食而臣為之勸侑也。君以食之餘者賜之。若陶器或木器可以洗滌者。則即食之。或其器是萑竹所織。不可洗滌者。則傳寫於他器而食之。不欲口澤之瀆也。餕餘不祭。父不祭子。夫不祭妻。尸餕鬼神之餘。臣餕君之餘。賤餕貴之餘。下餕上之餘。皆餕也。此謂助祭執事。或為尸而所得餕之餘肉。以歸則不可以之祭其先。雖父之尊。亦不以祭其子。夫之尊。亦不以祭其妻。以食餘之物褻也。一說此祭是每食必祭之祭。食人之餘。及子進饌於父。妻進饌於夫。皆不祭而食。蓋敬主人之饌。故祭而後食。食人之餘而祭則殺。旛於卑者則非尊者之道。○餕音俊。御同於長者。雖貳不辭。偶坐不辭。御侍也。貳益物也。侍食者雖獲殽饌之重而不辭其多者。以此饌本為長者設耳。偶者配偶之義。因其有賓而已。亦偶配於坐。亦以此席不專為己設。故不辭也。○重平聲。羹之有菜者用梜。其無菜者不用梜。梜箸也。無菜者汁而已。直歠之可也。○梜音頰。為天子削瓜者副之。巾以絺。為國君者華之。巾以綌。為大夫累之。士疐之。庶人齕之。疏曰。削刊也。副析也。絺細葛也。刊其皮而析為四解。又橫解而以細葛巾覆之而進也。華半破也。綌麤葛也。諸侯禮降。故破而不四析。亦橫斷之。用麤葛巾覆之而進也。爾雅。瓜曰華之。郭璞云。食啖治擇之名。累倮也。不巾覆也。疐謂脫花處。疐之者。去疐而已。齕齧也。齕之不橫斷也。此等級不同。非謂平常之日。當是公庭禮會之時。○劉氏曰。大夫以上皆曰為者。有司為之也。士庶人不曰為者。自為之也。○方氏曰。巾以絺綌者。當暑以涼為貴也。○為去聲。副普逼切。絺音摛。綌音隙。累力果切。疐音帝。齕恨沒切。覆去聲。斷上聲。

父母有疾。冠者不櫛。行不翔。言不惰。琴瑟不御。食肉不至變味。飲酒不至變貌。笑不至矧。怒不至詈。疾止復故。此言養父母疾之禮。不櫛不為飾也。不翔不為容也。不惰不及他事也。疏謂情訛不正之言。琴瑟不御。以無樂意也。猶可食肉。但不至厭飫而口味變耳。猶可飲酒。但不至醺酣而顏色變耳。齒本曰矧。笑而見矧。是大笑也。怒罵曰詈。怒而至詈。是甚怒也。皆為忘憂。故戒之。復故。復常也。○冠去聲。惰徒禾切。養去聲。樂音洛。見音現。

有憂者側席而坐。有喪者專席而坐。有憂謂親有疾或他禍患。側獨也。獨坐一席。不設待賓之席。為有憂也。一說。側席謂偏設之。變於正席也。亦通。專單也。貴賤之席。各有重數。居喪則否。○呂氏曰。專席不與人共坐也。水潦降。不獻魚鼈。水涸魚鼈易得。不足貴。故不獻。獻鳥者佛其首。畜鳥者則勿佛也。佛謂捩轉其首。恐其喙之害人也。畜者不然。順其性也。○佛符勿切。畜許六切。獻車馬者執策綏。疏曰。策是馬杖。綏是上車之繩。車馬不上於堂。但執策綏呈之。則知有車馬。獻甲者執冑。獻杖者執末。疏曰。甲鎧。冑兜鍪也。鎧大兜鍪小。小者易舉。執以呈之耳。杖末拄地不淨。故執以自向。獻民虜者操右袂。民虜征伐所俘獲之人也。持其右袂。所以防異心。○操平聲。篇內並同。獻粟者執右契。獻米者操量鼓。疏曰。契者兩書一扎。同而別之。右者先書為尊。鼓量器名也。米云量。則粟亦量。粟云契。則米亦書。但米可即食為急。故言量。粟可久儲為緩。故云書。書比量為緩也。獻孰食者操醬齊。疏曰。醬齊為食之主。執主來則食可知。如見芥醬必知獻魚膾之類。○齊牋西切。獻田宅者操書致。書致。謂詳書其多寡之數而致之於人也。○呂氏曰。古者田宅皆屬於公。非民所得而有。而此云獻者。或上所賜予。可為己有者。如采地之屬。故可獻歟。○予上聲。采去聲。

凡遺人弓者。張弓尚筋。弛弓尚角。右手執簫。左手承弣。尊卑垂帨。若主人拜。則客還辟。辟拜。弓之體。角內而筋外。尚使之在上也。皆取其勢之順也。簫弰末也。疏云。弰之差斜似簫。故名。弣中央把處也。帨佩巾也。客主尊卑相等。則授受之際。皆稍磬折而見其帨之垂也。此時弓尚在客手。故不容答主人之拜而少逡巡遷延以避之。辟猶開也。謂離其所立之處。○呂氏曰。下於上曰獻。上於下曰賜。敵者曰遺。○遺。去聲。弣音撫。帨音稅。還音旋。上辟音闢。下辟音避。離去聲。主人自受。由
客之左。接下承弣。鄉與客並。然後受。自受者。以敵客不當使人受也。由。從也。從客左邊而受。則客在右矣。於是主人卻左手以接客之下而承其弣。又覆
右手以捉弓之下頭而受之。此時則主客並立而俱向南也。○方氏曰。賓主異等。則授受異向。此賓主敵。故鄉與客並也。○鄉。去聲。進劍者左首。疏曰。進亦遺也。首。劍拊環也。客
在右。主人在左。劍首爲尊。以尊處與主人也。假令對授。則亦左首。首尊。左亦尊爲宜也。○令。平聲。進戈者前其鐏。後其刃。疏曰。戈。鉤子戟也。刃當頭而利。鐏在尾而
鈍。不以刃授。敬也。○鐏。在困切。進矛戟者前其鐓。疏曰。矛如鋋而三廉。戟。今之戟也。鐓爲矛戟柄尾平底。以平向人。敬也。亦應並授。不云左右而云前後者。互文也。若相對
則前後也。若並授。則左右也。○鐓音隊。進几杖者拂之。拭去塵也。效馬效羊者右牽之。效。陳獻也。以右手牽之爲便。效犬者左牽之。
以右手防其齧噬。執禽者左首。禽。鳥也。首尊。主人在左。故橫捧而以首授主人。飾羔鴈者以繢。飾。覆之也。畫布爲雲氣以覆羔與鴈。爲相見之贄也。○繢音會。
覆。去聲。受珠玉者以掬。謂以兩手共承之也。受弓劍者以袂。謂以衣袂承接之。示不露手也。飲玉爵者弗揮。謂不可振去餘瀝。恐失墜。凡
以弓劍苞苴簞笥問人者。操以受命。如使之容。苞者。苞裹魚肉之屬。苴者。以草藉器而貯物也。簞圓笥方。皆竹器。問。遺之也。使者受命之時。操
持諸物。卽習其威儀進退。如至彼國之儀容也。○操。平聲。使。去聲。下二節同。凡爲君使者。已受命。君言不宿於家。受命卽行。君言至。則主
人出拜君言之辱。使者歸。則必拜送于門外。至則拜命。歸則拜送。皆敬君也。若使人於君所。則必朝服而命之。
使者反。則必下堂而受命。呂氏曰。使人於君所不下堂。反則下堂受命者。始以己命往。終以君命歸。故使者反而後致其敬。往則否也。○上使。如字。下使。去聲。博
聞强識而讓。敦善行而不怠。謂之君子。博聞强識而讓。所謂有若無。實若虛者。敦善行而不怠。所謂孳孳爲善者。皆君子之道也。○陳氏曰。聞識自外
入。善行由中出。自外入者易實。故處之以虛。由中出者易倦。故濟之以勤。○行。去聲。易。去聲。處。上聲。君子不盡人之歡。不竭人之忠。以全交也。呂氏
曰。盡人之歡。竭人之忠。皆責人厚者也。責人厚而莫之應。此交所以難全也。歡。謂好於我也。忠謂盡心於我也。好於我者。望之不深。盡心於我者。不要其必致。則不至於難繼也。○應。好。並去
聲。要。平聲。禮曰。君子抱孫不抱子。此言孫可以爲王父尸。子不可以爲父尸。爲君尸者。大夫士見之
則下之。君知所以爲尸者。則自下之。尸必式。乘必以几。疏曰。祭天地社稷山川四方百物及七祀之屬。皆有尸。外神不問同姓異姓。但
卜之吉。則可爲尸。祭勝國之社稷。則士師爲尸。惟祭殤無尸。○呂氏曰。抱孫不抱子。古禮經語也。曾子問曰。孫幼。則使人抱之。抱孫之爲言。生於孫幼。且明尸必以孫。以昭穆之同也。古之祭

祀必有尸。尸神象也。主人之事尸。以子事父也。尸必筮求諸神而不敢專也。在散齋之日。或道遇之。故有爲尸下之禮。大夫士言見君言知者。蓋君或不能盡識。有以告則下之。致其敬也。尸不下君而式之者。廟門之外。尸尊未全。不敢亢禮而答之。故式之而已。亢禮而答。則下之矣。如在廟中。主人拜無不答也。古者車中以式爲敬。式車前橫木也。馮之以禮人。首必小俛以是爲敬。式視馬尾。俯首之節也。凡尊者所馮以養安也。故尸之乘車用之。○散上聲。爲尸爲去聲。亢苦浪切。馮音憑。齊者不樂不弔。呂氏曰。古之有敬事者。必齊。齊者致精明之德也。樂則散。哀則動。皆有害於齊也。不樂不弔者。全其齊之志也。○齊音齋。樂音洛。居喪之禮。毀瘠不形。視聽不衰。升降不由阼階。出入不當門隧。門隧。門之中道也。○疏曰。居喪許羸瘦。不許骨露見。骨爲形之主。故謂骨爲形。○呂氏曰。先王制禮。毀不滅性。毀瘠形。視聽衰。幾於滅性。送死之大事。且將廢而莫之行。則罪莫大焉。不由阼階。不當門隧。孰人子之禮而未忍廢也。○見音現。幾平聲。居喪之禮。頭有創則沐。身有瘍則浴。有疾則飲酒食肉。疾止復初。不勝喪。乃比於不慈不孝。沐浴與飲酒食肉。以權制者也。故疾止則復初。○朱氏曰。下不足以傳後。故比於不慈。上不足以奉先。故比於不孝。○創平聲。瘍音羊。勝音升。五十不致毀。六十不毀。七十唯衰麻在身。飲酒食肉處於內。五十始衰。故不極毀。六十則又衰矣。故不可毀。七十之年。去死不遠。略其居喪之禮者。所以全其易盡之期也。○衰音催。處上聲。易去聲。生與來日。死與往日。與猶數也。成服杖。生者之事也。數死之明日爲三日。斂殯。死者之事也。從死日數之爲三日。是三日成服者。乃死之第四日也。○數上聲。知生者弔。知死者傷。知生而不知死。弔而不傷。知死而不知生。傷而不弔。方氏曰。不知生而弔之。則其弔也近於諂。不知死而傷之。則其傷也近於僞。○應氏曰。弔者禮之恤乎外。傷者情之痛於中。弔喪弗能賻。不問其所費。問疾弗能遺。不問其所欲。見人弗能館。不問其所舍。以貨財助喪事曰賻。此三事不能。則皆不問者。以徒問爲可愧也。○賻音附。遺去聲。賜人者不曰來取。與人者不問其所欲。賜者君子。與者小人。○朱氏曰。君子有守。必將之以禮。故不曰來取。小人無厭。必節之以禮。故不問其所欲。適墓不登壟。助葬必執紼。壟墳堆也。登之爲不敬。紼引棺索。執之致力也。臨喪不笑。以哀爲主。揖人必違其位。出位而揖。禮以變爲敬也。望柩不歌。入臨不翔。當食不歎。不歌與不笑義同。臨哭也。不翔不爲容也。唯食忘憂。非歎所也。○臨去聲。鄰有喪。舂不相。五家爲鄰。相者以音聲相勸。相。蓋舂人歌以助舂也。○相去聲。相勸之相如字。里有殯。不巷歌。適墓不歌。哭日不歌。二十五家爲里。巷歌歌於巷也。送喪不由徑。送葬不辟塗潦。臨喪則必有哀色。執紼不笑。不由徑。不苟取其速也。不避泥潦。嫌於憚勞也。○辟音避。臨樂不歎。亦爲非歎所也。介胄則有不可犯之色。故君子戒愼不失色於人。此章自揖人必違其位。當食不歎。臨樂不歎。介胄則有不可犯之色。四句之外皆是凶事之禮節記者詳之如此。每事戒愼。則無失禮之愧。不但不可失介冑之色而已。**國君撫式。大夫下之。大夫撫式。士下之。禮**
不下庶人。君與大夫或同途而出。君過宗廟而式。則大夫下車。士於大夫。猶大夫於君也。庶人卑賤。且貧富不同。故經不言庶人之禮。古之制禮者。皆自士而始也。先儒云。其有事。
則假士禮而行之。一說。此爲相遇於途。君撫式以禮大夫。則大夫下車。大夫撫式以禮士。則士下車。庶人則否。故云禮不下庶人也。**刑不上大夫。**大夫或有罪。以八議定之。議所
不赦。則受刑。周官掌囚。凡有爵者。與王之同族。奉而適甸師氏以待刑殺。而此云不上大夫者。言不制大夫之刑。猶不制庶人之禮也。**刑人不在君側。**人君當近有德者。又
以慮其怨恨而爲變也。闇弒餘祭。刑人在側之禍也。○祭。側界切。**兵車不式。武車綏旌。德車結旌。**疏曰。兵車革路也。尚武猛無推讓。故不式。武車亦革路也。
取其建戈刀。即云兵車。取其威猛。即云武車也。旌車上旌旛也。尚威武。故綺散若垂緌然。玉金象木四路不用兵。故曰德車。德美在內。不尚赫奕。故纏結其旌於竿也。○綏。而追切。**史載**
筆。士載言。疏曰。不言簡牘而曰筆者。筆是書之主。則餘載可知。言謂盟會之辭。舊事也。○方氏曰。史國史也。載筆。將以書未然之事。載言。欲以閱已然之事。**前有水則**
載青旌。疏曰。王行宜警備。故前有變異。則舉類示之。青旌者。青雀也。是水鳥。○載音戴。**前有塵埃。則載鳴鳶。**鳶。鴟也。鴟鳴則風生。風生則塵埃起。**前有車**
騎。則載飛鴻。鴻鴈也。鴈飛有行列。與車騎相似。○騎去聲。行音杭。**前有士師。則載虎皮。**虎威猛。亦士師之象。士師非所當警備者。而亦舉類以示衆。或者禁
止暴橫之意歟。**前有摯獸。則載貔貅。**摯獸。虎狼之屬。貔貅亦有威猛。舉此使衆知爲備。但不知爲載其皮。爲畫其形耳。**行。前朱鳥而後玄武。左**
青龍而右白虎。招搖在上。急繕其怒。行。軍旅之出也。朱鳥玄武青龍白虎。四方宿名也。以爲旗章。其旒數皆放之。龍旗則九旒。雀則七旒。虎則六旒。龜蛇
則四旒也。招搖北斗七星也。居四方宿之中。軍行法之。作此舉之於上。以指正四方。使戎陣整肅也。舊讀繕爲勁。今從呂氏說讀如字。其怒。士卒之怒也。○呂氏曰。急。迫之也。繕言作而致其
怒。先儒以繕爲勁。不必改也。○宿去聲。**進退有度。左右有局。各司其局。**疏曰。進退有度者。牧誓云。不愆于六步七步。乃止齊焉。四伐五伐。乃止齊焉。一擊一
刺爲一伐。少者四伐。多者五伐。又當止而齊正行列也。左右有局者。局部分也。軍之左右各有部分。不相濫也。各司其局者。軍行須監領也。○行音杭。分音問。監平聲。**父之讎弗**
與共戴天。兄弟之讎。不反兵。交遊之讎。不同國。不反兵。謂常以殺之之兵器自隨也。○呂氏曰。殺人者死。古今之達刑也。殺之而義。則無罪。故
令勿讎。調人之職是也。殺而不義。則殺者當死。宜告于有司而殺之。士師之職是也。二者皆無事乎復讎也。然復讎之文。雜見于經傳。考其所以。必其人勢盛。緩則不能執。故遇則殺之。不暇
告有司也。父者子之天。不能復父讎。仰無以視乎皇天矣。報之之意。誓不與讎俱生。此所以弗共戴天也。**四郊多壘。此卿大夫之辱也。地廣大荒而**
不治。此亦士之辱也。四郊者。王城之外四面近郊五十里。遠郊百里。侯國亦各有四郊。里數則各隨其地之廣狹而爲遠近也。壘者屯軍之壁。卿大夫不能謀國。數見侵

伐。故多壘。土廣人稀。荒穢不理。此二者固皆卿大夫之責。士卑不與謀國。而田里之事則其職也。故言亦士之辱。○數音朔。與去聲。臨祭不惰。祭服敝則焚之。祭器敝則埋之。龜筴敝則埋之。牲死則埋之。呂氏曰。人所用則焚之。焚之陽也。鬼神所用則埋之。埋之陰也。○筴。夾劫策三音。凡祭於公者。必自徹其俎。疏曰。此謂士助君祭也。若大夫以上。則君使人歸其俎。若大夫以下。自祭其廟。則使人歸賓俎。○呂氏曰。執臣子之敬。毋敢視賓客。故自徹其俎以出也。卒哭乃諱。禮不諱嫌名。二名不偏諱。葬而虞。虞而卒哭。凡卒哭之前。猶用事生之禮。故卒哭乃諱其名。嫌名音同者。不偏諱。謂可單言。逮事父母。則諱王父母。不逮事父母。則不諱王父母。逮及也。庶人父母早死。不聞父之諱其祖。故亦不諱其祖。有廟以事祖者則不然也。君所無私諱。大夫之所有公諱。私諱不避於公朝。大夫則諱其先君也。詩書不諱。臨文不諱。不因避諱而易詩書之文。或行事之語。蓋恐有惑於學者。有誤於承用也。廟中不諱。廟中之諱。以卑避尊。如有事於高祖。則不諱曾祖以下也。夫人之諱。雖質君之前。臣不諱也。婦諱不出門。大功小功不諱。質猶對也。夫人之諱與婦之諱。皆謂其家先世。門者。其所居之宮門也。大功以下。恩輕服殺。故亦不諱。入竟而問禁。入國而問俗。入門而問諱。馬氏曰。問禁慮得罪於君也。問俗慮得罪於衆也。問諱慮得罪於主人也。○竟上聲。與境同。篇內並同。外事以剛日。內事以柔日。甲丙戊庚壬爲剛。乙丁己辛癸爲柔。先儒以外事爲治兵。然巡狩朝聘盟會之類。皆外事也。內事如宗廟之祭。冠昏之禮皆是。凡卜筮日。旬之外曰遠某日。旬之內曰近某日。喪事先遠日。吉事先近日。疏曰。今月下旬。筮來月上旬。是旬之外日也。主人告筮者云。欲用遠某日。此大夫禮。士賤職褻。時至事暇可以祭。則於旬初即筮旬內之日。主人告筮者云。用近某日。天子諸侯有雜祭。或用旬內。或用旬外。其辭皆與此同。喪事。謂葬與二祥。是奪哀之義。非孝子所欲。但不獲已。故先從遠日而起。示不宜急。微伸孝心也。吉事。謂祭祀冠昏之屬。少牢云。若不吉。則及遠日。是先近日也。○冠少並去聲。曰爲日。假爾泰龜有常。假爾泰筮有常。卜筮不過三。卜筮不相襲。曰命辭也。爲字去聲。讀爲卜吉日。故曰爲日。卜則命龜曰爲日假爾泰龜有常。筮則命蓍曰爲日假爾泰筮有常。假因也。託也。泰者尊上之辭。有常言其吉凶常可憑信也。此命蓍龜之辭。不過三者。一不吉。至再至三。終不吉則止而不行。襲因也。卜不吉則止。不可因而更筮。筮不吉則止。不可因而更卜也。龜爲卜。筴爲筮。卜筮者。先聖王之所以使民信時日。敬鬼神。畏法令也。所以使民決嫌疑。定猶與也。故曰疑而筮之。則弗非也。日而行事。則必踐之。筴。蓍也。舊說讀踐爲善。文義甚迂。疏引王氏說踐履也。必履而行之。當讀如字。○疏曰。說文。猶獸名。與亦獸名。二物皆進退多疑。人之多疑惑者似之。故謂之猶與。○呂氏曰。凡常事卜不吉則不筮。筮不吉則不卜。獻公卜納驪姬。不吉。公曰筮之。此相襲也。若大事則先筮而後卜。洪範有龜從筮從。或龜從筮逆。龜筮並用也。晉卜納襄王得黃帝戰阪泉之兆。又筮之。遇大有之睽亦龜筮並用也。故知不相襲者。非大事也。信時日者。卜筮而用之。不敢改也。敬鬼神者。人謀非不足。而猶求於鬼神。知有所尊而不敢必也。畏法令者。人君法令有疑者決之卜筮。則君且不敢專。況下民乎。嫌疑者物有二而相似也。猶與者事有二而不決也。如建都邑。某地可都。某地亦可都。此嫌疑也。如戰或曰可戰。或曰不可戰。此猶與也。卜筮以決之定之。此先聖王以神道設教也。有疑而筮。既筮而不信。諏日而卜。既卜而弗踐。是爲不誠。不誠之人。不能得之於人。況可得於鬼神乎。○與去聲。**君車將駕。則僕執策立於馬前。**此下言乘車之禮。策馬杖也。僕者執之立於馬前。所以防奔逸也。○**已駕。僕展軨效駕。**已駕。駕馬畢也。軨車之轄頭。車行由轄。僕者展視軨徧。卽入而效白於君。言車駕竟。○軨音零。**奮衣由右上。取貳綏跪乘。**疏曰。僕先出就車。於車後自振其衣以去塵。從右邊升上。必從右者。君位在左。避君空位也。貳副也。綏登車索也。正綏擬君之升。副綏擬僕右之升。僕先試車時。君猶未出。未敢依常而立。所以跪而乘之。以爲敬。○上上聲。**執策分轡。驅之五步而立。**疏曰。轡馭馬索也。車一轅而四馬駕之。中央兩馬夾轅者名服馬。兩邊名騑馬。亦曰驂馬。詩云。兩服上襄。兩驂鴈行。鴈行者。言與中服相次序也。每一馬有兩轡。四馬八轡。以驂馬內轡繫於軾前。其驂馬外轡。并兩服馬各二轡。六轡在手。右手執杖。以三轡置空手中。以三轡置杖手中。故云執策分轡也。驅之者。試驅行之也。五步而立者。跪而驅馬以行。五步卽止。而倚立以待君出。○行音杭。并去聲。**君出就車。則僕并轡授綏。左右攘辟。**疏曰。君出就車。則僕并六轡及策置一手中。以一手取正綏授於君。令登車。於是左右侍駕陪位諸臣。見車欲進行。皆遷卻以避車。使不妨車之行也。○并去聲。辟音避。**車驅而騶至于大門。君撫僕之手。而顧命車右就車。門閭溝渠必步。**疏曰。車上君在左。僕人中央。勇士在右。既至大門。恐有非常。故回命車右上車。至門閭溝渠而必下車者。一則君子不誣十室。過門閭必式。君式則臣當下也。二則溝渠險阻。恐有傾覆。亦須下扶持之也。僕不下者。車行由僕。僕下則車無御。故不下也。○騶音驟。**凡僕人之禮。必授人綏。若僕者降等則受。不然則否。**凡爲車之僕者。必以正綏授人。不但臣於君爲然也。若僕之等級卑下。如士於大夫之類。則授綏之時。直受之而已。無辭讓也。非降等者。則不受。○**若僕者降等。則撫僕之手。不然。則自下拘之。**降等者。雖當受其綏。然猶撫止其手。如不欲其親授然。然後受之。亦謙讓之道也。不降等者。已雖不欲受。而彼必授。則卻手從僕之手下而自拘取之也。○拘音溝。**客車不入大門。婦人不立乘。犬馬不上於堂。**馬氏曰。客車不入大門。所以敬主。主人出大門迎之。所以敬客。故覲禮偏駕不入王門。公食大夫禮。賓乘車在大門外西方。若諸侯不以客禮見王。則墨車龍旂可以入大門。故覲禮墨車龍旂以朝。婦人乘安車。故不立乘。犬馬充庭實。故不上堂。以犬馬獻人。則執緤靮而已。以馬合幣。則達圭而已。奉馬而覲。則授人而已。皆不上堂之謂也。○靮音的。**故君子式黃髮。下卿位。入國不馳。入里必式。**式黃髮。敬老也。下卿位。敬大臣也。禮。君出則過卿位而登車。入則未到卿位而下車。入國不馳。恐車馬躪轢人也。十室猶有忠信。二十五家之中。豈無可敬之人。故入里門必式。所謂不誣十室也。○鄭氏曰。發句言故。明此衆篇雜辭也。○轥音吝。

君命召。雖賤人。大夫士必自御之。御。讀爲迓。迓迎也。自迎之所以敬君命。○御音迓。

介者不拜。爲其拜而萎拜。介。甲也。○朱子曰。萎猶言有所枝拄。不利屈伸也。○爲去聲。萎子臥切。

祥車曠左。乘君之乘車。不敢曠左。左必式。疏曰。祥猶吉也。吉車謂生時所乘。葬時用爲魂車。車上貴左。僕在右。空左以擬神也。王者五路。玉金象木革。王自乘一。餘四從行。臣乘此車。不敢空左。空左則似祥車凶也。左必式者。不敢自安。故恆憑式。乘車君皆在左。若兵戎革路。則君在中。○乘去聲。空去聲。

僕御婦人。則進左手。後右手。疏曰。僕在中。婦人在左。進左手持轡。使身微相背。遠嫌也。○背音佩。遠去聲。

御國君。則進右手。後左手而俯。疏曰。御君者。禮以相向爲敬。故進右手。既御。不得常式。故但俯俛而爲敬。

國君不乘奇車。車上不廣欬。不妄指。奇車。奇邪不正之車也。○方氏曰。不廣欬者。慮聲容之驂人聽。不妄指者。慮手容之驂人視也。○奇居宜切。

◎立視五巂。式視馬尾。顧不過轂。立。謂立於車上也。○疏曰。巂規也。車輪一周爲一規。乘車之輪高六尺六寸。徑一圍三。得一丈九尺八寸。五規爲九十九尺。六尺爲步。總爲十六步半。在車上。所視則前十六步半也。馬引車。其尾近車闌。車上憑式。下頭時不得遠矚。但瞻視馬尾。轂。車轂也。若轉頭不得過轂。論語云。車中不內顧是也。○巂音攜。

國中以策彗卹勿。驅塵不出軌。疏曰。入國不馳。故不用鞭策。但取竹帶葉者爲杖。形如埽帚。故云策彗。微近馬體。搔摩之。卹勿。搔摩也。軌。車轍也。行緩。故塵埃不飛揚出軌外也。○朱子曰。策彗。疑謂策之彗。若今鞭末韋帶耳。○彗音遂。卹蘇沒切。勿音沒。埽去聲。

國君下齊牛。式宗廟。大夫士下公門。式路馬。下。謂下車也。疏引熊氏說。此文誤。當云國君下宗廟。式齊牛。○齊音齋。

乘路馬。必朝服。載鞭策。不敢授綏。左必式。此言人臣習儀之節。路馬。君駕路車之馬也。既衣朝服。又鞭策則但載之而不用。皆敬也。君升車。則僕者授綏。今臣以習儀而居左。則自馭以行。不敢使車右以綏授己也。左必式者。既在尊位。當式以示敬。○朝音潮。衣去聲。

步路馬。必中道。以足蹙路馬芻有誅。齒路馬有誅。步。謂行步而調習之也。必當路之中者。以邊側卑褻不敬。或傾跌也。蹙與蹴同。芻草也。齒評量年數也。誅。罰也。○馬氏曰。察馬之力。必以年。數馬之年。必以齒。凡此戒其慢君物也。先王制禮。圖難於其易。爲大於其細。凡以止邪於未形而已耳。

◎曲禮下第二

凡奉者當心。提者當帶。疏曰。物有宜奉持者。有宜提挈者。奉者仰手當心。提者屈臂當帶。深衣之帶也。古人常服深衣。○奉上聲。

執天子之器則上衡。國君則平衡。大夫則綏之。士則提之。疏曰。上高也。衡平也。平正當心。天子器不宜下。故臣爲擎奉皆高於心。諸侯降於天子。故臣爲奉持器與心平。大夫降於諸侯。故其臣奉器下於心。綏。下也。士提之。則又在綏下。○上上聲。綏音妥。爲去聲。

凡執主器。執輕如不克。執主器。操幣圭璧。則尚左手。行不舉足。車輪曳踵。大夫稱圭。此則通上下貴賤言之。如不克。似不能勝也。聘禮曰。上介執玉如重。尚左手。謂左手在上。左陽尊也。踵。腳後也。執器而行。但起其前而曳引其踵。如車輪之運於地。故曰車輪曳踵。○方氏曰。左手不如右彊。尚左手。所以為容。下右手。所以致力。立則磬折垂佩。主佩倚則臣佩垂。主佩垂則臣佩委。僂折如磬之背。而玉佩從兩邊懸垂。此立容之常。然臣之於君。尊卑殊等。則當視其高下之節。而倍致其恭敬之容可也。微俛則倚於身。小俛則垂。大俛則委於地。皆於佩見其節。執玉。其有藉者則裼。無藉者則襲。古人之衣。近體有袍襗之屬。其外有裘。夏月則衣葛。或裘或葛。其上皆有裼衣。裼衣上有襲衣。襲衣之上有常著之服。則皮弁服及深衣之屬是也。掩而不開謂之襲。若開而見出其裼衣。則謂之裼也。○又聘禮註云。曲禮云。執玉。其有藉者則裼。無藉者則襲。所謂無藉。謂圭璋特達。不加束帛。當執圭璋之時。其人則襲也。有藉者。謂璧琮加於束帛之上。當執璧琮時。其人則裼也。曲禮所云。尊圭璋特而襲。璧琮加束帛而裼。一條言之。先儒乃以執圭而垂繅為有藉。執圭而屈繅為無藉。此則不然。竊詳經文。裼襲是一事。垂繅屈繅又別是一事。不容混合為一說。○裼音錫。襗音鐸。袴也。衣去聲。見音現。國君不名卿老世婦。大夫不名世臣姪娣。士不名家相長妾。不名。不以名呼之也。○疏曰。上卿貴。故曰卿老。世婦。兩媵也。次於夫人而貴於諸妾也。世臣。父在時老臣也。姪是妻之兄女。娣是妻之妹。從妻來為妾也。大夫不世爵。此有世臣者。子賢襲父爵也。家相。助知家事者。長妾。妾之有子者。○姪音迭。相去聲。長上聲。君大夫之子。不敢自稱曰余小子。大夫士之子。不敢自稱曰嗣子某。不敢與世子同名。列國之君與天子之大夫。其子皆不敢自稱余小子。避嗣天子之稱也。列國之大夫與士之子。不敢自稱嗣子某。避嗣諸侯之稱也。○呂氏曰。世子。君之適子也。諸臣之子不敢與之同名。亦避君也。若名之在世子之前。則世子為君亦不避。穀梁傳曰。衛齊惡。衛侯惡。何為君臣同名也。君子不奪人名。不奪人親之所名。○適音的。傳去聲。君使士射。不能則辭以疾。言曰某有負薪之憂。○呂氏曰。射者男子之所有事。不能可以疾辭。不可以不能辭也。負薪賤役。士之所親事者。疾則不能矣。故曰負薪之憂也。侍於君子。不顧望而對。非禮也。呂氏曰。顧望而後對者。不敢先他人而言也。○應氏曰。有察言觀色之意。君子行禮。不求變俗。祭祀之禮。居喪之服。哭泣之位。皆如其國之故。謹修其法而審行之。言卿大夫士有從居他國者。行禮之事。不可變其故國之俗。皆當謹修其典法而審慎以行之。去國三世。爵祿有列於朝。出入有詔於國。若兄弟宗族猶存。則反告於宗後。去國三世。爵祿無列於朝。出入無詔於國。唯興之日。從新國之法。去本國雖已三世。而舊君猶仕其族人於朝。以承祖祀。此人往來出入他國。仍詔告於本國之君。其宗族兄弟猶存。則必有宗子。凡冠娶妻必告。死必赴。不忘親也。若去國三世。朝無仕宦之列。出入與舊君不相聞。其時已久。其義已絕。可以改其國之故矣。然猶必待興起而為卿大夫。乃從新國之法。厚之至也。君子已孤不更名。

名者始生三月之時父所命也父沒而改之孝子所不忍也○更平聲

已孤暴貴不爲父作謚

文王雖爲西伯不爲古公公季作謚周公成文武之德亦不敢加大王王季以謚也○呂氏曰父爲士子爲天子諸侯則祭以天子諸侯其尸服以士服是可以己之祿養其親不敢以己之爵加其親也父之爵卑不當謚而以己爵當謚而作之是以己爵加其父欲尊而反卑之非所以敬其親也○爲去聲養去聲

居喪未葬讀喪禮既葬讀祭禮喪復常讀樂章居喪不言樂祭事不言凶公庭不言婦女

復常除服之後也樂章弦歌之詩也○呂氏曰讀是書非肆業也當是時不知是事不以禮事其親者也吉凶之事不相干哀樂之情不可以貳故喪凶事也不言樂祭吉事也不言凶公私之事不可相干私事不可言於公庭故公庭不言婦女○哀樂音洛

振書端書於君前有誅倒筴側龜於君前有誅

人臣以職分內事事君每事當謹之於素文書簿領已至君前乃始振拂其塵埃而端整之卜筮之官龜筴其所奉以周旋者於君前而有顚倒反側之狀此皆不敬其職業而慢上者故皆有罰○分音問奉上聲

龜筴几杖席蓋重素袗絺綌不入公門

龜筴所以問吉凶嫌豫謀也几杖所以優高年嫌自尊也席所以坐臥蓋所以蔽日與雨絺綌所以涼體袗單也單則見體而褻此三者宴安之具也重素衣裳皆素也以非吉服故亦不可以入公門○重平聲袗音軫見音現

苞屨扱衽厭冠不入公門

苞讀爲藨以藨蒯之草爲齊衰喪屨也扱衽以深衣前衽扱之於帶也蓋親初死時孝子以號踊履踐爲妨故扱之也厭冠喪冠也吉冠有纓有梁喪冠無之故厭帖然也此皆凶服故不可以入公門○苞白表切扱音插厭入聲號平聲纚音徙

書方衰凶器不以告不入公門

方板也書方者條錄送死物件於方板之上也衰五服之衰也凶器若棺椁牆翣明器之屬不以告不入公門謂告則可入者蓋臣妾有死於宮中者君亦許其殯而成喪然必先告乃得將入也○衰音催翣音歃

公事不私議

馬氏曰季孫使冉有訪田賦於仲尼仲尼不對而私於冉有何也季氏用田賦非孔子所能止其私於冉有豈得已哉

君子將營宮室宗廟爲先廄庫爲次居室爲後

君子有位者也宗廟所以奉先故先營之廄以養馬庫以藏物欲其不乏用也故次之居室則安身而已故又次之

凡家造祭器爲先犧賦爲次養器爲後

犧賦亦以造言者如周官牛人供牛牲之互與盆簝之類鄭註互若今屠家懸肉格盆以盛血簝受肉籠也○疏曰家造謂大夫始造家事也諸侯大夫少牢此言犧牛也天子之大夫祭祀賦斂邑民供出牲牢故曰犧賦○養去聲簝音僚盛平聲少去聲

無田祿者不設祭器有田祿者先爲祭服君子雖貧不粥祭器雖寒不衣祭服爲宮室不斬於丘木

呂氏曰祭器可假服不可假也丘木所以庇宅兆爲宮室而斬之是慢其先而濟吾私也○粥音育衣去聲

大夫士去國祭器不踰竟大夫寓祭器於大夫士寓祭器於士

呂氏曰臣之所以有宗廟祭器以事其先者君之祿也今去位矣乃挈器以行是竊君之祿以辱其先此祭器所以不踰竟也寓寄於爵等之同者使之可用也○馬氏曰微子抱祭器而之周何也君子爲已不以

重。爲人不輕。抱君之祭器可也。抱己之祭器不可也。

大夫士去國。踰竟。爲壇位。鄉國而哭。素衣。素裳。素冠。徹緣。鞮屨。素簚。乘髦馬。不蚤鬋。不祭食。不說人以無罪。婦人不當御。三月而復服。壇位。除地而爲位也。鄉國。向其本國也。徹緣。去中衣之采緣而純素也。鞮屨。革屨也。周禮註云。四夷舞者所屝。素簚。素白狗皮也。簚。車覆闌也。旣夕禮云。主人乘惡車。白狗幦是也。髦馬。不鬋剔馬之髦鬣以爲飾也。蚤。治手足爪也。鬋。剔治鬚髮也。祭食。食盛饌則祭先代爲食之人也。不說人以無罪者。已雖遭放逐而出。不自以無罪解說於人。過則稱己也。御。侍御寢宿也。凡此皆爲去父母之邦。捐親戚。去墳墓。失祿位。亦一家之變故也。故以凶喪之禮自處。三月爲一時。天氣小變。故必待三月而後復其吉服也。○壇音善。鄉。去聲。緣。去聲。鞮音低。簚。莫歷切。蚤音爪。鬋音翦。去上聲。純音準。屝音肺。

大夫士見於國君。君若勞之。則還辟。再拜稽首。此言大夫士出聘他國見於主君。君若問勞其道路之勤苦。則旋轉退避。乃再拜稽首也。○見音現。勞。去聲。還音旋。辟音闢。下節同。稽。上聲。

君若迎拜。則還辟不敢答拜。聘賓初至主國大門外。主君迎而拜之。賓則退卻不敢答拜。而抗賓主之禮也。

大夫士相見。雖貴賤不敵。主人敬客。則先拜客。客敬主人。則先拜主人。敬而先拜。謂大夫士聘於他國而見其卿大夫士也。同國則否。

凡非弔喪。非見國君。無不答拜者。弔喪而不答主人之拜者。以爲助執喪事之凡役而來。非行賓主之禮也。故士喪禮有賓則拜之。賓不答拜是也。士見本國之君。尊卑遼絕。故君不答拜。此二者之外無不答拜也。

大夫見於國君。國君拜其辱。士見於大夫。大夫拜其辱。同國始相見。主人拜其辱。君拜大夫之辱。大夫拜士之辱。皆謂初爲大夫初爲士而來見也。此後朝見則有常禮矣。士相見禮。士見國君。君答拜者。亦以其初爲士而敬之也。主人拜辱。拜其先施也。此謂尊卑相等者。言同國則異國亦當然矣。

君於士不答拜也。非其臣。則答拜之。大夫於其臣。雖賤必答拜之。君於士雖不答拜。然不以施之他國之士者。以其非己之臣也。大夫答賤臣之拜。避國君之體也。

男女相答拜也。男女嫌疑之避。亦多端矣。然拜而相答。所以爲禮。豈以行禮爲嫌哉。故記者明言之。

國君春田不圍澤。大夫不掩羣。士不取麛卵。春田。蒐獵也。澤廣。故曰圍。羣聚。故曰掩。麛。鹿子。凡獸子亦通名之。麛卵微。故曰取。君大夫士位有等降。故所取各有限制。此與王制文異。○方氏曰。用大者取愈廣。位卑者禁愈嚴。○麛音迷。

歲凶。年穀不登。君膳不祭肺。馬不食穀。馳道不除。祭事不縣。大夫不食粱。士飲酒不樂。膳者美食之名。肺爲氣主。周人所重。故食必先祭肺。言不祭肺。示不殺牲爲盛饌也。馳道。人君驅馳車馬之路。不除。不埽除也。祭必有鍾磬之懸。今不懸。言不作樂也。大夫食黍稷以粱爲加。公食大夫禮設正饌之後。乃設稻粱。所謂加也。自君至士各舉一事。尊者舉其大者。卑者舉其小者。其實互相通耳。○縣音玄。下節同。埽去聲。公食食音嗣。

君無故玉不去身。大夫無故不徹縣。士無故不徹琴瑟。故謂災變喪疾之類。士有獻於國君。他日君問之曰安取彼。再拜稽首而后對。安取彼猶言何所得彼物也。

大夫私行。出疆、必請。反必有獻。士私行。出疆必請。反必告。君勞之則拜。問其行拜而后對。大夫士以私事出疆皆請於君。其反也。大夫有獻而士不獻。不以卑者之物。瀆尊上也。故但告還而已。勞之者慰勞其道路之勞苦。問其行者詢其游歷之所至也。先拜後答。急謝見問之寵也。○勞去聲。勞苦如字。

國君去其國。止之曰奈何去社稷也。大夫曰奈何去宗廟也。士曰奈何去墳墓也。國君死社稷。大夫死衆。士死制。死社稷謂國亡與亡也。死衆謂討罪禦敵。敗則死之也。死制受命於君。難毋苟免也。○方氏曰。國君曰死社稷。而大夫士不曰死宗廟墳墓何也。蓋止其去者存乎私情。死其事者止乎公義也。○趙氏曰。社所以祭五土之神。稷所以祭五穀之神。稷非土無以生。土非稷無以見生生之效。故祭社必及稷。以其同功均利以養人故也。周禮大司徒設社稷之壝。壝者累土以爲高也。不屋而壇。社壇在東。稷壇在西。○壝遺偉謂三音。累上聲。

君天下曰天子。朝諸侯。分職授政任功。曰予一人。天子者君臨天下之總稱。臣民通得稱之。予一人則所自稱也。

踐阼。臨祭祀。內事曰孝王某。外事曰嗣王某。踐履也。阼主階也。履主階而行事。故曰踐阼也。宗廟之事爲內。郊社之事爲外。祝辭稱孝王某者事親之辭。嗣王某者事神之辭也。

臨諸侯。畛於鬼神。曰有天王某甫。天子巡狩而至諸侯之國。必使祝史致鬼神當祭者之祭。以不親往。故祝辭稱字曰某甫。甫者丈夫之美稱也。○呂氏曰。畛猶畦畛之相接。然與交際之際同義。○方氏曰。望秩之禮。必於野外。故以畛言之。畛田閒道也。祭於畛而謂之畛。猶祭於郊而謂之郊也。天子適諸侯。非其常。蓋有時矣。故於是特言有焉。○畛音軫。

崩曰天王崩。復曰天子復矣。告喪曰天王登假。措之廟。立之主曰帝。自上墜下曰崩。亦壞敗之稱。王者卒。則史書於策曰天王崩。復者。人死則形神離。古人持死者之衣。升屋北面招呼死者之魂。令還復體魄。冀其再生也。故謂之復。天子復者。升屋招呼之辭。臣子不可名君。故呼曰天子復也。疏云。以例言之。則王后死。亦呼王后復也。告喪。赴告侯國也。呂氏讀假爲格。音引王假有廟與來假來享。言其精神升至于天。愚謂遐乃遠遐之義。登遐言其所升高遠。猶漢書稱大行。行乃循行之行。去聲。以其往而不反。故曰大行也。措。置也。立之主者。始死則鑿木爲重以依神。既虞而埋之。乃作主以依神也。○呂氏曰。考之禮經。未有以帝名者。史記夏殷之王皆以帝名。疑殷人祔廟稱帝。遷據世本當有所考。至周有謚。始不名帝歟。○假音遐。王假來假音格。大行之行去聲。

天子未除喪。曰予小子。生名之。死亦名之。鄭氏曰。生名之曰小子王。死亦曰小子王也。晉有小子侯。是僭號也。○呂氏曰。春秋書王子猛卒。不言小子王者。臣下之稱與史策之辭異也。

天子有后。有夫人。有世婦。有嬪。有妻。有妾。三夫人。九嬪。二十七世婦。八十一御妻。自后而下。皆三因而增其數。妾之數未聞。

天子建天官。先六大。曰大宰。大宗。大史。大祝。大士。大卜。典司六典。此六大者。天官之屬也。以其所掌重於他職。故曰先。○大並音泰。

天子之五官。曰司徒。司馬。司空。司士。司寇。典司五衆。此五官與天官列而爲六。五衆者。五官屬吏之羣衆也。天子之六府。曰司土。司木。司水。司草。司器。司貨。典司六職。府者。藏物之所。此府主藏六物之稅。天子之六工。曰土工。金工。石工。木工。獸工。草工。典制六材。此六材者。六工之所用也。故不曰典司而曰典制。巳上四條。舊說皆爲殷制。其實無所考證。皆臆說耳。五官致貢曰享。呂氏曰。歲終。則司徒以下五官。各致其功獻于王。故謂之享。貢。功也。享。獻也。五官之長曰伯。是職方。其擯於天子也。曰天子之吏。天子同姓謂之伯父。異姓謂之伯舅。自稱於諸侯曰天子之老。於外曰公。於其國曰君。司徒以下五官之長者。天子之三公也。伯者。長大之名。三公無異職。卽六卿中三人兼之。任左右之職。謂之相。九命而作伯。則分主畿外諸侯。如公羊云。自陝而東者。周公主之。自陝而西者。名公主之。是也。是職方者。言二伯於是職主其所治之方也。天子之吏。擯者之辭也。此伯若是天子同姓。則天子稱之爲伯父。若異姓。則稱爲伯舅。皆親之之辭也。此伯皆有采地。在天子畿內。自稱於私土采地之外則曰公。自稱於采地之內則曰君也。九州之長。入天子之國曰牧。天子同姓謂之叔父。異姓謂之叔舅。於外曰侯。於其國曰君。天下九州。天子於每州之中。擇諸侯之賢者一人。加之一命。使主一州內之列國。取牧養下民之義。故曰牧。叔父叔舅。降於伯父伯舅也。自稱於所封國之外則曰侯。若與國內臣民言。則自稱曰君也。其在東夷。北狄。西戎。南蠻。雖大曰子。於內自稱曰不穀。於外自稱曰王老。九州之外。不過子男之國。天子亦選賢以爲牧。但以卑且遠。故不以牧稱。亦不稱父舅。朝見之時。擯辭惟曰子。雖或有功益地至侯伯之數。其爵亦不過子。故云雖大曰子也。如楚在春秋雖大國。而其爵則稱子也。穀。善也。於內。與其臣民言也。外謂夷狄之境也。自稱王老。言天子之老臣也。庶方小侯。入天子之國曰某人。於外曰子。自稱曰孤。四夷之君。其來荒遠。故以庶方名之。庶。衆也。某人。若牟人介人之類。○疏曰。於外曰子者。此君在其本國外四夷之中。自稱依其本爵。若男亦稱男也。若自與臣民言。則稱孤。孤者。特立無德之稱也。天子當依而立。諸侯北面而見天子曰覲。天子當宁而立。諸公東面。諸侯西面曰朝。鄭氏曰。春朝受摯於朝。受享於廟。秋覲。一受之於廟。朝者位於內廟而序進。覲者位於廟門外而序入。○疏曰。依。狀如屛風。以絳爲質。高八尺。東西當戶牖之間。繡爲斧文。亦曰斧依。天子見諸侯。則依而立。負之。而南面以對諸侯也。宁者。爾雅云。門屛之間謂之宁。人君視朝所宁立處。蓋佇立以待諸侯之至。故云當宁而立也。諸侯春見曰朝。秋見曰覲。又曰。凡天子三朝。一在路門內。謂之燕朝。大僕掌之。二是路門外之朝。謂之治朝。司士掌之。其三是皐門之內庫門之外。謂之外朝。朝士掌之。諸侯亦有此三朝。○依。上聲。見音現。宁。珍呂切。屛音丙。諸侯未及期相見曰遇。相見於郤地曰會。未及期。在期日之前也。郤地。閒隙之地也。下言相見及期日也。遇有遇禮。會有會禮。○郤。隙同。與郤字異。郤音却。從卩。此從卩。諸侯使大夫問於諸侯曰聘。比年小聘。三年大聘。小聘大夫往。大聘則卿往。○比音畀。約信曰誓。涖牲曰盟。約信者以言語相要約爲信也。用誓禮。涖臨也。春秋所書遇會盟聘皆有之。惟無誓耳。疏云。盟之爲法。先鑿地爲方坎。殺牲於坎上。割牲左耳。盛以珠盤。又取血盛以玉敦。用血爲盟。書成。乃歃血而讀書。置牲坎中。加書於上而埋之。謂之載書也。○敦音對。諸侯見天子曰臣某侯某。其與民言自稱曰寡人。其在凶服曰適子孤。臣某侯某。如云臣齊侯小白。臣晉侯重耳之類。擯者告天子之辭也。凡自稱皆曰寡人。不獨與民言也。此畧言之耳。適子孤。亦擯者告賓之辭也。○見音現。適音的。臨祭祀內事曰孝子某侯某。外事曰曾孫某侯某。死曰薨。復曰某甫復矣。內外事見前章。曾孫猶晉平公禱河而稱曾臣彪之類。天子德厚流光。故外事稱嗣王某。諸侯不敢言繼嗣。推始封之君而祖之。故稱曾孫也。薨之爲言瞢也。幽晦之義。本國史書之辭。復稱字。臣不名君也。既葬見天子曰類見。言謚曰類。呂氏曰。繼先君之德。乃得受國而見天子。故曰類見。誄先君之善而請謚於天子。故亦曰類。○見音現。諸侯使人使於諸侯。使者自稱曰寡君之老。寡君之老。惟上大夫可稱。見玉藻。○下二使並去聲。天子穆穆。諸侯皇皇。大夫濟濟。士蹌蹌。庶人僬僬。呂氏曰。穆穆。幽深和敬之貌。皇皇。壯盛顯明之貌。濟濟。修飾齊一之貌。蹌蹌。翔舉舒揚之貌。庶人見乎君不爲容。進退趨走。僬僬。雖無所考。大抵趨走促數。不爲容之貌也。○濟。上聲。蹌。七羊切。僬。子妙切。見音現。數。音朔。天子之妃曰后。諸侯曰夫人。大夫曰孺人。士曰婦人。庶人曰妻。鄭氏曰。妃。配也。后之言後也。夫之言扶。孺之言屬。婦之言服。妻之言齊。公侯有夫人。有世婦。有妻。有妾。夫人自稱於天子曰老婦。畿內諸侯之妻。因助祭於王后。或因獻繭之屬。故得以見天子。○陳氏曰。不以老稱。不足以任其事。不以婦稱。非所以能事人。故稱老婦。○應氏曰。年高者固可稱老婦。其始嫁者宜如何稱。則亦曰婦。而配之以卑小之名耳。自稱於諸侯曰寡小君。疏曰。此諸侯謂他國君也。古者諸侯相饗。夫人亦出。故得自稱也。坊記云。陽侯殺繆侯而竊其夫人。故大饗廢夫人之禮。君之妻曰小君。而云寡者。亦從君爲謙也。自稱於其君曰小童。自世婦以下自稱曰婢子。小童。未成人之稱。婢之言卑也。子於父母則自名也。自稱其名。列國之大夫入天子之國曰某士。自稱曰陪臣某。於外曰子。於其國曰寡君之老。使者自稱曰某。某士。擯者稱其人曰某國之士也。晉韓起聘于周。擯者曰晉士起。蓋列國卿大夫。其命數與天子之士等也。陪重也。諸侯爲天子之臣。已又爲諸侯之臣也。於外曰子者。亦擯者辭。在他國則擯者稱其姓而曰子。春秋閔二年。齊高子來盟。高傒是也。於其國曰寡君之老。謂在已國與人語。則以此自稱也。使者自稱曰某。某梟名也。若爲使在他國與彼君語。則稱名也。○使去聲。重平聲。天子不言出。諸侯不生名。君子不親惡。諸侯失地名。滅同姓名。疏曰。君子不親惡者。謂孔子書經見天子大惡。書出以絕之。諸侯大惡。書名以絕之。君子不親此惡。故書出名以絕之也。○呂氏曰。賢者貴者。皆謂之君子。天子無外。安得而言出。然而言出者。德不足以君天下。而位號存焉耳。諸侯不生名。惟死而告終。然後名之。然有生名者。德不足以名君子。而位號存焉耳。故天子不言出。諸侯不生名。皆謂君子不親惡故也。○陳氏曰。言出。所以外之。生名。所以賤之。春秋書天王出居于鄭。讓之也。書以蔡侯獻舞歸。以其失地也。書衛侯燬滅邢。以其滅同姓也。夫天子之言出。諸侯之生名。皆有大惡在所棄焉。君子所以不親也。然春秋書天王居於某地者二。而不言出。諸侯失地而奔者十五。滅同姓者三。而有不生名者。莫非出居而事有異同。莫非失地滅同姓。而罪有輕重故也。蓋諸侯義莫大於保國。仁莫大於親親。不能保國而至於失地。不能親親而至於滅同姓。其名之也宜矣。

爲人臣之禮不顯諫。三諫而不聽。則逃之。陳氏曰。孔子之於魯。百里奚之於秦。未嘗諫而去。龍逢之於夏。比干之於殷。則死於諫而不去。何也。蓋事有輕重。勢有可否。君子以禮爲守。以義爲行。迹雖不同。其趨一也。

子之事親也。三諫而不聽。則號泣而隨之。呂氏曰。君臣義合也。父子天合也。君臣其合也。與父子同。其不合也。去之。與父子異也。○號。平聲。

君有疾飲藥。臣先嘗之。親有疾飲藥。子先嘗之。醫不三世。不服其藥。呂氏曰。醫三世。治人多。用物熟矣。功已試而無疑。然後服之。亦謹疾之道也。

儗人必於其倫。疏曰。不得以貴比賤。爲不敬也。○方氏曰。禹稷顏回。時不同矣。孔子俱以爲賢。儗之以道也。夷惠伊尹。迹不同矣。孟子俱以爲聖。儗之以心也。子夏以有若似孔子。徒儗之以貌而已。不知聖賢之德不倫也。公孫丑以管仲比孟子。徒儗之以位而已。不知王霸之道不倫也。○儗與擬同音。又疑義二音。比也。僭也。俗本混作擬。擬。像也。揣度也。與儗小異。

問天子之年。對曰。聞之始服衣若干尺矣。若。如也。未定之辭。數始於一而成於十。千字從一從十。故言若干。謂或如一。或如十。凡數之未定者。皆可言。顏註食貨志二云。千箇也。謂當如此箇數。意亦近之。

問國君之年。長。曰能從宗廟社稷之事矣。幼。曰未能從宗廟社稷之事也。爲國以禮。而禮莫重於祭。宗廟社稷事。無有先於此者。能則知其長。未能則知其幼。

問大夫之子。長。曰能御矣。幼。曰未能御也。古者五十命爲大夫。故不問其年。而問其子之長幼。御。謂御車也。御者六藝之一。幼則未能。○疏曰。御謂主事也。官有世功。子學父業。故有御事之因。

問士之子。長。曰能典謁矣。幼。曰未能典謁也。謁。請也。典謁者。主賓客告請之事。士賤無臣下。自典告也。

問庶人之子。長。曰能負薪矣。幼。曰未能負薪也。負薪者。庶人力役之事。長則能。

問國君之富。數地以對。山澤之所出。數地。舉其土地之廣狹。如百里。七十里。五十里。各言之也。山澤所出。如魚鹽蜃蛤金玉錫石之類也。○數。上聲。

問大夫之富。曰有宰食力。祭器衣服不假。宰。邑宰也。有宰則有采地矣。食力。謂食下民賦稅之力。衣服。祭服也。○采。去聲。

問士之富。以車數對。上士三命。得賜車馬。故問士富則以車數對也。

問庶人之富。數畜以對。庶人受田有定制。惟畜牧之多寡在乎人。故數畜以對也。○數。上聲。畜。許又切。

天子祭天地。祭四方。祭

山川。祭五祀。歲徧。諸侯方祀。祭山川。祭五祀。歲徧。大夫祭五祀。歲徧。士祭其先。呂氏曰。此章泛論祭祀之法。冬日至祭天。夏日至祭地。四時各祭其方以迎氣。又各望祭其方之山川。五祀則春祭戶。夏祭竈。季夏祭中霤。秋祭門。冬祭行。此所謂歲徧。諸侯有國。國必有方。祭其所居之方而已。非所居之方及山川不在境內者。皆不得祭。故曰方祀。祭法。天子立七祀。加以司命泰厲。諸侯五祀。有司命公厲而無戶竈。大夫三祀。有族厲而無中霤戶竈。士二祀。則門行而已。是法考於經。皆不合。曾子問。天子未殯。五祀之祭不行。士喪禮。禱于五祀。則自天子至士皆祭五祀。祭法言涉惟妄不經。至于所稱廟制。亦不與諸經合。○論去聲。凡祭。有其廢之。莫敢舉也。有其舉之。莫敢廢也。非其所祭而祭之。名曰淫祀。淫祀無福。呂氏曰。廢之莫敢舉。如已毀之宗廟。變置之社稷。不可復祀也。舉之莫敢廢。如已修之壇墠而輒毀。已正之昭穆而輒變也。非所祭而祭之。如法不得祭。與不當祭而祭之者也。魯立武宮。立煬宮。舉其廢也。躋僖公。廢其舉也。魯之郊禘。與祀文王。祀爰居。祭所不當祭也。淫過也。以過事神。神弗享也。故無福。○方氏曰。可廢而廢。可舉而舉者存乎義。因所廢而莫敢舉。因所舉而莫敢廢者。存乎禮。蓋禮有經。義有權也。天子以犧牛。諸侯以肥牛。大夫以索牛。士以羊豕。毛色純而不雜曰犧。養於滌者曰肥。求得而用之曰索。○疏曰。此謂天子大夫士也。若諸侯大夫即用少牢。士則用特牲。其喪祭則大夫亦得用牛。士亦用羊豕。故雜記云。上大夫之虞也少牢。卒哭成事祔皆大牢。下大夫之虞也特牲。卒哭成事祔皆少牢是也。○索音色。取也。求也。本音昔各切。繩也。荒也。盡也。與此不同。俗混讀。少去聲。大牢之大。音泰。支子不祭。祭必告于宗子。疏曰。支子。庶子也。祖禰廟在適子之家。庶子賤不敢輒祭。若宗子有疾。不堪當祭。則庶子代攝可也。猶必告于宗子。然後祭。○呂氏曰。別子爲祖。繼別爲宗。百世不遷者。大宗也。繼禰。繼祖。繼曾祖。繼高祖。五世則遷者。小宗也。宗子上繼祖禰。族人兄弟皆宗之。冠娶妻必告。死必赴。況於祭乎。所宗乎宗子者。皆支子也。支子不敢祭也。如諸侯不敢祖天子。大夫不敢祖諸侯。尊者之祭。非卑者所敢尸也。故宗子爲士。庶子爲大夫。以上牲祭於宗子之家。祝曰孝子某爲介子某薦其常事。則支子雖貴。可以用其祿而不敢專其事也。宗子去在他國。則支子攝主以祭。其禮有殺。○別必列切。冠爲介之爲。殺並去聲。凡祭宗廟之禮。牛曰一元大武。此以下凡二十一物。元頭也。武足迹也。牛肥則迹大。豕曰剛鬣。豕肥則鬣剛。豚曰腯肥。腯者充滿之貌。○腯音突。羊曰柔毛。羊肥則毛細而柔弱。雞曰翰音。翰長也。雞肥則鳴聲長。犬曰美獻。犬肥則可爲羹以獻。凡煑肉皆謂之羹。特牲禮云。羹飪。頴考叔曰。未嘗君之羹。是也。雉曰疏趾。雉肥則兩足開張。故曰疏趾。○疏音疎。兔曰明視。兔肥則目開而視明。故曰明視。脯曰尹祭。尹正也。脯欲尃割方正。○尃音敷。鋪爲花貌。謂之尃。槀魚曰商祭。槀乾也。商度也。商度其燥濕之宜。○槀音考。乾音干。度入聲。鮮魚曰脡祭。脡直也。魚之鮮者不餒敗。則挺然而直。○鮮平聲。脡音挺。水曰清滌。水玄酒也。水可溉滌。故曰清滌。酒曰清酌。古之酒醴。皆有清有糟。未泲者爲糟。既泲者爲清也。○泲音擠。莤泲醴酒也。黍曰薌合。黍熟則黏聚不散。其氣又香。故曰薌合。○薌音香。粱曰薌萁。粱穀之强者。其莖葉亦香。故曰薌萁。○萁音基。稷曰明粢。稷。粟也。明則足以交神。祭祀之飯。謂之粢盛。○粢音咨。盛平聲。稻曰嘉蔬。蔬與疏同。立苗疏則茂盛。
嘉美也。韭曰豐本。其根本豐盛也。鹽曰鹹鹺。鹹鹺。鹽味之厚也。○鹺才何切。玉曰嘉玉。無瑕之玉也。幣曰量幣。中廣狹長短之度也。○疏曰。此
等諸號若一祭並有。則舉其大者。或惟有犬雞。惟有魚兔。則各舉其號。故經備載其名。○中去聲。天子死曰崩。諸侯曰薨。大夫曰卒。士曰不祿。
庶人曰死。在牀曰尸。在棺曰柩。羽鳥曰降。四足曰漬。死寇曰兵。疏曰。卒。終竟也。士祿以代耕。不祿。不終其祿也。死者。澌也。消盡
無餘之謂。尸。陳也。古人病困。氣未絕之時。下置在地。氣絕之後。更還牀上。所以如此者。凡人初生在地。病將死。故下復其初生。冀得脫死重生也。若其不生。復反本牀。既未殯斂。陳列在牀。故
曰尸也。○呂氏曰。柩。久也。比化者無使土親膚。故在棺欲其久也。羽鳥飛翔之物。降而下則死矣。獸能動之物。腐敗則死矣。漬謂其體腐敗漸漬也。兵者。死於寇難之稱也。○漬音自。祭
王父曰皇祖考。王母曰皇祖妣。父曰皇考。母曰皇妣。夫曰皇辟。曰皇。曰王。皆以君之稱尊之也。考。成也。妣。媲也。辟。法也。妻所法式也。
爲之宗廟以鬼享之。不得不異其稱謂也。○辟音璧。生曰父。曰母。曰妻。死曰考。曰妣。曰嬪。壽考曰卒。短折曰不祿。嬪者。婦人之美
稱。嬪。猶賓也。夫所賓敬也。短折。夭橫而死也。此言卒與不祿與上文大夫士之稱同者。彼以位之尊卑言。此以數之脩短言也。又按呂氏說。死寇曰兵之下。當以此二句承之。蓋錯簡也。○謝
氏曰。易曰。有子考無咎。又曰。意承考也。又書言事厥考厥長之類。皆非死而後稱。蓋古者通稱。後世乃異之耳。○折市設切。橫去聲。天子視不上於袷。不下於帶。
國君綏視。大夫衡視。士視五步。天子視。謂視天子也。袷。朝服祭服之曲領也。綏。頹下之貌。視國君者。目不得平看於面。當視其面之下。袷之上也。衡。平也。大夫
之臣視大夫。平看其面也。士視五步者。士之屬吏視上。亦不得高面下帶。而得旁視左右五步之間也。○袷音劫。綏音妥。凡視上於面則敖。下於帶則憂。傾
則姦。呂氏曰。上於面者。其氣驕。知其不能以下人矣。下於帶者。其神奪。知其憂在乎心矣。視流則容側。必有不正之心存乎胷中矣。此君子之所以慎也。○敖音傲。君命。大夫
與士肄。在官言官。在府言府。在庫言庫。在朝言朝。人君有命令。則大夫士相與肄習之。其事或在官。或在府。或在庫。或在朝。隨其所在而謀
議之。官者。職守司存之總名。府庫者。貨器藏財之異號。朝。則君臣會見之公庭也。○肄音異。朝音潮。下並同。朝言不及犬馬。犬馬微賤。不當言之於朝。輟朝而顧。
不有異事。必有異慮。故輟朝而顧。君子謂之固。朝儀當肅。不宜爲左右之顧。異。猶他也。敬心不存。則形諸外。此所以知其有他事他慮也。固。謂
鄙野不達於禮也。在朝言禮。問禮對以禮。朝廷之上。凡所當言者。皆禮也。一問一對。必稽於禮。孔子在宗廟朝廷。便便言。唯謹爾。盡此道也。○便平聲。大享
不問卜。不饒富。呂氏曰。冬至祀天。夏至祭地。日月素定。故不問卜。至敬不壇。掃地而祭。牲用犢。酌用陶匏。席用藁秸。視天下之物。無以稱其德。以少爲貴焉。故不饒富。○稱去

聲。凡摯。天子鬯。諸侯圭。卿羔。大夫鴈。士雉。庶人之摯匹。童子委摯而退。野外軍中無摯。以纓拾矢可也。摯與贄同。執物以爲相見之禮也。鬯。釀秬黍爲酒曰秬鬯。和以鬱金之草則曰鬱鬯。不以鬱和則直謂之鬯。言其芬香條暢於上下也。天子無客禮而言摯者。用以禮見於神而已。圭。命圭也。公桓圭。侯信圭。伯躬圭。子穀璧。男蒲璧。此不言璧。略也。羔取其羣而不失類。且潔素也。鴈取其知時。且飛有行列也。雉取其性之耿介。且文飾也。匹讀爲鶩。野鴨曰鳧。家鴨曰鶩。不能飛騰。如庶人之終守耕稼也。童子不敢與成人爲禮。或見師友而執贄。則奠委于地而自退避之也。纓。馬之繁纓。即馬鞅也。拾。射韝也。矢。箭也。或野外。或軍中。隨所有用之也。○匹音木。和去聲。見音現。信音申。行音杭。緐音般。婦人之摯。椇。榛。脯。脩。棗。栗。椇形似珊瑚。味甜美。一名石李。榛似栗而小。脯即今之脯也。脩用肉煆治加薑桂乾之。脯形方正。脩形稍長。幷棗栗六物。婦初見舅姑。以此爲摯也。左傳。女摯不過榛栗棗脩。以告虔也。○椇音矩。乾音干。納女於天子曰備百姓。於國君曰備酒漿。於大夫曰備埽灑。呂氏曰。不敢以伉儷自期。願備妾媵之數而已。皆自卑之辭也。○埽去聲。灑所買切。

禮記卷之二

檀弓上第三

劉氏曰檀弓篇首言子游及篇內多言之疑是其門人所記

公儀仲子之喪檀弓免焉仲子舍其孫而立其子檀弓曰何居我未之前聞也趨而就子服伯子於門右公儀氏仲子字魯之同姓也檀弓魯人之知禮者袒免本五世之服而朋友之死於他邦而無主者亦爲之免其制以布廣一寸從項中而前交於額又卻向後而繞於髻也適子死立適孫爲後禮也弓以仲子舍孫而立庶子故爲過禮之免以弔而譏之何居怪之之辭猶言何故也此時未小斂主人未居阼階下猶在西階下受其弔故弓弔畢而就子服伯子於門右而問之也○免音問居音姬亦爲爲去聲適音的舍上聲斂去聲曰仲子舍其孫而立其子何也伯子曰仲子亦猶行古之道也昔者文王舍伯邑考而立武王微子舍其孫腯而立衍也夫仲子亦猶行古之道也子游問諸孔子孔子曰否立孫曰弓之問也猶尚也亦猶擬議未定之辭伯邑考文王長子微子舍孫立衍或是殷禮文王之立武王先儒以爲權或亦以爲遵殷制皆未可知否則以德不以長亦如大王傳位季歷之意歟○應氏曰檀弓默而不復言子游疑而復求正非夫子明辨以示之孰知舍孫立子之爲非乎○舍上聲腯徒本切長上聲大音泰復扶又切

事親有隱而無犯左右就養無方服勤至死致喪三年事君有犯而無隱左右就養有方服勤至死方喪三年事師無犯無隱左右就養無方服勤至死心喪三年饒氏曰左右音佐佑非也左右即是方養不止飲食之養言或左或右無一定之方子之於親不分職守事事皆當理會無可推托事師如事父故皆無方有方言左不得越右右不得越左有一定之方臣之事君當各盡職守故曰有方○朱氏曰親者仁之所在故有隱而無犯君者義之所在故有犯而無隱師者道之所在故無犯無隱也○劉氏曰隱皆以諫言父子主恩犯則爲責善而傷恩故幾諫而不可犯顏君臣主義隱則是畏威阿容而害義故匡救其惡勿欺也而犯之師生處恩義之間而師者道之所在諫必不見拒不必犯也過則當疑問不必隱也隱非掩惡之謂若掩惡而不可揚於人則三者皆當然也惟秉史筆者不在此限就養近就而奉養之也致喪極其哀毀之節也方喪比方於親喪而以義並恩也心喪身無衰麻之服而心有哀戚之情所謂若喪父而無服也

季武子成寢杜氏之葬在西階之下請合葬焉許之入宮而不敢哭武子曰合葬非古也自周公以來未之有改也吾許其大而不許其細何居命之哭劉氏曰成寢而夷人之墓不仁也不改葬而又請合焉亦非孝也許其合而又命之哭焉矯僞以文過也且寢者所以安其家乃處其家於人之冢上於

汝安乎。墓者所以安其先。乃處其先於人之階下。其能安乎。皆不近人情。非禮明矣。○葬才浪切。文去聲。子上之母死而不喪。門人問諸子思曰。昔
者子之先君子喪出母乎。曰。然。子之不使白也喪之何也。子思曰。昔者吾先君子無所失道。道
隆則從而隆。道汚則從而汚。伋則安能。爲伋也妻者。是爲白也母。不爲伋也妻者。是不爲白也
母。故孔氏之不喪出母。自子思始也。子上之母。子思出妻也。禮爲出母齊衰杖期。而爲父後者無服。心喪而已。伯魚子上皆爲父後。禮當不服者。而伯魚
乃期而猶哭。夫子聞之曰甚。而後除之。此賢者過之之事也。子思不使白喪出母。正欲用禮耳。而
門人以先君子之事爲問。則子思難乎言伯魚之過禮也。故以聖人無所失道爲對。謂聖人之聽
伯魚喪出母者。以道揆禮而爲之隆殺也。惟聖人能於道之所當加隆者。則從而隆之。於道之所
當降殺者。則從而殺之。汚猶殺也。是於先王之禮有所斟酌。而隨時隆殺。以從於中道也。我則安
能如是哉。但爲我妻。則白當爲母服。今既不爲我妻。則白爲父後。而不當服
矣。子思是欲守常禮。而不欲使如伯魚之加隆也。○禮爲爲去聲。殺去聲。孔子曰。拜而后稽顙。
頹乎其順也。稽顙而后拜。頎乎其至也。三年之喪。吾從其至者。此言喪拜之次序也。拜拜賓也。稽顙者以頭觸地。哀痛之至也。拜以
禮賓。稽顙以自致。謂之順者。以其先加敬於人。而后盡哀於已。爲得其序也。頎者惻隱之發也。謂
之至者。以其哀常在於親。而敬暫施於人。爲極自盡之道也。夫子從其至者。亦與其易也。寧戚之
意。○朱子曰。拜而后稽顙。先以兩手伏地如常。然後引首向前扣地也。稽
顙而后拜者。開兩手而先以首扣地。却交手如常也。○頎音懇。易去聲。孔子既得合葬於防。曰。
吾聞之。古也墓而不墳。今丘也東西南北之人也。不可以弗識也。於是封之崇四尺。孔子父墓在防。故奉母喪
以合葬。墓塋域也。封土爲壟曰墳。東西南北之人。言其宦遊無定居也。識記也。爲壟所
以爲記識。一則恐人不知而誤犯。一則恐巳或忘而難尋。故封之高四尺也。○識音志。孔子先反。
門人後。雨甚。句至。句孔子問焉。曰。爾來何遲也。曰。防墓崩。孔子不應。三。孔子泫然流涕曰。吾聞之。
古不脩墓。雨甚而墓崩。門人脩築而後反。孔子流涕者。自傷其不能謹之於封築之時。以致崩圮。且言古人所以不脩墓者。敬謹之至。無事於脩也。○應三並去聲。泫胡犬切。孔子
哭子路於中庭。有人弔者。而夫子拜之。既哭。進使者而問故。使者曰。醢之矣。遂命覆醢。子路死於孔悝之難。
遂爲衛人所醢。孔子哭之中庭。師友之禮也。聞使者之言而覆棄家醢。蓋痛子路之禍而不忍食
其似也。○朱子曰。子路仕衛之失。前輩論之多矣。然子路却是見不到。非知其非義而苟爲也。○
使去聲。覆入聲。難論並去聲。曾子曰。朋友之墓。有宿草而不哭焉。草根陳宿。是期年之外。可無哭矣。子思曰。喪三日而殯。凡附
於身者。必誠必信。勿之有悔焉耳矣。三月而葬。凡附於棺者。必誠必信。勿之有悔焉耳矣。附於身者。襲斂

衣衾之具附於棺者。明器用器之屬也。○方氏曰。必誠謂於死者無所欺。必信謂於生者無所疑。喪三年以爲極。句亡則弗之忘矣。故君子有終身之憂。而無一朝之患。故忌日不樂。喪莫重於三年。既葬日亡。中庸曰。事亡如事存。雖已葬而不忘其親。所以爲終身之憂。而忌日不樂也。祭義曰。君子有終身之喪。忌日之謂也。家宅崩毀。出於不意。所謂一朝之患。惟其必誠必信。故無一朝之患也。或曰。殯葬皆一時事。於此一時而不謹。則有悔。惟其誠信。故無此一時不謹之患。○樂音洛。

孔子少孤。不知其墓。殯於五父之衢。人之見之者。皆以爲葬也。其慎也。蓋殯也。問於郰曼父之母。然後得合葬於防。不知其墓者。不知父墓所在也。殯於五父之衢者。殯母喪也。禮無殯於外者。今乃在衢。先儒謂欲致人疑問。或有知者告之也。人見柩行於路。皆以爲葬。然以引觀之。殯引飾棺以輴。葬引飾棺以柳翣。此則殯引耳。按家語。孔子生三歲而叔梁紇死。是少孤也。然顏氏之死。夫子成立久矣。聖人人倫之至。豈有終母之世。不尋求父葬之地。至母殯而猶不知父墓乎。且母死而殯於衢路。必無室廬而死於道路者。不得已之爲耳。聖人禮法之宗主。而忍爲之乎。馬遷爲野合之誣。謂顏氏諱而不告。鄭註因之。以滋後世之惑。且如堯舜瞽瞍之事。世俗不勝異論。非孟子辟而闢之。後世謂何。此經雜出諸子所記。其閒不可據以爲實者多矣。孟子曰。主癰疽與侍人瘠環。何以爲孔子。愚亦謂終身不知父墓。何以爲孔子乎。其不然審矣。此非細故。不得不辨。○少去聲。父音甫。慎引去聲。郰音鄒。曼音萬。

鄰有喪。舂不相。里有殯。不巷歌。說見曲禮。○相去聲。見音現。後凡見某書倣此。

喪冠不緌。冠必有笄。以貫之以紘。繫笄順頤而下結之曰纓。垂其餘於前者謂之緌。喪冠不緌。蓋去飾也。○緌如追切。與甤音同。

有虞氏瓦棺。夏后氏堲周。殷人棺槨。周人牆置翣。瓦棺始不衣薪也。堲周。或謂之土周。堲者。火之餘燼。蓋治土爲甎。而四周於棺之坎也。殷世始爲棺槨。周人又爲飾棺之具。蓋彌文矣。牆。柳衣也。柳者。聚也。諸飾之所聚也。以此障柩。猶垣牆之障家。故謂之牆。翣如扇之狀。有畫爲黼者。有畫爲黻者。有畫雲氣者。多寡之數。隨貴賤之等。○凡夏后華夏肆夏之夏上聲。唯春夏之夏如字。堲音稷。翣音歃。

周人以殷人之棺槨葬長殤。以夏后氏之堲周葬中殤下殤。以有虞氏之瓦棺葬無服之殤。十六至十九爲長殤。十二至十五爲中殤。八歲至十一爲下殤。七歲以下爲無服之殤。生未三月不爲殤。○長上聲。

夏后氏尚黑。大事斂用昏。戎事乘驪。牲用玄。殷人尚白。大事斂用日中。戎事乘翰。牲用白。周人尚赤。大事斂用日出。戎事乘騵。牲用騂。禹以治水之功得天下。故尚水之色。湯以征伐得天下。故尚金之色。周之尚赤。取火之勝金也。大事。喪事也。驪。黑色。翰。白色。易曰。白馬翰如。騵。赤馬而黑鬣尾也。○騵音元。

穆公之母卒。使人問於曾子曰。如之何。對曰。申也聞諸申之父曰。哭泣之哀。齊斬之情。饘粥之食。自天子達。布幕衞也。縿幕魯也。穆公。魯君。申。參之子也。厚曰饘。稀曰粥。幕所以覆於殯棺之上。衞以布爲幕。諸侯之禮也。魯以縿爲

幕蓋僭天子之禮矣○齊音咨饋音旂縿音綃晉獻公將殺其世子申生公子重耳謂之曰子蓋言子之志於公乎世
子曰不可君安驪姬是我傷公之心也此事詳見左傳重耳申生異母弟即文公也蓋何不也明其讒則姬必誅是使君失所安而傷其心也○重平
聲蓋音盍下節同傳去聲曰然則蓋行乎世子曰不可君謂我欲弒君也天下豈有無父之國哉吾何行如
之重耳又勸其奔他國而申生不從也何行如之言行將何往也使人辭於狐突曰申生有罪不念伯氏之言也以至于死申
生不敢愛其死雖然吾君老矣子少國家多難伯氏不出而圖吾君伯氏苟出而圖吾君申生
受賜而死再拜稽首乃卒是以爲恭世子也狐突申生之傅辭猶將去而告違蓋與之永訣也申生自經而死陷父於不義不得爲孝但得謚恭
而已○疏曰註云伯氏狐突別氏者狐是總氏伯仲是兄弟之字字伯者謂之伯氏字仲者謂之仲氏故傳云叔氏其忘諸乎又此下文云叔氏專以禮許人是一人之身字則別爲氏也○
少難並去聲傳去聲魯人有朝祥而莫歌者子路笑之夫子曰由爾責於人終無已夫三年之喪亦已久
矣夫子路出夫子曰又多乎哉踰月則其善也朝祥旦行祥祭之禮也朝祥莫歌固爲非禮特以禮教衰廢之時而此人獨能行三年之喪故
夫子抑子路之笑然終非正禮恐學者致疑故俟子路出乃正言之其意若曰名爲三年之喪實則二十五月今已至二十四月矣此去可歌之日又豈多有日月乎哉但更踰月而歌則爲
善矣蓋聖人於此雖不責之以備禮亦未嘗許之以變禮也○莫音暮魯莊公及宋人戰于乘丘縣賁父御卜國爲右馬驚敗績
公隊佐車授綏公曰末之卜也縣賁父曰他日不敗績而今敗績是無勇也遂死之圉人浴馬
有流矢在白肉公曰非其罪也遂誄之士之有誄自此始也乘丘魯地戰在莊公十年縣卜皆氏也凡車右以勇力者爲之大崩
曰敗績公墮車而佐車授之綏以登是登佐車也佐車副車也綏挽以升車之索也末之卜者言卜國微末無勇也二人遂赴鬭而死圉人掌馬者及浴馬方見流矢中馬股閒之肉則知非
二子之罪矣生無爵則死無謚殷大夫以上爲爵士雖周爵卑不應謚莊公以義起遂誄其赴敵之功以爲謚焉○方氏曰誄之爲義達善之實而不欲飾者也謚則因誄之言而別之有誄
則有謚矣○乘去聲縣音玄賁音奔父音甫隊音墜中去聲別必列切曾子寢疾病樂正子春坐於牀下曾元曾申坐於足童子
隅坐而執燭病者疾之甚也子春曾子弟子元與申曾子子也童子曰華而睆大夫之簀與子春曰止曾子聞之瞿然曰
呼曰華而睆大夫之簀與曾子曰然斯季孫之賜也我未之能易也元起易簀曾元曰夫子之病

革矣，不可以變。幸而至於旦，請敬易之。曾子曰：爾之愛我也不如彼。君子之愛人也以德，細人之愛人也以姑息。吾何求哉？吾得正而斃焉斯已矣。舉扶而易之，反席未安而沒。

華者，畫飾之美好。睆者，節目之平瑩。簀，簟也。止，使童子勿言也。瞿然，如有所驚也。呼者，歎而噓氣之聲。曰童子再言也。革，急也。變，動也。彼，謂童子也。童子知禮，以爲曾子未嘗爲大夫，豈可臥大夫之簀。曾子識其意，故然之。且言此曾大夫季孫之賜耳。於是必欲易之，易之而沒，可謂斃於正矣。○朱子曰：易簀結纓，未須論優劣，但看古人謹於禮法，不以死生之變易其所守如此，便使人有行一不義、殺一不辜而得天下不爲之心。此是緊要處。又曰：季孫之賜，曾子之受，皆爲非禮。或者因仍習俗，嘗有是事而未能正耳。但及其疾病不可以變之時，一聞人言，而必舉扶以易之，則非大賢不能矣。此事切要處，正在此毫釐頃刻之閒。○睆，呼板切。簀，音責。瞿，音屨。呼，音吁。革，音亟。論，去聲。

始死，充充如有窮；既殯，瞿瞿如有求而弗得；既葬，皇皇如有望而弗至；練而慨然；祥而廓然。

疏曰：事盡理屈爲窮。親始死，孝子匍匐而哭之，心形充屈，如急行道極，無所復去，窮急之容也。瞿瞿，眼目速瞻之貌。如有所失而求見之不得然也。皇皇，猶栖栖也。親歸草土，孝子心無所依託，如有望彼來而彼不至也。至小祥，但慨歎日月若馳之速也。至大祥，則情意寥廓不樂而已。○方氏曰：下篇述顏丁之居喪，則言皇皇於始死，言慨焉於既葬。問喪則言皇皇於反哭。所言不同者，蓋君子有終身之喪，思親之心豈有隆殺哉？先王制禮，略爲之節而已，故其所言不必同。○瞿，音屨。樂，音洛。殺，去聲。

邾婁復之以矢，蓋自戰於升陘始也。

魯僖公二十一年，與邾人戰于升陘。魯地也。邾師雖勝，而死傷者多，軍中無衣，復者用矢。釋云：邾人呼邾聲曰婁，故曰邾婁。夫以盡愛之道，禱祠之心，孝子不能自已，冀其復生也。疾而死，行之可也；兵刃之下，肝腦塗地，豈有再生之理？復之用矢，不亦誣乎？○婁，音閭。陘，音形。

魯婦人之髽而弔也，自敗於臺鮐始也。

吉時以纚韜髮，凶則去纚而露其髻，故謂之髽。臺鮐之戰，在魯襄公四年。蓋爲邾人所敗也。髽不以弔。時家家有喪，故髽而相弔也。○方氏曰：矢所以施於射，非所以施於復；髽所以施於喪，非所以施於弔。因之而弗改，則非矣。○髽，莊華切。臺，音狐。鮐，音苔。

南宮縚之妻之姑之喪，夫子誨之髽曰：爾毋從從爾，爾毋扈扈爾。蓋榛以爲笄，長尺而總八寸。

縚妻，夫子兄女也。姑死，夫子教之爲髽。從從，高也。扈扈，廣也。言爾髽不可太高，不可太廣。又教以笄總之法。笄，卽簪也。吉笄尺二寸，喪笄一尺。斬衰之笄用箭竹，竹之小者也。婦爲舅姑皆齊衰不杖，則當用榛木爲笄也。束髮謂之總，以布爲之。既束其本末而總之，餘者垂於髻後，其長八寸也。○縚，音叨。從，音總。扈，音戶。長，音仗。婦爲，爲，去聲。

孟獻子禫，縣而不樂，比御而不入。夫子曰：獻子加於人一等矣。

孟獻子，魯大夫仲孫蔑也。禫，祭名。禫者，澹澹然平安之意。大祥後間一月而禫，故云中月而禫。或云祥月之中者，非。小記云：中一以上而祔，亦謂間一世也。禮，大夫判縣。縣而不樂者，但縣之而不作也。比御而不入者，雖比次婦人之當御者，而猶不復寢也。一說：比，及也。親喪外除，故夫子美之。○禫，大感切。縣，音玄。比，音畀。間，去聲。

孔子既祥，五日彈琴而不成聲，十日

而成笙歌。有子蓋既祥而絲屨組纓。有子，孔子弟子有若也。禮：既祥，白屨無絇，縞冠素紕。組之文五采。今方祥，即以絲爲屨之飾，以組爲冠之纓，服之吉者也。此二者皆譏其變吉之速。然蓋者疑辭，恐記者亦是得於傳聞，故疑其辭也。引孔子之事者，以見餘哀未忘也。○絇音句，又音拘。死而不弔者三：畏、厭、溺。方氏曰：戰陳無勇，非孝也。其有畏而死者乎？君子不立巖牆之下，其有厭而死者乎？孝子舟而不游，其有溺而死者乎？三者皆非正命，故先王制禮在所不弔。○應氏曰：情之厚者豈容不弔，但其辭未易致耳。若爲國而死於兵，亦無不弔之理。若齊莊公於杞梁之妻，未嘗不弔也。○愚聞先儒言：明理可以治懼，見理不明者，畏懼而不知所出，多自經於溝瀆，此眞爲死於畏矣。似難專指戰陳無勇也。或謂鬬很亡命曰畏。○厭音壓，陳音陣。

子路有姊之喪，可以除之矣，而弗除也。孔子曰：何弗除也？子路曰：吾寡兄弟而弗忍也。孔子曰：先王制禮，行道之人皆弗忍也。子路聞之，遂除之。行道之人皆有不忍於親之心，然而遂除之者，以先王之制不敢違也。

太公封於營丘，比及五世，皆反葬於周。君子曰：樂，樂其所自生；禮，不忘其本。古之人有言曰：狐死正丘首，仁也。太公雖封於齊，而畱周爲太師，故死而遂葬於周。子孫不敢忘其本，故亦自齊而反葬於周，以從先人之兆。五世親盡而後止也。樂生而敦本，禮樂之道也。生而樂於此，豈可死而倍於此哉？狐雖微獸，丘其所窟藏之地，是亦生而樂於此矣，故及死而猶正其首以向丘，不忘其本也。倍本忘初，非仁者之用心，故以仁目之。○疏曰：周公封魯，其子孫不反葬於周者，以有次子在周，世守其采地，春秋周公是也。○比音畀，下樂音洛，首去聲。

伯魚之母死，期而猶哭。夫子聞之曰：誰與哭者？門人曰：鯉也。夫子曰：嘻！其甚也。伯魚聞之，遂除之。伯魚之母出而死，父在爲母期而有禫，出母則無禫。伯魚乃夫子爲後之子，則於禮無服，期可無哭矣，猶哭，夫子所以歎其甚。○期音基，與平聲，嘻音希，爲母爲去聲。

舜葬於蒼梧之野，蓋三妃未之從也。

季武子曰：周公蓋祔。天子以四海爲家，南巡而崩，故遂葬蒼梧之野。疏云：舜長妃娥皇無子，次妃女英生商均，次妃癸比生二女霄明、燭光。三妃後皆不從舜之葬。此記者言合葬之事，古人未有，因引季武子之言，謂自周公以來始祔葬也。書陟方乃死，蔡氏曰：史記舜崩於蒼梧之野，孟子言卒於鳴條，未知孰是。今零陵九嶷有舜家云。

曾子之喪，浴於爨室。士喪禮浴於適室，無浴爨室之文。舊說曾子以曾元辭易簀，矯之以謙儉。然反席未安而沒，未必有言及此。使果曾子之命，爲人子者亦豈忍從非禮而賤其親乎？此難以臆說斷之，當闕之以俟知者。○適音的，斷丁玩切。

大功廢業。或曰：大功誦可也。業者，身所習，如學舞、學射、學琴瑟之類。廢之者，恐其忘哀也。誦者，口所習，稍暫爲之亦可。然稱或曰，亦未定之辭也。

子張病，召申祥而語之曰：君子曰終，小人曰死。吾今日其庶幾乎。申祥，子張子也。終者對始而言，死則澌盡無餘之謂也。君子行成德立，有始有卒，故曰終。小人與羣物同朽腐，故曰死。疾沒世而名不稱爲是也。子張至此，亦自信其近於君子也。○語去聲，幾平聲，行、爲並去聲。

曾子曰。始死之奠。其餘閣也與。始死以脯醢醴酒就尸牀而奠于尸東當死者之肩使神有所依也。閣。所以庋置飲食。蓋以生時庋閣上所餘脯醢為奠也。○庋音己。又音詭。曾子曰。小功不為位也者。是委巷之禮也。子思之哭嫂也為位。婦人倡踊。申祥之哭言思也亦然。委。曲也。曲巷。猶言陋巷。細民居於陋巷。不見禮儀。而鄙朴無節文。故譏小功不為位。是曲巷中之禮也。言思。子游之子。申祥。妻之昆弟也。○馬氏曰。凡哭必為位者。所以敘親疏恩紀之差。嫂叔疑於無服而不為位。故曰無服而為位者。惟嫂叔。蓋無服者。所以遠男女近似之嫌。而為位者。所以篤兄弟內喪之親。子思哭嫂為位。婦人倡踊。以婦人有相為娣姒之義。而不敢以已之無服先之也。至於申祥之哭言思。亦如子思。蓋非禮矣。妻之昆弟。外喪也。而既無服。則不得為哭位之主矣。記曰。妻之昆弟為父後者死。哭之適室。子為主。袒免哭踊。夫入門右。由是言之。哭妻之昆弟以子為主。異於嫂叔之喪也。以子為主。則婦人不當倡踊矣。○差。楚宜切。遠。去聲。為娣為。去聲。先。去聲。古者冠縮縫。今也衡縫。故喪冠之反吉。非古也。疏曰。縮。直也。殷尚質。吉凶冠皆直縫。直縫者。辟積襵少。故一一前後直縫之。衡。橫也。周尚文。冠多辟積。不一一直縫。但多作襵而幷橫縫之。若喪冠質。猶疏辟而直縫。是與吉冠相反。時人因言古喪冠與吉冠反。故記者釋之云非古也。止是周世如此耳。古則吉凶冠同直縫也。○衡音橫。辟音璧。襵音輒。幷。去聲。曾子謂子思曰。伋。吾執親之喪也。水漿不入於口者七日。子思曰。先王之制禮也。過之者俯而就之。不至焉者跂而及之。故君子之執親之喪也。水漿不入於口者三日。杖而后能起。三日。中制也。七日。則幾於滅性矣。有扶而起者。有杖而起者。有面垢而已者。○跂音弃。幾。平聲。曾子曰。小功不稅。則是遠兄弟終無服也。而可乎。稅者。日月已過。始聞其死。追而為之服也。大功以上則然。小功輕。故不稅。曾子據禮而言。謂若是小功之服不稅。則再從兄弟之死在遠地者。聞之恒後時。則終無服矣。其可乎。○疏曰。此據正服小功也。小記曰。降而在緦小功者則稅之。其餘則否。○稅。他外切。伯高之喪。孔氏之使者未至。冉子攝束帛乘馬而將之。孔子曰。異哉。徒使我不誠於伯高。攝。貸也。十箇為束。每束五兩。蓋以四十尺帛。從兩頭各卷至中。則每卷二丈。為一箇。束帛是十箇二丈。今之五匹也。乘馬。四馬也。徒。空也。伯高不知何人。意必與孔子厚者。冉子知以時而行禮。不知聖人之心。則于其誠不于其物也。雖若自責之言。而實則深責冉子矣。○使。乘。並去聲。卷音捲。伯高死於衛。赴於孔子。孔子曰。吾惡乎哭諸。兄弟吾哭諸廟。父之友吾哭諸廟門之外。師吾哭諸寢。朋友吾哭諸寢門之外。所知吾哭諸野。於野則已疏。於寢則已重。夫由賜也見我。吾哭諸賜氏。遂命子貢為之主。曰。為爾哭也來者。句拜之。知伯高而來者。勿拜也。告死曰赴。與訃同。已。太也。○馬氏曰。兄弟出於祖而內所親者。故哭之廟。父友聯於父而外所親者。故哭之廟門外。師以成己之德。而其親視父。故哭諸寢。友以輔己之仁。而其親視兄弟。故哭諸寢門之外。至於所知。又非朋友之比。有相趨者。有相揖者。有相問者。有相見者。皆泛交之者也。孔子哭伯高以野。爲太疏。而以子貢爲主。君子行禮。其審詳於哭泣之位如此者。是其所以表微者歟。○方氏曰。伯高之於孔子。非特所知而已。由子貢而見。故哭於子貢之家。且使之爲主。以明恩之有所由也。爲子貢而來。則弔生之禮在子貢。知伯高而來。則傷死之禮在伯高。或拜或不拜。凡以稱其情耳。故夫子誨之如此。○石梁王氏曰。爲爾哭也來者一句。○惡音烏。爲爾爲。去聲。稱去聲。

曾子曰。喪有疾。食肉飲酒。必有草木之滋焉。以爲薑桂之謂也。喪有疾。居喪而遇疾也。以其不嗜。故加草木之味。以爲薑桂之謂一句。乃記者釋草木之滋。亦或曾子稱禮書之言而自釋之歟。

子夏喪其子而喪其明。曾子弔之曰。吾聞之也。朋友喪明則哭之。曾子哭。子夏亦哭曰。天乎。予之無罪也。曾子怒曰。商。女何無罪也。吾與女事夫子於洙泗之間。退而老於西河之上。使西河之民疑女於夫子。爾罪一也。喪爾親。使民未有聞焉。爾罪二也。喪爾子。喪爾明。爾罪三也。而曰爾何無罪與。子夏投其杖而拜曰。吾過矣。吾過矣。吾離羣而索居亦已久矣。以哭甚。故喪明也。洙泗魯二水名。西河。子夏所居。索。散也。久不親友。故有罪而不自知。○張子曰。子夏喪明。必是親喪之時尚強壯。其子之喪氣漸衰。故喪明。然而曾子之責。安得辭也。疑女於夫子者。子夏不推尊夫子。使人疑夫子無以異於子夏。非如曾子推尊夫子。使人知尊聖人也。○方氏曰。子夏不尊於師而尊於己。不隆於親而隆於子。猶以爲無罪。此曾子所以怒之也。然君子以友輔仁。子夏之至於三罪者。亦由離朋友之羣而散居之久耳。以離羣。故散居也。○而喪喪明喪爾之喪。去聲。餘如字。女音汝。離。去聲。

夫晝居於內。問其疾可也。夜居於外。弔之可也。是故君子非有大故。不宿於外。非致齊也。非疾也。不晝夜居於內。內者。正寢之中。外。謂中門外也。晝而居內。似有疾。夜而居外。似有喪。○應氏曰。致齊居內。非在房闥之中。蓋亦端居深處於宎奥之內耳。○齊音齋。宎。音窈。

高子皐之執親之喪也。泣血三年。未嘗見齒。君子以爲難。子皐名柴。孔子弟子。○疏曰。人涕淚必因悲聲而出。血出則不由聲也。子皐悲無聲。其涕亦出。如血之出。故云泣血。人大笑則露齒本。中笑則露齒。微笑則不見齒。○見音現。

衰與其不當物也。寧無衰。齊衰不以邊坐。大功不以服勤。疏曰。物。謂升縷及法制長短幅數也。邊坐。偏倚也。喪服宜敬。坐起必正。不可著衰而偏倚也。齊衰輕。既不倚。斬重不言可知。大功雖輕。亦不可著衰服而爲勤勞之事也。○馬氏曰。衰不當物。則亂先王之制。而後世疑其傳。無衰。則禮雖不行。而其制度定于一。猶可以識之。故曰與其不當物也。寧無衰。○衰音催。當。去聲。齊音咨。著音勺。

孔子之衛。遇舊館人之喪。入而哭之哀。出。使子貢說驂而賻之。子貢曰。於門人之喪。未有所說驂。說驂於舊館。無乃已重乎。夫子曰。予鄉者入而哭之。遇於一哀而出涕。予惡夫涕之無從也。小子行之。舊館人。舊時舍館之主人也。驂車者。中兩馬爲服馬。兩旁各一馬爲驂馬。遇一哀而出涕。情亦厚矣。情厚者禮不可薄。故解脫驂馬以爲之賻。凡以稱情而已。客行無他財貨故也。惡夫涕之無從者。從自也。今若不賻。則是於死者無故舊之情。而此涕爲無自而出矣。惡其如此。所以必當行賻禮也。舊說。孔子遇主人一哀而出涕。謂主人見孔子來而哀甚。是以厚恩待孔子。故孔子爲之賻。然上文既曰入而哭之。則又何必迂其說而以爲遇主人之哀乎。○說音脫。鄉去聲。惡去聲。稱去聲。爲之爲去聲。孔子在衛。有送葬者。而夫子觀之曰。善哉爲喪乎。足以爲法矣。小子識之。子貢曰。夫子何善爾也。曰。其往也如慕。其反也如疑。子貢曰。豈若速反而虞乎。子曰。小子識之。我未之能行也。往如慕。反如疑。此孝子不死其親之至情也。子貢以爲如疑則反遲。不若速反而行虞祭之禮。是知其禮之常。而不察其情之至矣。夫子申言小子識之。且曰我未之能行。則此豈易言哉。○識音志。易去聲。顏淵之喪。饋祥肉。孔子出受之。入彈琴而后食之。彈琴而後食者。蓋以和平之聲。散感傷之情也。孔子與門人立。拱而尚右。二三子亦皆尚右。孔子曰。二三子之嗜學也。我則有姊之喪故也。二三子皆尚左。吉事尚左。陽也。凶事尚右。陰也。此蓋拱立而右手在上也。孔子蚤作。負手曳杖。消搖於門。歌曰。泰山其頹乎。梁木其壞乎。哲人其萎乎。既歌而入。當戶而坐。子貢聞之曰。泰山其頹。則吾將安仰。梁木其壞。哲人其萎。則吾將安放。夫子殆將病也。遂趨而入。作起也。負手曳杖。反手卻後以曳其杖也。消搖寬縱自適之貌。泰山爲衆山所仰。梁木亦衆木所仰。而放者猶哲人爲衆人所仰望而放效也。○放上聲。夫子曰。賜。爾來何遲也。夏后氏殯於東階之上。則猶在阼也。殷人殯於兩楹之間。則與賓主夾之也。周人殯於西階之上。則猶賓之也。而丘也殷人也。予疇昔之夜。夢坐奠於兩楹之間。夫明王不興。而天下其孰能宗予。予殆將死也。蓋寢疾七日而沒。猶在阼。猶賓之者。孝子不忍死其親。殯之於此。示猶在阼階以爲主。猶在西階以爲賓客也。在兩楹間。則是主與賓夾之。故言與而不言猶也。孔子其先宋人。成湯之後。故自謂殷人。疇發語之辭。昔之夜。猶言昨夜也。夢坐於兩楹之間。而見饋奠之事。知是凶徵者。以殷禮殯在兩楹間。孔子以殷人而享殷禮。故知將死也。又自解夢奠之占云。今日明王不作。天下誰能尊己。而使南面坐于尊位乎。此必殯之兆也。自今觀之。萬世王祀。亦其應矣。孔子之喪。門人疑所服。子貢曰。昔者夫子之喪顏淵。若喪子而無服。喪子路亦然。請喪夫子若喪父而無服。以後章二三子絰而出言之。此所謂無服。蓋謂弔服加麻也。疏云。士弔服疑衰麻。謂環絰也。五服經皆兩股。惟環絰一股。後章從母之夫。疏云。凡弔服不得稱服。○方氏曰。若喪父而無服。所謂心喪也。○從去聲。

孔子之喪。公西赤爲志焉。飾棺牆。置翣。設披。周也。設崇。殷也。綢練設旐。夏也。公西氏。赤名。字子華。孔子弟子也。○疏曰。孔子之喪。公西赤以飾棺榮夫子。故爲盛禮。備三王之制。以章明志識焉。於是以素爲褚。褚外加牆。車邊置翣。恐柩車傾虧。而以繩左右維持之。此皆周之制也。其送葬乘車所建旌旗。刻繒爲崇牙之飾。此則殷制。又綢盛旌旗之竿以素錦。於杠首設長尋之旐。此則夏禮也。○詩。虡業維樅。疏云。懸鐘磬之處。以采色爲大牙。其狀隆然。謂之崇牙。練素錦也。緇布廣終幅。長八尺。旐之制也。○披彼義切。綢音叨。旐直小切。識音志。虡音巨。樅音蹤。

子張之喪。公明儀爲志焉。褚幕丹質。蟻結于四隅。殷士也。疏曰。褚者覆棺之物。若大夫以上。其形似幄。士則無褚。公明儀尊其師。故特爲褚。不得爲幄。但似幕形。故云褚幕。以丹質之布而爲之也。又於褚之四角。畫蚍蜉之形。交結往來。故云蟻結于四隅。此殷禮士葬飾也。○覆去聲。

子夏問於孔子曰。居父母之仇。如之何。夫子曰。寢苫枕干。不仕。弗與共天下也。遇諸市朝。不反兵而鬭。不反兵者。不反而求兵。言恒以兵器自隨。○苫詩占切。枕去聲。朝音潮。曰。請問居昆弟之仇。如之何。曰。仕弗與共國。銜君命而使。雖遇之不鬭。曰。請問居從父昆弟之仇。如之何。曰。不爲魁。主人能。則執兵而陪其後。疏曰。朝在公門之內。閽人掌中門之禁。兵器但不得入中門耳。其大詢衆庶在皐門之內。則得入也。設朝或在野外。或在縣鄙鄉遂。但有公事之處皆謂之朝。兵者。亦謂佩刀以上。不必要是弓戟也。○方氏曰。市朝猶不反兵。則無所往而不執兵矣。曲禮云。兄弟之讎不反兵。此言遇之不鬭者。彼據不仕者言之耳。○使從並去聲。

孔子之喪。二三子皆絰而出。羣居則絰。出則否。弔服加麻者。出則變之。今出外而不免絰。所以隆師也。羣者。諸弟子相爲朋友之服也。儀禮註云。朋友雖無親。有同道之恩。相爲服緦之絰帶。亦弔服也。故出則免之。

易墓。非古也。疏曰。易謂芟治草木。不使荒穢。古者殷以前。墓而不墳。不易治也。○易音異。

子路曰。吾聞諸夫子。喪禮。與其哀不足而禮有餘也。不若禮不足而哀有餘也。祭禮。與其敬不足而禮有餘也。不若禮不足而敬有餘也。有其禮而無其財。則禮或有所不足。哀敬則可自盡也。此夫子反本之論。亦寧儉寧戚之意。

曾子弔於負夏。主人既祖。塡池。推柩而反之。降婦人而后行禮。從者曰。禮與。曾子曰。夫祖者且也。且胡爲其不可以反宿也。劉氏曰。負夏。衛地也。葬之前一日。曾子往弔。時主人已祖奠。而婦人降在兩階之間矣。曾子至。主人榮之。遂徹奠推柩而反。向內以受弔。示死者將出行。遇賓至而爲之暫反也。亦事死如事生之意。然非禮矣。柩既反。則婦人復升堂以避柩。至明日乃復還柩向外。降婦人於階間。而後行遣奠之禮。故從者見柩初已遷。而復推反之。婦人已降。而又升堂。皆非禮。故問之。而曾子答之云。祖者且也。是且遷柩爲將行之始。未是實行。又何爲不可復反。越宿至明日。乃還柩遣奠而遂行可乎。疏謂其見主人榮已。不欲指其錯失。而給說答從者。此以衆人之心窺大賢也。事之有無不可知。其義亦難强解。或記者有遺誤也。所以徹奠者。奠在柩西。欲推柩反之。故必先徹而後可旋轉也。婦人降階間。亦以奠在車西。故立車後。今柩反。故亦升避也。○塡音奠。池音徹。推他回切。從。去聲。與。平聲。復。遣。並去聲。

從者又問諸子游曰。禮與。子游曰。飯於牖下。小斂於戶內。大斂於阼。殯於客位。祖於庭。葬於墓。所以卽遠也。故喪事有進而無退。曾子聞之曰。多矣乎予出祖者。從者疑曾子之言。故又請問於子游也。飯於牖下者。尸沐浴之後。以米及貝。實尸之口中也。時尸在西室牖下南首也。士喪禮。小斂衣十九稱。大斂三十稱。斂者包裹斂藏之也。小斂在戶之內。大斂出在東階。未忍離其爲生之位也。主人奉尸斂于棺。則在西階矣。掘肂於西階之上。肂。陳也。謂陳尸於坎也。置棺于肂中。而塗之。謂之殯。及啓而將葬。則設祖奠於祖廟之中庭而後行。自牖下而戶內。而阼而客位。而庭。而墓。皆一節遠於一節。此謂有進而往。無退而還也。豈可推柩而反之乎。多矣乎予出祖者。多。猶勝也。曾子聞之。方悟已說之非。乃言子游所說出祖之事。勝於我之所說出祖也。○飯。上聲。首。稱。離。並去聲。

曾子襲裘而弔。子游裼裘而弔。曾子指子游而示人曰。夫夫也。爲習於禮者。如之何其裼裘而弔也。主人既小斂。袒括髮。子游趨而出。襲裘帶絰而入。曾子曰。我過矣。我過矣。夫夫是也。疏曰。凡弔喪之禮。主人未變服之前。弔者吉服。吉服者。羔裘玄冠。緇衣素裳。又袒去上服以露裼衣。此裼裘而弔是也。主人既變服之後。弔者雖著朝服。而加武以絰。武。吉冠之卷也。又掩其上服。若是朋友。又加帶。此襲裘帶絰而入是也。○方氏曰。曾子徒知喪事爲凶。而不知始死之時尚從吉。此所以始非子游而終善之也。○下夫。如字。下同。

子夏既除喪而見。予之琴。和之而不和。彈之而不成聲。作而曰。哀未忘也。先王制禮。而弗敢過也。子張既除喪而見。予之琴。和之而和。彈之而成聲。作而曰。先王制禮。不敢不至焉。均爲除喪。而琴有和不和之異者。蓋子夏是過之者。俯而就之。出於勉强。故餘哀未忘而不能成聲。子張是不至者。跂而及之。故哀已盡而能成聲也。○見。音現。予。上聲。上和。去聲。下和。如字。下同。强。上聲。○

司寇惠子之喪。子游爲之麻衰牡麻絰。文子辭曰。子辱與彌牟之弟游。又辱爲之服。敢辭。子游曰。禮也。惠子衛將軍文子彌牟之弟。惠子廢適子虎而立庶子。故子游特爲非禮之服以譏之。亦檀弓免公儀仲子之意也。麻衰以吉服之布爲衰也。牡麻絰以雄麻爲絰也。麻衰乃吉服十五升之布。輕於弔服。弔服之絰一股而環之。今用牡麻絞絰。與齊衰絰同矣。鄭註云。重服。指絰而言也。文子初言辱爲之服。敢辭者。辭其服也。○爲。去聲。適。嫡同。

文子退反哭。子游趨而就諸臣之位。文子又辭曰。子辱與彌牟之弟游。又辱爲之服。又辱臨其喪。敢辭。子游曰。固以

請。文子退。扶適子南面而立。曰。子辱與彌牟之弟游。又辱為之服。又辱臨其喪。虎也敢不復位。子游趨而就客位。文言敢辭者。辭其立於臣位也。此時尚未喻子游之意。及子游言固以請。則文子覺其譏矣。於是扶適子正喪主之位焉。而子游之志達矣。趨就客位。禮之正也。○疏曰。大夫之賓位在門東近北。家臣位亦在門東而南近門。並皆北向。○適嫡同。將軍文子之喪。既除喪而后越人來弔。主人深衣練冠。待于廟。垂涕洟。子游觀之曰。將軍文氏之子。其庶幾乎。亡於禮者之禮也。其動也中。將軍文子。即彌牟也。主人。文子之子也。禮無弔人於除喪之後者。亦無除喪後受人之弔者。深衣吉凶可以通用。小祥練服之冠。不純吉。亦不純凶。廟者。神主之所在。待而不迎。受弔之禮也。不哭而垂涕。哭之時已過。而哀之情未忘也。庶幾。近也。子游善其處禮之變。故曰。文氏之子。其近於禮乎。雖無此禮而為之禮。其舉動皆中節矣。○疏曰。深衣。即閒傳所言麻衣也。制如深衣。緣之以布曰麻衣。緣之以素曰長衣。緣之以采曰深衣。練冠者。祭前之冠。若祥祭則縞冠也。始死至練祥來弔。是有文之禮。祥後來弔。是無文之禮。言文氏之子。庶幾堪行乎無於禮文之禮也。動舉也。中當於禮之變節也。○亡無通。中去聲。○幼名。冠字。五十以伯仲。死謚。周道也。疏曰。凡此之事。皆周道也。又殷以上有生號。仍為死後之稱。更無別謚。堯舜禹湯之例是也。周則死後別立謚。○朱子曰。儀禮賈公彥疏云。少時便稱伯某甫。至五十乃去某甫而專稱伯仲。此說為是。如今人於尊者不敢字之。而曰幾丈之類。○冠去聲。經也者實也。麻在首在要皆曰經。分言之。則首曰經。要曰帶。經之言實。明孝子有忠實之心也。首經象緇布冠之缺項。要經象大帶。又有絞帶象革帶。齊衰以下用布。○朱子曰。首經大一搤。是拇指與第二指一圍。要經較小。絞帶又小於要經。要經象大帶。兩頭長垂下。絞帶象革帶。一頭有彄子。以一頭串於中而束之。○要平聲。搤於革切。掘中霤而浴。毀竈以綴足。疏曰。中霤。室中也。死而掘室中之地作坎。以牀架坎上。尸於牀上浴。令浴汁入坎也。死人冷強。足辟戾。不可著屨。故用毀竈之甓連綴死人足。令直可著屨也。○綴音拙。及葬。毀宗躐行。出于大門。殷道也。學者行之。疏曰。毀宗。毀廟也。殷人殯於廟。至葬。柩出。毀廟門西邊牆而出于大門。行神之位。在廟門西邊。當所毀宗之外。生時出行。則為壇幣告行神。告竟。車躐行壇上而出。使道中安穩如在壇。今向毀宗處出。仍得躐行此壇。如生時之出也。學於孔子者行之。效殷禮也。子柳之母死。子碩請具。子柳曰。何以哉。子碩曰。請粥庶弟之母。子柳曰。如之何其粥人之母以葬其母也。不可。既葬。子碩欲以賻布之餘具祭器。子柳曰。不可。吾聞之也。君子不家於喪。請班諸兄弟之貧者。子柳。魯叔仲皮之子。子碩之兄也。具。謂喪事合用之器物也。何以哉。言何以為用乎。謂無其財也。鄭云。粥。謂嫁之也。妾賤。取之曰買。布。錢也。不家於喪。惡因死者而為利也。班。猶分也。不粥庶弟之母者義也。班兄弟之貧者仁也。夫欲粥庶母以治葬則乏於財可知矣。而不家於喪之言。確然不易。古人之安貧守禮蓋如此。○粥音育。惡去聲。君子曰。謀人之

軍師敗則死之謀人之邦邑危則亡之應氏曰衆死而義不忍獨生焉得而不死國危而身不可獨存焉得而不亡

公叔文子升於瑕丘蘧伯玉從文子曰樂哉斯丘也死則我欲葬焉蘧伯玉曰吾子樂之則瑗請前二子皆衞大夫文子名拔伯玉名瑗○劉氏曰伯玉之請前蓋始從行於文子之後及聞文子之言而惡其將欲奪人之地自爲身後計遂譏之曰吾子樂此則我請前行以去子矣示不欲與聞其事也可謂長於風險者矣○從去聲樂音洛瑗于願切

弁人有其母死而孺子泣者孔子曰哀則哀矣而難爲繼也夫禮爲可傳也爲可繼也故哭踊有節弁地名孺子泣者其聲若孺子無長短高下之節也聖人制禮期於使人可傳可繼故哭踊皆有其節若無節則不可傳而繼矣

叔孫武叔之母死既小斂舉者出句尸出戶句袒句且投其冠括髮子游曰知禮禮始死將斬衰者笄纚將齊衰者素冠小斂畢而徹帷主人括髮袒于房婦人髽于室舉者出舉尸以出也括髮當在小斂之後尸出堂之前主人爲將奉尸故袒而括髮耳今武叔待尸出戶然後袒而去冠括髮失禮節矣故註以子游知禮之言爲嗤之也○馮氏曰經文作戶出戶上戶字乃尸字之訛也鄭註云尸出戶乃變服義甚明然註文尸亦訛爲戶遂解不通○爲將爲去聲奉去並上聲

扶君卜人師扶右射人師扶左君薨以是舉君疾時僕人之長扶其右體射人之長扶其左體此二人皆平日贊正服位之人故君既薨遷尸則仍用此人也方氏釋師爲衆應氏以卜人爲卜筮之人○卜讀爲僕

從母之夫舅之妻二夫人相爲服君子未之言也或曰同爨緦從母母之姊妹舅母之兄弟從母夫於舅妻無服所以禮經不載故曰君子未之言時偶有甥至外家見此二人相依同居者有喪而無文可據於是或人爲同爨緦之說以處之此亦原其情之不可已而極禮之變焉耳○或問從母之夫舅之妻皆無服何也朱子曰先王制禮父族四故由父而上爲族曾祖父緦麻姊之子姊妹之子女子子之子皆由父而推之也母族三母之父母之母母之兄弟恩止於舅故從母之夫舅之妻皆不爲服推不去故也妻族二妻之父妻之母乍看似乎雜亂無紀子細看則皆有義存焉○從去聲上夫如字下夫音扶爲去聲處上聲爲服爲去聲

喪事欲其縱縱爾吉事欲其折折爾故喪事雖遽不陵節吉事雖止不怠故騷騷爾則野鼎鼎爾則小人君子蓋猶猶爾縱縱給於趨事之貌折折從容中禮之貌喪事雖急遽而不可陵躐其節次吉事雖有立而待事之時而不可失於怠惰若騷騷而太疾則鄙野矣鼎鼎而太舒則小人之爲矣猶猶而得緩急之中君子行禮之道也○縱音總折音提遽其據切從平聲中去聲

喪具君子恥具一日二日而可爲也者君子弗爲也喪具棺衣之屬君子恥於早爲之而畢具者嫌不以久生期其親也然六十歲制七十時制八十月制九十日脩蓋慮夫倉卒之變也一日二日可辦之物則君子不豫爲之所謂絞紟衾冒死而后制者也○卒音猝絞音爻紟音琴

喪服兄弟之子猶子也蓋引而進之也嫂叔之無服也蓋推而遠之也姑姊

妹之薄也。蓋有受我而厚之者也。方氏曰。兄弟之子。雖異出也。然在恩爲可親。故引而進之。與子同服。嫂叔之分。雖同居也。然在義爲可嫌。故推而遠之。不相爲服。姑姊妹在室。與兄弟姪皆不杖期。出適則皆降服大功而從輕者。蓋有受我者服爲之重故也。言其夫受之。而服爲之杖期以厚之。故於本宗相爲皆降一等也。○推他回切。遠去聲。分音問。相爲服爲爲。並去聲。食於有喪者之側。未嘗飽也。應氏曰。食字上疑脫孔子字。曾子與客立於門側。其徒趨而出。曾子曰。爾將何之。曰。吾父死。將出哭於巷。曰。反哭於爾次。曾子北面而弔焉。其徒。門弟子也。次。其人所寓之館舍也。士喪禮。主人西面。賓在門東北面。此曾子所以北面而弔之也。孔子曰。之死而致死之。不仁而不可爲也。之死而致生之。不知而不可爲也。是故竹不成用。瓦不成味。木不成斲。琴瑟張而不平。竽笙備而不和。有鐘磬而無簨虡。其曰明器。神明之也。劉氏曰。之。往也。之死。謂以禮往送於死者也。往於死者。而極以死者之禮待之。是無愛親之心。爲不仁。故不可行也。往於死者。而極以生者之禮待之。是無燭理之明。爲不知。故亦不可行也。此所以先王爲明器以送死者。竹器則無縢緣而不成其用。瓦器則麤質而不成其黑光之沬。木器則樸而不成其雕斲之文。琴瑟則雖張絃而不平。不可彈也。竽笙雖備具而不和。不可吹也。雖有鐘磬而無懸挂之簨虡。不可擊也。凡此皆不致死。亦不致生。而以有知無知之間待死者。故備物而不可用也。備物則不致死。不可用則亦不致生。其謂之明器者。蓋以神明之道待之也。○知。去聲。味。音沬。簨。音筍。虡。音巨。緣。去聲。有子問於曾子曰。問喪於夫子乎。曰。聞之矣。喪欲速貧。死欲速朽。有子曰。是非君子之言也。曾子曰。參也聞諸夫子也。有子又曰。是非君子之言也。曾子曰。參也與子游聞之。有子曰。然。然則夫子有爲言之也。曾子以斯言告於子游。子游曰。甚哉有子之言似夫子也。昔者夫子居於宋。見桓司馬自爲石椁。三年而不成。夫子曰。若是其靡也死不如速朽之愈也。死之欲速朽。爲桓司馬言之也。仕而失位曰喪。桓司馬。即桓魋。靡。侈也。○問音聞。喪爲並去聲。南宮敬叔反。必載寶而朝。夫子曰。若是其貨也。喪不如速貧之愈也。喪之欲速貧。爲敬叔言之也。敬叔。魯大夫孟僖子之子仲孫閱也。嘗失位去魯。後得反。載寶而朝。欲行賂以求復位也。曾子以子游之言告於有子。有子曰。然。吾固曰非夫子之言也。曾子曰。子何以知之。有子曰。夫子制於中都。四寸之棺。五寸之椁。以斯知不欲速朽也。昔者夫子失魯司寇。將之荊。蓋先之以子夏。又申之以冉有。以斯知不欲速貧也。定公九年。孔子爲中都宰。制棺椁之法制也。四寸五十厚薄之度。將適楚。而先使二子繼往者。蓋欲觀楚之可仕與否。而謀其可處之位歟。陳莊子死。赴於魯。魯人欲勿哭。繆公召縣子而問焉。縣子曰。古之大夫。束脩之問不出竟。雖欲哭之。安得而哭之。大夫計於他國之君。曰君之外臣寡大夫某死。莊子。齊大夫。名伯。齊強魯弱。不容略其赴。縣子名知禮。故名問之。脩。脯也。十脡為束。問。遺也。為人臣者無外交。不敢貳君也。故雖束脩微禮。亦不以出竟。○縣音玄。竟音境。遺。去聲。今之大夫交政於中國。雖欲勿哭。焉得而弗哭。且臣聞之。哭有二道。有愛而哭之。有畏而哭之。公曰。然。然則如之何而可。縣子曰。請哭諸異姓之廟。於是與哭諸縣氏。交政於中國。言當時君弱臣強。大夫專盟會之事。以與國君相交接也。此變禮之由也。愛之哭出於不能已。畏之哭出於不得已。哭伯高於賜氏。義之所在也。哭莊子於縣氏。勢之所迫也。仲憲言於曾子曰。夏后氏用明器。示民無知也。殷人用祭器。示民有知也。周人兼用之。示民疑也。曾子曰。其不然乎。其不然乎。夫明器。鬼器也。祭器。人器也。夫古之人。胡為而死其親乎。仲憲。孔子弟子原憲也。示民無知者。使民知死者之無知也。為其無知。故以不堪用之器送之。為其有知。故以祭器之可用者送之。疑者。不以為有知。亦不以為無知也。然周禮惟大夫以上得兼用二器。士惟用鬼器也。曾子以其言非。乃曰其不然乎。再言之者。甚不然之也。蓋明器祭器。固是人鬼之不同。夏殷所用不同者。各是時王之制。文質之變耳。非謂有知無知也。若如憲言。則夏后氏何為而忍以無知待其親乎。○石梁王氏曰。三代送葬之具。質文相異。故所用不同。其意不在於無知有知。及示民疑也。仲憲之言皆非。曾子非之。未獨識其說。夏后明器。蓋舉其失之甚者也。○為其為。去聲。公叔木有同母異父之昆弟死。問於子游。子游曰。其大功乎。狄儀有同母異父之昆弟死。問於子夏。子夏曰。我未之前聞也。魯人則為之齊衰。狄儀行齊衰。今之齊衰。狄儀之問也。公叔木。衛公叔文子之子。同父母之兄弟期。則此同母而異父者。當降而為大功也。禮經無文。故子游以疑辭答之。魯人齊衰三月之服。行之久矣。故子夏舉以答狄儀。而記者云。因狄儀此問。而今皆行之也。此記二子言禮之不同。○鄭氏曰。大功是。○木式樹切。子思之母死於衛。柳若謂子思曰。子。聖人之後也。四方於子乎觀禮。子蓋慎諸。子思曰。吾何慎哉。吾聞之。有其禮。無其財。君子弗行也。有其禮。有其財。無其時。君子弗行也。吾何慎哉。柳若。衛人。伯魚卒。其妻嫁於衛。有其禮。謂禮所得為者。然無財則不可為。禮。時為大。有禮有財而時不可為。則亦不得為之也。○蓋音盍。縣子瑣曰。吾聞之。古者不降。上下各以其親。滕伯文為孟虎齊衰。其叔父也。為孟皮齊衰。其叔父也。縣子名瑣。○疏曰。古者。殷時也。周禮以貴降賤。以適降庶。惟不降正耳。而殷世以上。雖貴不降賤也。上下各以其親。不降之事也。上謂旁親族曾祖從祖及伯叔之班。下謂從子從孫之流。彼雖賤。不以已尊降之。猶各隨本屬之也。親輕重而服之。故云上下各以其親。滕國之伯。名文。爲孟虎著齊衰之服者。虎是文之叔父也。又爲孟皮著齊衰之服者。文是皮之叔父也。言滕伯上爲叔父。下爲兄弟之子。皆著齊衰也。○爲去聲。從去聲。

后木曰。喪吾聞諸縣子曰。夫喪不可不深長思也。買棺外內易。我死則亦然。后木魯孝公子惠伯睪之後。○馮氏曰。此條重在不可不深長思一句。買棺之時。外內皆要精好。此是孝子當爲之事。非是父母豫所屬託。而曰我死則亦然。記禮者譏失言也。○易音異。屬音燭。

曾子曰。尸未設飾。故帷堂。小斂而徹帷。仲梁子曰。夫婦方亂。故帷堂。小斂而徹帷。始死去衣。用斂衾覆之。以俟浴。既復之後。楔齒綴足畢。具脯醢之奠。事雖小定。然尸猶未襲斂也。故曰未設飾。於是設帷於堂者。不欲人褻之也。故小斂畢乃徹帷。仲梁子謂夫婦方亂者。以哭位未定也。二子各言禮意。鄭云斂者動搖尸。帷堂爲人褻之。言方亂非也。仲梁子魯人。○去上聲。覆去聲。楔音屑。爲去聲。

小斂之奠。子游曰。於東方。曾子曰。於西方。斂斯席矣。小斂之奠在西方。魯禮之末失也。疏曰。儀禮小斂之奠。設於東方。奠又無席。魯之衰末。奠於西方。而又有席。曾子見時如此。將以爲禮。故云小斂之奠於西方。斯此也。其斂之時。於此席上而設奠矣。故記者正之云。小斂之奠所以在西方。是魯人行禮末世失其義也。○今按儀禮。布席于戶內。註云。有司布斂席也。在小斂之前。及陳大斂衣奠。席在饌北。斂席在其東。註云。大斂奠而有席。彌神之也。據此。則小斂奠無席。

縣子曰。綌衰繐裳。非古也。方氏曰。葛之麤而卻者。謂之綌。布之細而疏者。謂之繐。五服一以麻。各有升數。若以綌爲衰。以繐爲裳。則取其輕涼而已。非古制也。○綌去逆切。繐音歲。

子蒲卒。哭者呼滅。子皐曰。若是野哉。哭者改之。滅子蒲之名也。復則呼名。哭豈可呼名也。野哉。言其鄙野而不達於禮也。子皐孔子弟子高柴。

杜橋之母之喪。宮中無相。以爲沽也。疏曰。沽麤略也。孝子喪親。悲迷不復自知禮節事儀。皆須人相導。而杜橋家母死。宮中不立相侍。故時人謂其於禮爲麤略也。○相去聲。沽音古。喪去聲。復去聲。

夫子曰。始死。羔裘玄冠者。易之而已。羔裘玄冠。夫子不以弔。疏曰。養疾者朝服。羔裘玄冠。即朝服也。始死。則去朝服。著深衣。時有不易者。又有小斂後羔裘弔者。記者因引孔子行禮之事言之。○朝音潮。去上聲。著音酌。

子游問喪具。夫子曰。稱家之有亡。子游曰。有亡惡乎齊。夫子曰。有毋過禮。苟亡矣。斂首足形。還葬。縣棺而封。人豈有非之者哉。喪具。送終之儀物也。惡乎齊。言何以爲厚薄之劑量也。毋過禮。不可以富而踰禮厚葬也。還葬。謂斂畢即葬。不殯而待月日之期也。縣棺而封。謂以手縣繩而下之。不設碑繂也。人不非之者。以無財則不可備禮也。○稱去聲。亡音無。下同。惡音烏。齊去聲。還音旋。縣音玄。封音窆。

司士賁告於子游曰。請襲於牀。子游曰。諾。縣子聞之曰。汰哉叔氏。專以禮許人。賁。司士之名也。禮始死。簀牀而置尸於地。及復而不生。則尸復登牀。襲者。斂之以衣也。沐浴之後。商祝襲祭服褖衣。蓋布於牀上也。飯含之後。遷尸於襲上而衣之。襲於牀者。禮也。後世禮失。而襲於地則褻矣。司士知禮而請於子游。子游不稱禮而答之以諾。所以起縣子之譏也。汏。矜大也。言凡有諮問禮事者。當據禮答之。子游專輒許諾。則如禮自己出矣。是自矜大也。叔氏。子游字。○賁。音奔。縣。音玄。尸復。復。扶又切。褖。音彖。衣之衣。去聲。

宋襄公葬其夫人。醯醢百甕。曾子曰。既曰明器矣。而又實之。夏禮專用明器。而實其半。虛其半。殷人全用祭器。亦實其半。周人兼用二器。則實人器而虛鬼器。

孟獻子之喪。司徒旅歸四布。夫子曰。可也。疏曰。送終既畢。賻布有餘。其家臣司徒承主人之意。使旅下士歸還四方賻主人之泉布。時人皆貪。而獻子家獨能如此。故夫子曰可也。善其能廉。左傳叔孫氏之司馬鬷戾。是家臣亦有司徒司馬也。○傳。去聲。

讀賵。曾子曰。非古也。是再告也。車馬曰賵。賵所以助主人之送葬也。既受則書其人名與其物於方版。葬時柩將行。主人之史請讀此方版所書之賵。蓋於柩東當前東西面而讀之。古者奠之而不讀。周則既奠而又讀焉。故曾子以為再告也。

成子高寢疾。慶遺入請曰。子之病革矣。如至乎大病。則如之何。成子高。齊大夫國伯高父。謚成也。遺。慶封之族。革。與亟同。急也。大病。死也。諱之之辭。○遺。去聲。革。音亟。入聲。子高曰。吾聞之也。生有益於人。死不害於人。吾縱生無益於人。吾可以死害於人乎哉。我死。則擇不食之地而葬我焉。不食之地。謂不耕墾之土。

子夏問諸夫子曰。居君之母與妻之喪。居處言語飲食衎爾。君母。君妻。雖皆小君。皆服齊衰不杖期。然恩義則淺矣。故居其喪則自處如此。衎爾。和適之貌。此章以文勢推之。喪下當有如之何夫子曰字。舊說謂記者之略。亦或闕文歟。又否則問當作聞。○處。上聲。衎。苦旦切。

賓客至。無所館。夫子曰。生於我乎館。死於我乎殯。生既館之。死則當殯。○應氏曰。朋友以義合。謂之賓客者。以其自遠方而來也。

國子高曰。葬也者。藏也。藏也者。欲人之弗得見也。是故衣足以飾身。棺周於衣。椁周於棺。土周於椁。反壤樹之哉。國子高。即成子高也。○疏曰。子高之意。人死可惡。故備飾以衣衾棺椁。欲其深遠不使人知。今乃反更封壤為墳而種樹以標之哉。國子意在於儉。非周禮。

孔子之喪。有自燕來觀者。舍於子夏氏。子夏曰。聖人之葬人與。人之葬聖人也。子何觀焉。延陵季子之葬其子。夫子尚往觀之。今孔子之葬。燕人來觀。亦其宜也。然子夏之意。以為聖人葬人。則事皆合禮。人之葬聖人。則未必皆合於禮也。故語之曰。子以為聖人之葬人乎。乃人之葬聖人也。又何觀焉。蓋謙辭也。○燕。與。並平聲。語。去聲。

昔者夫子言之曰。吾見封之若堂者矣。見若坊者矣。見若覆夏屋者矣。見若斧者矣。從若斧者焉。馬鬣封之謂也。今一日而三斬板而已封。尚行夫子之志乎哉。此言封土有此四者之形。封。築土為墳也。若堂者。如堂之基。四方而高也。坊堤也。若坊者上平旁殺而南北長也。若覆夏屋者旁廣而卑也。若斧者上狹如刃。較之上三者皆用功力多而難成。此則儉而易就。故俗謂之馬鬣封。馬鬃鬣之上其肉薄。封形似之也。今一日者謂今封築孔子之墳不假多時。一日之間三次斬板。卽封畢而已止矣。其法側板於坎之兩旁而用繩以約板。乃內土於內而築之。土與板平。則動斷約板之繩。而升此板於所築土之上。又實土於其中而築之。如此者三。而壙成矣。故云三斬板而已封也。尚庶幾也乎哉。疑辭。亦謙不敢質言也。○坊音防。覆方救切。去聲。內土。內音納。**婦人不葛帶。**禮婦人之帶牡麻結本。卒哭。丈夫去麻帶服葛帶。而首經不變。婦人以葛爲首經。以易去首之麻經。而麻帶不變。所謂不葛帶也。既練則男子除經。婦人除帶。婦人輕首重要故也。然此謂婦人居齊斬之服者如此。若大功以下輕者。至卒哭。則並變爲葛。與男子同。**有薦新如朔奠。**朔奠者。月朔之奠也。未葬之時。大夫以上。朔望皆有奠。士則朔而已。如得時新之味。或五穀新熟而薦之。則其禮亦如朔奠之儀也。**既葬。各以其服除。**三月而葬。葬而虞。虞而卒哭。親重而當變麻衰者變之。其當除者。卽自除之。不俟主人卒哭之變也。**池視重霤。**疏曰。池者。柳車之池也。重霤者。屋之承霤也。以木爲之。承於屋簷。水霤入此木中。又從木中而霤於地。故云重霤也。天子之屋四注。四面皆有重霤。諸侯四注而重霤去後。大夫惟前後二。士惟一在前。生時屋有重霤。故死時柳車亦象宮室而設池於車覆鼈甲之下。牆帷之上。荒織竹爲之。形如籠。衣以青布。以承鼈甲。名之曰池。以象重霤也。方面之數各視生時重霤。○重平聲。**君卽位而爲椑。歲一漆之藏焉。**疏曰。君。諸侯也。人君無論少長。體尊物備。卽位卽造爲親尸之棺。蓋椸棺也。漆之堅強甓甓然。故名椑。每年一漆。示如未成也。藏焉者。其中不欲空虛。如急有待。故藏物於中。一說不欲令人見。故藏之。○椑音僻。論少並去聲。長上聲。椸音移。**復。楔齒。綴足。飯。設飾。帷堂。並作。**始死招魂之後。用角柶拄尸之齒。令開得飯含時不閉。又用燕几拘綴尸之兩足。令直。使著履時不辟戾也。飯者。實米與貝于尸口中也。設飾。尸襲斂也。帷堂。堂上設帷也。作起爲也。復至帷堂六事一時並起。故云並作也。儀禮亦總見一圖。○楔音屑。綴音拙。**父兄命赴者。**疏曰。生時與他人有恩識者。今死則其家宜使人往相赴告。士喪禮。孝子自命赴者。若大夫以上。則父兄命之也。**君復於小寢大寢。小祖大祖。庫門四郊。**天子之郭門曰皐門。明堂位言魯之庫門卽天子皐門。是庫門者郭門也。○疏曰。君。王侯也。前曰廟。後曰寢。室有東西廂曰廟。無東西廂有室曰寢。小寢者高祖以下寢也。王侯同。太寢天子始祖之寢。諸侯太祖之寢也。小祖者高祖以下廟也。王侯同。大祖者天子始祖之廟。諸侯太祖之廟也。○馬氏曰。寢所居處之地。祖所有事之地。門所出入之地。郊所嘗至之地。君復必於此者。蓋魂氣之往。亦未離生時熟習之地也。觀此則死生之說可知矣。○今按馬氏以小寢大寢爲燕寢正寢。與舊說異。**喪不剝奠也與。祭肉也與。**剝者不巾覆也。脯醢之奠不惡塵埃。故可無巾覆。凡覆之者。必其有祭肉者也。**既殯。旬而布材與明器。**材爲椁之木也。布者分列而暴乾之也。殯後旬日卽治此事。禮。獻材于殯門外。註云。明器之材。此云材與明器者。蓋二者之材皆乾之也。○暴。入聲。乾音干。**朝奠日出。夕奠逮日。**逮日。及日之未落也。○方氏曰。朝奠以象朝時之食。夕奠以象夕時之食。孝子事死如事生也。**父母之喪。哭無時。使必**

知其反也。未殯哭不絕聲。殯後雖有朝夕哭之時。然廬中思憶則哭。小祥後哀至則哭。此皆哭之無時也。使者受君之任使也。小祥之後。君有事使之。不得不行。然反必祭告。俾親之神靈知其已反。亦出必告反必面之義也。○必告告音谷。

練。練衣黃裏縓緣。疏曰。練。小祥也。小祥而著練冠練中衣。故曰練也。練衣者。以練爲中衣。黃裏者。黃爲中衣裏也。正服不可變。中衣非正服。但承衰而已。縓淺絳色。緣謂中衣領及褏之緣也。○縓七眷切。緣去聲。著音勺。褏袖同。葛要絰。繩屨無絇。小祥男子去首之麻絰。惟餘要葛也。故曰葛要絰。繩屨者。父母初喪菅屨。卒哭受齊衰蒯藨屨。小祥受大功繩麻屨也。無絇謂無屨頭飾也。○朱子曰。菅屨。疏屨。今不可考。今略以輕重推之。斬衰用今草鞋。齊衰用麻鞋。今卒伍所著者。○要平聲。角瑱。瑱充耳也。吉時君大夫士皆有之。所以掩於耳。君用玉爲之。初喪去飾。故無瑱。小祥後微飾。故用角爲之也。○瑱吐練切。鹿裘衡長袪。袪裼之可也。疏曰。冬時吉凶衣裏皆有裘。吉則貴賤有異。喪則同用鹿皮爲之。小祥之前。裘狹而短。袂又無袪。小祥稍飾。則更易作橫廣大者。又長之。又設其袪也。裼者。裘上之衣。吉時皆有。喪後凶質。未有裼衣。小祥後漸向吉。故加裼可也。○今按此文。明小祥時外有衰。內有練中衣。中衣內有裼衣。裼衣內有鹿裘。鹿裘內自有常著襦衣。○今按袪者。袖口也。此所謂袪。則是以他物爲袖口之緣。既袪以爲飾。故裼之可也。○衡音橫。章內並同。

有殯。聞遠兄弟之喪。雖緦必往。非兄弟。雖鄰不往。三年之喪。在殯不得出弔。然於兄弟則恩義存焉。故雖緦服兄弟之異居而遠者。亦當往哭其喪。若非兄弟。則雖近不往。所識其兄弟不同居者皆弔。馮氏曰。上二句既主生者出弔往哭爲義。則下一句文意當同。所識當爲句。若所知之謂也。死者既吾之所知識。則其兄弟雖與死者不同居。我皆當弔之。所以成往來之情義也。

天子之棺四重。水兕革棺被之。其厚三寸。杝棺一。梓棺二。四者皆周。水牛兕牛之革。耐濕。故以爲親身之棺。二革合被爲一重。杝木亦耐濕。故次於革。即前章所謂椑也。梓木棺二。一爲屬。一爲大棺。杝棺之外有屬。屬棺之外又有大棺。四者皆周。言四重之棺。上下四方悉周帀也。惟椁不周。下有茵。上有抗席。故也。○重平聲。兕音似。杝音移。

棺束。縮二衡三。衽每束一。古者棺不用釘。惟以皮條直束之二道。橫束之三道。衽形如今之銀則子。兩端大而中小。漢時呼爲小要。不言何物爲之。其亦木乎。衣之縫合處曰衽。以小要連合棺與蓋之際。故亦名衽。先鑿木置衽。然後束以皮。每束處必用一衽。故云衽每束一也。柏椁以端長六尺。天子以柏木爲椁。端猶頭也。用柏木之頭爲之。其長六尺。○長去聲。

天子之哭諸侯也。爵弁經紂衣。諸侯薨而赴於天子。天子哭之。爵弁紂衣。本士之祭服。爵弁。弁之色如爵也。紂衣。絲衣也。○鄭氏曰。經衍字也。周禮王弔諸侯弁經緦衰。○疏曰。天子至尊。不見尸柩。不弔服。此遙哭之。故不服緦衰而服爵弁紂衣也。○紂音緇。或曰。使有司哭之。鄭氏曰。非也。哀戚之事不可虛。爲之不以樂食。疏曰。此是記者之言。非或人之說也。○爲去聲。

天子之殯也。菆塗龍輴以椁。加斧于椁上。畢塗屋。天子之禮也。疏曰。菆。叢也。菆塗謂用木叢棺而四面塗之也。龍輴。殯時用輴車載柩而畫轅爲龍也。以椁者。此叢木象椁之形也。繡覆棺之衣爲斧文先菆四面爲椁。使上與棺齊。而上猶開。以此棺衣從椁上入覆於棺。故云加斧于椁上也。畢盡也。斧覆既竟。又四注爲屋以覆於上。而下四面盡塗之也。○今按菆塗龍輴。是輴車亦在殯中。非脫去輴車而殯棺也。○菆。才官切。輴。音春。覆。並去聲。

唯天子之喪。有別姓而哭。諸侯朝覲天子。爵同則其位同。今喪以禮則分別同姓異姓庶姓。使各相從而爲位。以哭也。○別。必列切。

魯哀公誄孔丘曰。天不遺耆老。莫相予位焉。嗚呼哀哉尼父。作謚者。先列其生之實行。謂之誄。大聖之行。豈容盡列。但言天不畱此老成。而無有佐我之位者。以寓其傷悼之意而已耳。稱孔丘者。君臣之辭。此與左傳之言不同。○鄭氏曰。尼父。因其字以爲之謚也。○相。去聲。父。音甫。行。去聲。

國亡大縣邑。公卿大夫士皆厭冠。哭於大廟三日。句 君不舉。或曰。君舉而哭於后土。厭冠。喪冠也。說見曲禮。盡饌而以樂侑食曰舉。后土。社也。○應氏曰。哭於大廟者。傷祖宗基業之虧損。哭於后土者。傷土地封疆之朘削也。不舉。自貶損也。曰君舉者非也。○厭。于葉切。大。音泰。

孔子惡野哭者。所知吾哭諸野。夫子嘗言之矣。蓋哭其所知。必設位而帷之以成禮。此所惡者。或郊野之際。道路之間。哭非其地。又且倉卒行之。使人疑駭。故惡之也。方氏說。哭者呼滅。子臯曰野哉。孔子惡者以此。恐未然。去聲。卒。音猝。

未仕者不敢稅人。如稅人。則以父兄之命。稅人。以物遺人也。未仕者身未命。則不可專家財。外則不可私恩惠也。或有情義所不得已而當遺者。則稱尊者之命而行之。○遺。去聲。

士備入而后朝夕踊。國君之喪。諸臣有朝夕哭踊之禮。哭雖依次居位。踊必相視爲節。不容有先後也。士卑。其入恒後。士皆入。則無不在者矣。故舉士入爲畢而後踊焉。

祥而縞。是月禫。徙月樂。疏曰。祥。大祥也。縞。謂縞冠。大祥日著之。○馬氏曰。祥禫之制。施於三年之喪。則其月同。施於期之喪。則其月異。雜記曰。十一月而練。十三月而祥。十五月而禫。此期之喪也。父在爲母有所屈。以爲極。而至於二十五月者。其禮不可過。以三年之愛而斷於期者。其情猶可伸。聽於人也。在徙月而樂者。作於已也。○爲母爲。去聲。斷。音短。

君於士有賜帟。帟。幕之小者。置之殯上以承塵也。大夫以上則有司供之。士卑又不得自爲。故君於士之殯。以帟賜之也。○帟。音亦。

檀弓下第四

君之適長殤車三乘。公之庶長殤車一乘。大夫之適長殤車一乘。此言送殤遣車之禮。君謂國君。亦或有地大夫通得稱君也。公專言五等諸侯也。十六至十九爲長殤。葬此殤時。柩朝廟畢將行。設遣奠以奠之。牲體分折包裹。用此車載之以遣送死者。故名遣車。車制甚小。以置之椁內四隅。不容大爲之也。禮。中殤從上。君適長三乘。則中亦三乘。下則一乘也。公庶長一乘。則中亦一乘。下則無也。大夫適長一乘。則中亦一乘。下殤及庶殤並無也。○適。音的。長。上聲。乘。遣。並去聲。

公之喪。諸達官之長杖。方氏曰。受命於君者。其名達於上。故謂之達官。若府史而下。皆長官自辟除。則不可謂之達矣。受命於君者。其恩厚。故公之喪。惟達官之長杖。○今按凡官皆有長貳。此以長言。則不及貳也長上聲○君於大夫將葬弔於宮及出命引之三步則止如是者三君退句朝亦如之哀次亦如之弔於宮於其殯宮也出柩已行也孝子攀號不忍君命引之尊其情也引者三步即止君又命引之如是者三柩車遂行君即退去君來時不必恒在殯宮或當柩朝廟之時亦如之或已出大門至平日待賓客次舍之處孝子哀而暫停柩車則亦如之

五十無車者不越疆而弔人始衰之年不可以筋力為禮也

季武子寢疾蟜固不說齊衰而入見曰斯道也將亡矣士唯公門說齊衰武子曰不亦善乎君子表微及其喪也曾點倚其門而歌季武子魯大夫季孫夙也蟜固人姓名點字皙曾子父也武子寢疾之時蟜固適有齊衰之服遂衣凶服而問疾且曰大夫之門不當釋凶服惟君門乃說耳此禮將亡我之凶服以來欲以救此將亡之禮也武子善之言失禮之顯著者人皆可知若夫禮之微細者惟君子乃能表明之也武子執政人所尊畏固之為此欲以易時人之觀瞻據禮而行武子雖憾不得而罪之也若倚門而歌則非禮矣其亦狂之一端歟記者蓋善蟜固之存禮譏曾點之廢禮也○蟜音僑說音脫遂衣衣去聲

大夫弔當事而至則辭焉弔於人是日不樂婦人不越疆而弔人行弔之日不飲酒食肉焉大夫弔弔於士也大夫雖尊然當主人有小斂大斂或殯之事而至則殯者以其事告之辭猶告也若非當事之時則孝子下堂迎之婦人無外事故不越疆而弔是日不樂不飲酒食肉皆為餘哀未忘也○為去聲

弔於葬者必執引若從柩及壙皆執紼引引柩車之索也紼引棺索也○鄭氏曰示助之以力○疏曰弔葬本為助執事故必相助引柩車凡執引用人貴賤有數數足則餘人皆散行從柩至下棺窆時則不限人數皆悉執紼也引者長遠之名故在車車行遠也紼是撥舉之義故在棺棺惟撥舉不長遠也○引去聲壙上聲為相並去聲

喪公弔之必有拜者雖朋友州里舍人可也弔曰寡君承事主人曰臨此謂國君弔其諸臣之喪弔後主人當親往拜謝喪家若無主後必使以次疏親往拜若又無疏親則死者之朋友及同州同里及喪家典舍之人往拜亦可也寡君承事言來承助喪事此君語擯者傳命以入之辭主人曰臨者謝辱臨之重也○臨如字

君遇柩於路必使人弔之蕢尚畫宮受弔不如杞梁之妻知禮而此言弔於路何也蓋有爵者之喪當以禮弔此謂臣民之微賤者耳禮不下庶人也言必使人弔者是汎言衆人之喪也

大夫之喪庶子不受弔大夫之喪適子為主拜賓或以他故不在則庶子不敢受弔不敢以卑賤為有爵者之喪主也

妻之昆弟為父後者死哭之適室子為主袒免哭踊夫入門右使人立於門外告來者狎則入哭父在哭於妻之室非為父後者哭諸異室此聞妻兄弟之喪而未往弔時禮也父在已之父也為父後妻之父也門外之人以來弔者告若是交游習狎之人則徑入哭之情義然也○疏曰女子子適人者為昆弟之為父後者不降以其正故也故姊妹之夫為之哭於適室之中庭子為主者甥服舅緦故命己子為主受弔拜賓也袒免哭踊

者冠尊。不居肉袒之上。必先去冠而加免。故凡哭哀則踊。踊必先袒。袒必先免。故袒免哭踊也。夫入門右者。謂此子之父。卽哭妻兄弟者。○適音的。免音問。去如字。爲昆爲之爲去聲。

有殯。聞遠兄弟之喪。哭于側室。無側室。哭于門內之右。同國則往哭之。側室者燕寢之旁室也。門內。大門之內也。上篇言有殯聞遠兄弟之喪。雖緦必往。其亦謂同國歟。○方氏曰。哭于側室。欲其遠殯宮也。于門內之右者。不居主位。示爲之變也。同國則往者。以其不遠也。○遠殯遠爲之爲並去聲。

子張死。曾子有母之喪。齊衰而往哭之。或曰。齊衰不以弔。曾子曰。我弔也與哉。以喪母之服。而哭朋友之喪。踰禮已甚。故或人不止之。而曾子之意則曰。我於子張之死。豈常禮之弔而已哉。今詳此意。但以友義隆厚。不容不往哭之。又不可釋服而往。但往哭而不行弔禮耳。故曰。我弔也與哉。○劉氏曰。曾子嘗問三年之喪。弔乎。夫子曰。三年之喪。練不羣立。不旅行。君子禮以飾情。三年之喪而弔哭。不亦虛乎。既聞此矣。而又以母喪弔友。必不然也。凡經中言曾子失禮之事。不可盡信。此亦可見。○與平聲。

有若之喪。悼公弔焉。子游擯由左。悼公。魯君。哀公之子。擯贊相禮事也。立者尊右。子游由公之左則公在右。爲尊矣。少儀云。詔辭自右者。謂傳君之詔命。則詔命爲尊。故傳者居右。時相喪禮者亦多由右。故子游正之也。

齊穀王姬之喪。魯莊公爲之大功。或曰。由魯嫁。故爲之服姊妹之服。或曰。外祖母也。故爲之服。穀讀爲告。齊襄公夫人王姬卒。在魯莊之二年。赴告於魯。其初由魯而嫁。故魯君爲之服出嫁姊妹大功之服。禮也。或人既不知此王姬乃莊公舅之妻。而以爲外祖母。又不知外祖母服小功。而以大功爲外祖母之服。其亦妄矣。○鄭氏曰。春秋周女由魯嫁。卒則服之如內女。服姊妹是也。天子爲之無服。嫁於王者之後乃服之。○穀音告。爲去聲。

晉獻公之喪。秦穆公使人弔公子重耳。且曰。寡人聞之。亡國恒於斯。得國恒於斯。雖吾子儼然在憂服之中。喪亦不可久也。時亦不可失也。孺子其圖之。獻公薨時。重耳避難在狄。故穆公使人往弔之。弔爲正禮。故以且曰起下辭。寡人聞之者。此使者傳穆公之言也。恒於斯。言常在此死生交代之際也。儼然端靜持守之貌。喪失位也。喪不可久。時不可失者。勉其奔喪反國以謀襲位。故言孺子其圖之也。此時秦已有納之之志矣。○重平聲。喪去聲。下並同。難去聲。使者使去聲。

以告舅犯。舅犯曰。孺子其辭焉。喪人無寶。仁親以爲寶。父死之謂何。又因以爲利。而天下其孰能說之。孺子其辭焉。舅犯。重耳舅狐偃。字子犯也。公子既聞使者之言。入以告之子犯。犯言當辭而不受可也。失位去國之人。無以爲寶。惟仁愛思親。乃其寶也。父死謂是何事。正是凶禍大事。豈可又因此凶禍以爲反國之利。而天下之人。孰能解說我爲無罪乎。此所以不當受其相勉反國之命也。○說如字。

公子重耳對客曰。君惠弔亡臣重耳。身喪父死。不得與於哭泣之哀。以爲君憂。父死之謂何。或敢有他志。以辱君義。稽顙而不拜。哭而起。起而不私。公子既聞子犯之言。乃出而答客。惠弔亡臣重耳。謝其來弔也。不得與哭泣之哀。言出亡在外。不得居喪次也。以爲君憂者。致君憂慮我也。他志。謂求位之志。辱君義者。辱君惠弔之義也。不私。不再與使者私言也。○與。去聲。
子顯以致命於穆公。穆公曰。仁夫公子重耳。夫稽顙而不拜。則未爲後也。故不成拜。哭而起。則愛父也。起而不私。則遠利也。鄭註。用國語。知使者爲公子縶。字子韅。故讀顯爲韅也。喪禮先稽顙後拜。謂之成拜。爲後者成拜。所以謝弔禮之重。今公子以未爲後。故不成拜也。愛父。猶言哀痛其父也。不私與使者言。是無反國之意。是遠利也。愛父遠利。皆仁者之事。故稱之曰仁夫公子重耳。○顯。去聲。遠。去聲。
帷殯。非古也。自敬姜之哭穆伯始也。禮。朝夕哭殯之時。必褰開其帷。敬姜哭其夫穆伯之殯。乃以避嫌而不復褰帷自此以後。人皆倣之。故記者云非古也。穆伯。魯大夫季悼子之子公甫靖也。
喪禮。哀戚之至也。節哀。順變也。君子念始之者也。孝子之哀。發於天性之極至。豈可止遏。聖人制禮以節其哀。蓋順以變之也。言順孝子之哀情。以漸變而輕減也。始。猶生也。生我者。父母也。毀而滅性。是不念生我者矣。
復。盡愛之道也。有禱祠之心焉。望反諸幽。求諸鬼神之道也。北面。求諸幽之義也。行禱五祀而不能回其生。又爲之復。是盡其愛親之道。而禱祠之心猶未忘於復之時也。望反諸幽。望其自幽而反也。鬼神處幽暗。北乃幽陰之方。故求諸鬼神之幽者。必向北也。
拜稽顙。哀戚之至也。稽顙。隱之甚也。隱。痛也。稽顙者。以頭觸地。無復禮容。就拜與稽顙言之。皆爲至痛而稽顙則尤其痛之甚者也。
飯用米貝。弗忍虛也。不以食道。用美焉爾。實米與貝于死者口中。不忍其口之虛也。此不是用飲食之道。但用此美潔之物以實之焉爾。
銘。明旌也。以死者爲不可別已。故以其旗識之。愛之斯錄之矣。敬之斯盡其道焉耳。士喪禮銘曰。某氏某之柩。初置于簷下西階上。及爲重畢。則置於重。殯而卒塗。始樹於肂坎之東。疏云。士長三尺。大夫五尺。諸侯七尺。天子九尺。若不命之士。則以緇長半幅。赬末長終幅。廣三寸。半幅。一尺也。終幅。二尺也。是總長三尺。夫愛之而錄其名。敬之而盡其道。曰愛曰敬。非虛文也。○別。必列切。識。式志切。重。平聲。肂。羊志切。赬。敕貞切。
重。主道也。殷主綴重焉。周主重徹焉。禮註云。士重木長三尺。始死作重以依神。雖非主而有主之道。故曰主道也。殷禮始殯時。置重于殯廟之庭。暨成虞主。則綴此重而懸於新死者所殯之廟。周人虞而作主。則徹重而埋之也。○重。平聲。綴。音拙。
奠以素器。以生者有哀素之心也。唯祭祀之禮。主人自盡焉爾。豈知神之所饗。亦以主人有齊敬之心也。鄭氏曰。哀素。言哀痛無飾也。凡物無飾曰素。哀則以素。敬則以飾。禮由人心而已。○方氏曰。士喪禮有素俎。士虞禮有素几。皆其哀而不文故也。喪葬凶禮。故若是。至於祭祀之吉禮。則必自盡以致其文焉。故曰唯祭祀之禮。主人自盡焉爾。然主人之自盡。亦豈知神之所享必在於此乎。且以表其心而已耳。○齊。音齋。
辟踊。哀之至也。有算。爲之節文也。疏曰。撫心爲辟。跳躍爲踊。是哀痛之至極。若不裁限。恐傷其性。故有算以爲之準節。每一踊三跳。三踊九跳爲一節。士三日有三次踊。大夫四日五踊。諸侯六日七踊。天子八日九踊。故云爲之節文也。○辟婢亦切。袒括髮。變也。慍。哀之變也。去飾。去美
也。袒括髮。去飾之甚也。有所袒。有所襲。哀之節也。疏曰。袒衣括髮。形貌之變也。悲哀慍恚。哀情之變也。去其尋常吉時之服飾。是去其華美
也。去飾雖多端。雖袒而括髮。又去飾之中最甚者也。理應常袒。何以有袒時。有襲時。蓋哀甚則袒。哀輕則襲。哀之限節也。○去上聲。弁絰葛而葬。與神交之道也。
有敬心焉。周人弁而葬。殷人冔而葬。居喪時冠服皆純凶。至葬而吾親託體地中。則當以禮敬之心接於山川之神也。於是以緇素爲弁。如爵弁之制。以
葛爲環絰在首以送葬。不敢以純凶之服交神者。示敬也。故曰有敬心焉。○冔火羽切。歠主人主婦室老。爲其病也。君命食之也。疏曰。親喪歠粥
之時。主人。亡者之子。主婦。亡者之妻。無則主人之妻也。室老。家之長相。此三人並是大夫之家貴者。爲其歠粥病困之故。君必命之食疏飯也。若士喪。君不命也。喪大記言主婦食疏食。謂既
殯之後。此主婦歠者。謂未殯前。○爲去聲。食音嗣。反哭升堂。反諸其所作也。主婦入于室。反諸其所養也。此堂與室。皆謂廟中也。卒
窆而歸。乃反哭於祖廟。其三廟者。則先祖後禰。所作者。平生祭祀冠昏所行禮之處也。所養者。所饋食供養之處也。○養去聲。冠去聲。反哭之弔也。哀之至也。反
而亡焉。失之矣。於是爲甚。賓之弔者。升自西階。曰如之何。主人拜稽顙。當此之時。亡矣失矣。不可復見吾親矣。哀痛於是爲甚也。賓弔畢而出。主人送于門外。遂適
殯宮。即先時所殯正寢之堂也。殷既封而弔。周反哭而弔。孔子曰。殷已慤。吾從周。殷之禮。窆畢。賓就墓所弔主人。周禮則俟主人反哭而後
弔。孔子謂殷禮太質。慤者。蓋親之在土。固爲可哀。不若求親於平生居止之所而不得。其哀爲尤甚也。故弔於墓者。不如弔於家者之情文爲兼盡。故欲從周也。○封音窆。葬於北
方北首。三代之達禮也。之幽之故也。北方。國之北也。殯猶南首。未忍以鬼神待其親也。葬則終死事矣。故葬而北首。三代通用此禮也。南方昭明。北方幽
暗。之幽。釋所以北首之義。○首去聲。既封。主人贈。而祝宿虞尸。柩行至城門。公使宰夫贈玄纁束。既窆。則用此玄纁贈死者於墓之野。此時祝先歸而肅虞祭之尸
矣。宿讀爲肅。進也。虞猶安也。葬畢迎精而反。日中祭之於殯宮以安之也。男則男子爲尸。女則女子爲尸。尸之爲言主也。不見親之形容。心無所係。故立尸而使之著死者之服。所以使孝子
之心主於此也。禫祭以前。男女異尸異几。祭於廟則無女尸。而几亦同矣。少牢禮云。某妃配。是男女共尸。○著直略切。少去聲。既反哭。主人與有司視虞牲。有
司以几筵舍奠於墓左。反。日中而虞。士之禮。虞牲特豕。几所以依神。筵坐神之席也。席敷陳曰筵。孝子先反而視牲。別令有司釋奠以禮地祇。爲親之託
體於此也。舍讀爲釋。奠者。置也。釋置此祭饌也。墓道向南。以東爲左。待此有司之反。即於日中時虞祭也。○舍音釋。敷敷同。爲親爲去聲。葬日虞。弗忍一日離也。鄭氏
曰。弗忍其無所歸。○離去聲。是日也。以虞易奠。卒哭曰成事。始死。小斂。大斂。朝夕。朔月。朝祖。賵遣之類。皆喪奠也。此日以虞祭代去喪奠。故曰以虞易奠也。

卒哭曰成事者蓋祝辭曰哀薦成事也。祭以吉爲成。卒哭之祭乃吉祭故也。

是日也以吉祭易喪祭。明日祔于祖父。吉祭卒哭之祭也。喪祭虞祭也。卒哭在虞之後。故云以吉祭易喪祭也。祔之爲言附也。祔祭者告其祖父以當遷他廟。而告新死者以當入此廟也。禮云明日以其班祔。明日者卒哭之次日也。卒哭時告于新主曰哀子某來日隮祔爾于爾皇祖某甫。及時則奉新主入祖之廟而幷告之曰適爾皇祖某甫。以隮祔爾孫某甫。孫必祔祖者。昭穆之位同。所謂以其班也。畢事。虞主復于寢。三年喪畢。遇四時之吉祭而後奉新主入廟也。虞祭間一日而卒哭與祔則不間日。○幷閒並去聲。

其變而之吉祭也。比至於祔。必於是日也接。不忍一日末有所歸也。上文所言皆據正禮。此言變者。以其變易常禮也。所以有變者。以有他故。未及葬期而即葬也。據士禮。速葬速虞之後。卒哭之前。其日尚賒。不可無祭之往也。虞往日至祭。其禮如何。曰。虞後比至於祔。遇剛日而連接其祭。若丁日葬。則已日再虞。後虞改用剛日。則庚日三虞也。此後遇剛日則祭。至祔而後止。此孝子不忍使其親一日無所依歸也。○比音畀。

殷練而祔。周卒哭而祔。孔子善殷。孝經曰爲之宗廟以鬼享之。孔子善殷之祔者。以不急於鬼其親也。

君臨臣喪。以巫祝桃茢執戈。惡之也。所以異於生也。喪有死之道焉。先王之所難言也。桃性辟惡。鬼神畏之。王莽惡高廟神靈。以桃湯灑其壁。茢苕帚也。以除穢。巫執桃。祝執茢。小臣執戈。蓋爲其有凶邪之氣可惡。故以此三物辟祓之也。臨生者則惟執戈而已。今加以桃茢。故曰異於生也。君使臣以禮。死而惡之。豈禮也哉。然人死斯惡之矣。故喪禮實有惡死之道焉。先王之所不忍言也。○茢音列。惡難並去聲。辟音闢。

喪之朝也。順死者之孝心也。其哀離其室也。故至於祖考之廟而后行。殷朝而殯於祖。周朝而遂葬。子之事親。出必告。反必面。今將葬而奉柩以朝祖。固爲順死者之孝心。然求之死者之心。亦必自哀其違離寢處之居。而永棄泉壤之下。亦欲至祖考之廟而訣別也。殷尚質。敬鬼神而遠之。故大斂之後。即奉柩朝祖而遂殯於廟。周人則殯於寢。及葬則朝廟也。

孔子謂爲明器者。知喪道矣。備物而不可用也。此孔子善夏之用明器從葬。○從去聲。哀哉。死者而用生者之器也。不殆於用殉乎哉。此孔子非殷人用祭器從葬。以人從死曰殉。殆幾也。用其器則近於用人。其曰明器。神明之也。塗車芻靈。自古有之。明器之道也。孔子謂爲芻靈者善。謂爲俑者不仁。不殆於用人乎哉。謂之明器者。是以神明之道待之也。塗車以泥爲車也。束草爲人形。以爲死者之從衛。謂之芻靈。略似人形而已。亦明器之類也。中古爲木偶人。謂之俑。則有面目機發而太似人矣。故孔子惡其不仁。知末流必有以人殉葬者。○趙氏曰。以本人送葬。設機而能踊跳。故名之曰俑。

穆公問於子思曰。爲舊君反服。古與。子思曰。古之君子。進人以禮。退人以禮。故有舊君反服之禮也。今之君子。進人若將加諸膝。退人若將隊諸淵。毋爲戎首。不亦善乎。又何反服之禮之有。穆公。魯君。哀公之曾孫。爲舊君服。見儀禮齊衰章。孟子言三有禮則爲之服。寇讎何服之有。與此章意似。隊諸淵。言置之死地也。戎首。爲寇亂之首也。○爲舊爲。去聲。與。
平聲。隊。音墜。悼公之喪。季昭子問於孟敬子曰。爲君何食。敬子曰。食粥。天下之達禮也。悼公。魯哀公之子。昭子。康
子之曾孫。名強。敬子。武伯之子。名捷。吾三臣者之不能居公室也。四方莫不聞矣。勉而爲瘠則吾能。毋乃使人疑
夫不以情居瘠者乎哉。我則食食。三臣。仲孫叔孫季孫之三家也。敬子言我三家不能居公室而以臣禮事君者。四方皆知之矣。勉強食粥而爲毀瘠之貌。
我雖能之。然豈不使人疑我非以哀戚之眞情而處此瘠乎。不若違禮而食食也。○應氏曰。季子之問。有君子補過之心。而孟氏之對。可謂小人之無忌憚者矣。○食上如字。下音嗣。衞
司徒敬子死。子夏弔焉。主人未小斂。經而往。子游弔焉。主人既小斂。子游出。經反哭。子夏曰。聞
之也與。曰。聞諸夫子。主人未改服則不經。司徒。以官爲氏也。主人未小斂則未改服。故弔者不經。子夏經而往弔。非也。其時子游亦弔。俟其小斂後
改服。乃出而加經反哭之。則中於禮矣。○與。平聲。中。去聲。曾子曰。晏子可謂知禮也已。恭敬之有焉。有若曰。晏子一狐裘三
十年。遣車一乘。及墓而反。晏子。齊大夫。曾子稱其知禮。謂禮以恭敬爲本也。有若之言則曰。狐裘貴在輕新。乃三十年而不易。是儉於己也。遣車一乘。儉其親也。禮。
窆後有拜賓送賓等禮。晏子窆訖即還。儉於賓也。此三者。皆以其儉而失禮者也。○遣乘。並去聲。下節同。國君七个。遣車七乘。大夫五个。遣車五乘。
晏子焉知禮。遣車之數。天子九乘。諸侯七乘。大夫五乘。天子之士三乘。諸侯之士無遣車也。大夫以上皆太牢。士少牢。个。包也。凡包牲皆取下體。每一牲取三體。前脛折取臂臑。
後脛折取骼。少牢二牲則六體。分爲三个。太牢三牲則九體。大夫九體。分爲十五段。三段爲一包。凡五包。諸侯分爲二十一段。凡七包。天子分爲二十七段。凡九包。每遣車一乘。則載一包也。
曾子曰。國無道。君子恥盈禮焉。國奢則示之以儉。國儉則示之以禮。曾子主權。有子主經。是以二端之論不合。國昭
子之母死。問於子張。子張曰。司徒敬子之喪。夫子相。男子西鄉。婦人
東鄉。國昭子。齊大夫。葬其母。以子張相禮。故問之。夫子。孔子也。主人家男子皆西向。婦人皆東向。而男賓在衆主人之南。女賓在衆婦之南。禮也。○相。鄉。並去聲。曰。噫。毋。曰
我喪也斯沾。爾專之。賓爲賓焉。主爲主焉。婦人從男子皆西鄉。昭子聞子張之言。歎息而止之。言我爲大夫。齊之顯家。今行喪
禮。人必盡求覘視。當有所更改以示人。豈宜一循舊禮。爾當專主其事。使賓自爲賓。主自爲主可也。於是昭子家婦人。既與男子同居主位而西鄉。而女賓亦與男賓同居賓位而東鄉矣。斯。
盡也。沾。讀爲覘。此記禮之變。○毋。無同。斯。去聲。沾。覘同。更。平聲。穆伯之喪。敬姜晝哭。文伯之喪。晝夜哭。孔子曰。知禮矣。哭夫以禮。哭子

以情中節矣。故孔子美之。○中去聲。文伯之喪。敬姜據其牀而不哭。曰。昔者吾有斯子也。吾以將爲賢人也。吾未嘗以就公室。今及其死也。朋友諸臣未有出涕者。而內人皆行哭失聲。斯子也。必多曠於禮矣夫。以爲賢人。必知禮矣。故凡我平日出入公室。未嘗與俱而觀其所行。蓋信其賢而知禮也。至死而覺其曠禮。故歎恨之。○鄭氏曰。季氏。魯之宗卿。敬姜有會見之禮。季康子之母死。陳褻衣。敬姜曰。婦人不飾。不敢見舅姑。將有四方之賓來。褻衣何爲陳於斯。命徹之。敬姜。康子之從祖母也。○應氏曰。敬姜森然法度之語。○見音現。從去聲。有子與子游立。見孺子慕者。有子謂子游曰。予壹不知夫喪之踊也。予欲去之久矣。情在於斯。其是也夫。有子言喪禮之有踊。我常不知其何爲而然。壹者。專一之義。猶常也。我久欲除去之矣。今見孺子之號慕若此。則哀情之在於此踊。亦如此孺子之慕也夫。○去上聲。子游曰。禮有微情者。有以故興物者。有直情而徑行者。戎狄之道也。禮道則不然。子游言先王制禮。使賢者俯而就之。不肖者企而及之。慮賢者之過於情也。故立爲哭踊之節。所以殺其情。故曰禮有微情者。微猶殺也。慮不肖者之不及情也。故爲之興起衰絰之物。使之睹服思哀。故曰有以故興物者。此二者皆制禮者酌人情而爲之也。若直肆已情。徑率行之。或哀或不哀。漫無制節。則是戎狄之道矣。中國禮義之道。則不如是也。人喜則斯陶。陶斯咏。咏斯猶。猶斯舞。舞斯慍。慍斯戚。戚斯歎。歎斯辟。辟斯踊矣。品節斯。斯之謂禮。此言樂極生哀之情。但舞斯慍一句。終是可疑。今且據疏。劉氏欲於猶斯舞之下增一矣字。而刪舞斯慍三字。今亦未敢從。○疏曰。喜者。外境會心之謂。斯。語助也。陶。謂鬱陶。心初悅而未暢之意。鬱陶之情暢。則口歌咏之也。咏歌不足。漸至動搖身體。乃至起舞足蹈手揚。樂之極也。外境違心之謂慍。凡喜怒相對。哀樂相生。若舞無節。形疲厭倦。事與心違。所以怒生。慍怒之生。由於舞極。故曲禮云。樂不可極也。此凡九句。首末各四句。是哀樂相對。中間舞斯慍一句。是哀樂相生。慍斯戚者。怒來觸心。憤恚之餘。轉爲憂戚。憂戚轉深。因發歎息。歎恨不泄。遂至撫心。撫心不泄。乃至跳踊奮擊。亦哀之極也。故夷狄無禮。朝殯夕歌。童兒任情。倏啼歘笑。今若品節此二塗。使踊舞有數。則能久長。故云斯之謂禮。品。階格也。節。制斷也。○孫氏曰。當作人喜則斯陶。陶斯咏。咏斯猶。猶斯舞。舞斯蹈矣。人悲則斯慍。慍斯戚。戚斯歎。歎斯辟。辟斯踊矣。蓋自喜至蹈。凡六變。自悲至踊。亦六變。此所謂孺子慕者之直情也。舞蹈辟踊。皆本此情。聖人於是爲之節。○猶音搖。辟婢亦切。樂音洛。人死斯惡之矣。無能也。斯倍之矣。是故制絞衾。設蔞翣。爲使人勿惡也。以其死而惡之。以其無能而倍之。恐太古無禮之時。人多如此。於是推原聖人所以制禮之初意。止爲使人勿惡勿倍而已。絞衾以飾其體。蔞翣以飾其棺。則不見死者之可惡矣。○惡去聲。絞音交。蔞音柳。爲去聲。始死。脯醢之奠。將行。遣而行之。既葬而食之。未有見其饗之者也。自上世以來。未之有舍也。爲使人勿倍也。故子之所刺於禮者。亦非禮之訾也。始死。即爲脯醢之奠。將葬。則有包裹牲體之遣。既葬。則有虞祭之食。
何嘗見死者享之乎。然自上世制禮以來。未聞有舍而不爲者。爲此則報本反始之思。自不能已矣。豈復有倍之之意乎。先王制禮。其深意蓋如此。今子刺喪之踊而欲去之者。亦不足以爲
禮之痱病也。○遣。去聲。食。去聲。舍。上聲。爲。去聲。刺。音次。訾。音疵。復。扶又切。吳侵陳。斬祀殺厲。師還出竟。陳大宰嚭使於師。夫差謂行
人儀曰。是夫也多言。盍嘗問焉。師必有名。人之稱斯師也者。則謂之何。魯哀公元年。吳師侵陳。斬祀。伐祠祀之木也。殺
厲。殺疫病之人也。大宰。行人。皆官名。夫差。吳子名。是夫。猶言此人。指嚭也。多言。猶能言也。盍。何不也。嘗。試也。師必有名者。言出師伐人。必得彼國之罪。以顯我出師之名也。今衆人稱我此師
謂之何名乎。○還。音旋。竟。音境。大。音泰。嚭。普彼切。使。去聲。夫差。音扶釵。是夫。夫如字。大宰嚭曰。古之侵伐者。不斬祀。不殺厲。不獲二毛。今
斯師也。殺厲與。其不謂之殺厲之師與。曰。反爾地。歸爾子。則謂之何。曰。君王討敝邑之罪。又矜
而赦之。師與有無名乎。二毛。斑白之人也。子。謂所獲臣民也。還其侵略之地。縱其俘獲之民。是矜而赦之矣。豈可又以無名之師議之乎。此言嚭善於辭令。故能救敗
亡之禍。○石梁王氏曰。是時吳亦有大宰嚭如何。○與。並平聲。顏丁善居喪。始死。皇皇焉如有求而弗得。及殯。望望焉如有從
而弗及。既葬。慨焉如不及其反而息。顏丁。魯人。皇皇。猶栖栖也。望望。往而不顧之貌。慨。感悵之意。始死。形可見也。既殯。柩可見也。葬則無所見矣。如有從
而弗及。似有可及之處也。葬後則不復如有所從矣。故但言如不及其反。又云而息者。息。猶待也。不忍決忘其親。猶且行且止。以待其親之反也。蓋葬者往而不反。然孝子於迎精而反之時
猶如有所疑也。○復。去聲。子張問曰。書云。高宗三年不言。言乃讙。有諸。仲尼曰。胡爲其不然也。古者天子崩。
王世子聽於冢宰三年。言乃讙者。命令所布。人心喜悅也。知悼子卒。未葬。平公飲酒。師曠李調侍。鼓鐘。杜蕢自
外來。聞鐘聲。曰。安在。曰。在寢。杜蕢入寢。歷階而升。酌曰。曠飲斯。又酌曰。調飲斯。又酌。堂上北面
坐飲之。降。趨而出。知悼子。晉大夫。名罃。平公。晉侯彪也。凡三酌者。既罰二子。又自罰也。○知。去聲。蕢。音快。飲。去聲。平公呼而進之曰。蕢。曩者爾
心或開予。是以不與爾言。爾飲曠。何也。曰。子卯不樂。知悼子在堂。斯其爲子卯也大矣。曠也。太
師也。不以詔。是以飲之也。言爾之初入。我意爾必有所諫教開發於我。我是以不先與爾言。乃三酌之後。竟不言而出。爾之飲曠何說也。蕢言桀以乙卯日死。紂以
甲子日死。謂之疾日。故君不舉樂。在堂。在殯也。況君於卿大夫。比葬不食肉。比卒哭不舉樂。悼子在殯。而可作樂燕飲乎。桀紂異代之君。悼子同體之臣。故以爲大於子卯也。詔。告也。罰其不

寺之罪也。蕢飲調何也。曰。調也君之褻臣也。爲一飲一食忘君之疾。是以飲之也。言調爲近習之臣。貪於一飲一食。而忘君違禮之疾。故罰之也。○飲去聲。蕢飲何也。曰。蕢也宰夫也。非刀匕是共。又敢與知防。是以飲之也。非。猶不也。宰夫職在刀匕。今乃不專供刀匕之職。而敢與知諫爭防閑之事。是侵官矣。故自罰也。○共音供。與。去聲。爭。音諍。平公曰。寡人亦有過焉。酌而飲寡人。杜蕢洗而揚觶。公謂侍者曰。如我死。則必毋廢斯爵也。至于今。既畢獻。斯揚觶。謂之杜舉。揚觶。舉觶也。盥洗而後舉。致潔敬也。平公自知其過。既命蕢以酌。又欲以此爵爲後世戒。故記者云。至今晉國行燕禮之終。必舉此觶。謂之杜舉者。言此觶乃昔者杜蕢所舉也。春秋傳作屠蒯。文亦不同。○觶音志。

公叔文子卒。其子戌請謚於君。曰。日月有時。將葬矣。請所以易其名者。文子。衛大夫。名拔。君。靈公也。大夫士三月而葬。有時。猶言有數也。死則諱其名。故爲之謚。所以代其名也。○戌。音庶。君曰。昔者衛國凶饑。夫子爲粥與國之餓者。是不亦惠乎。昔者衛國有難。夫子以其死衛寡人。不亦貞乎。夫子聽衛國之政。脩其班制。以與四鄰交。衛國之社稷不辱。不亦文乎。故謂夫子貞惠文子。魯昭公二十年。盜殺衛侯之兄縶。時齊豹作亂。公如死鳥。此衛國之難也。班者。尊卑之次。制者。多寡之節。因舊典而脩舉之也。據先後則惠在前。論小大則貞爲重。故不曰惠貞而曰貞惠也。此三字爲謚。而惟稱文子者。鄭云。文足以兼之。○難。去聲。

石駘仲卒。無適子。有庶子六人。卜所以爲後者。曰。沐浴佩玉則兆。五人者皆沐浴佩玉。石祁子曰。孰有執親之喪而沐浴佩玉者乎。不沐浴佩玉。石祁子兆。衛人以龜爲有知也。駘仲。衛大夫。曰沐浴佩玉則兆。卜人之言也。○方氏曰。兆亦有凶。卜者以求吉爲主。故經以兆言吉也。○駘音苔。適音的。

陳子車死於衛。其妻與其家大夫謀以殉葬。定而后陳子亢至。以告。曰。夫子疾。莫養於下。請以殉葬。子車。齊大夫。子亢。其兄弟。卽孔子弟子子禽也。疾時不在家。家人不得以致其養。故云莫養於下也。於是欲殺人以殉葬。定。謂已議定所殺之人也。○亢音剛。養去聲。子亢曰。以殉葬。非禮也。雖然。則彼疾當養者。孰若妻與宰。得已則吾欲已。不得已。則吾欲以二子者之爲之也。於是弗果用。宰。卽家大夫也。二子。謂妻與宰也。子亢若但言非禮。未必能止之。今以當養者爲當殉。則不期其止而自止矣。

子路曰。傷哉貧也。生無以爲養。死無以爲禮也。孔子曰。啜菽飲水。盡其歡。斯之謂孝。斂首足形。還葬而無椁。稱其財。斯之謂禮。世固有三牲之養。而不能歡者。亦有厚葬以爲觀美。而不知陷於僭禮之罪者。知此。則孝與禮可得而盡矣。又何必傷其貧乎。還葬說見上篇。○養去聲。還音旋。稱去聲。衛獻公出奔。反於衛。及郊。將班邑於從者而后入。柳莊曰。如皆守社稷。則孰執羈靮而從。如皆從。則孰守社稷。君反其國而有私也。毋乃不可乎。弗果班。獻公魯襄十四年奔齊。二十六年歸衛。羈所以絡馬。靮所以鞚馬。莊之意謂居者行者均之爲國。不當獨賞從者以示私恩。○從去聲。靮音的。衛有大史曰柳莊。寢疾。公曰。若疾革。雖當祭必告。公再拜稽首請於尸曰。有臣柳莊也者。非寡人之臣。社稷之臣也。聞之死。請往。不釋服而往。遂以襚之。與之邑裘氏與縣潘氏。書而納諸棺曰。世世萬子孫毋變也。以衣服贈死者曰襚。裘縣潘二邑名。萬子孫謂莊之後世也。莊之疾。公嘗命其家若當疾亟之時。我雖在祭事。亦必入告。及其死也。果當公行事之際。遂不釋祭服而往。因釋以襚之。又賜之二邑。此雖見國君尊賢之意。然棄祭事而不終。以諸侯之命服而襚大夫。書封邑之券而納諸棺。皆非禮矣。○大音泰。革音亟。入聲。縣音玄。陳乾昔寢疾。屬其兄弟而命其子尊己曰。如我死。則必大爲我棺。使吾二婢子夾我。陳乾昔死。其子曰。以殉葬。非禮也。況又同棺乎。弗果殺。屬。如周禮屬民讀法之屬。猶合也。聚也。記者善尊己守正。而不從其父之亂命。○乾音干。屬音燭。仲遂卒于垂。壬午猶繹。萬入去籥。仲尼曰。非禮也。卿卒不繹。仲遂。魯莊公子。東門襄仲也。垂。齊地名。祭宗廟之明日。又設祭禮以尋繹昨日之祭。謂之繹。殷謂之肜。言壬午則正祭辛巳日也。萬舞執干以舞也。籥舞吹籥以舞也。萬入去籥者。言此繹祭時。以仲遂之卒。但用無聲之干舞以入。去有聲之籥舞而不用也。○陳氏曰。春秋之法。當祭而卿卒。則不用樂。明日則不繹。故叔弓之卒。昭公去樂卒事。君子以爲禮。仲遂之卒。宣公猶繹而萬入去籥。聖人以爲非禮。○詩記曰。萬舞二舞之總名也。干舞者武舞之別名。籥舞者文舞之別名。文舞又謂之羽舞。鄭氏據公羊以萬舞爲干舞。誤也。春秋書萬入去籥。言文武二舞皆入。去其有聲者。故去籥焉。公羊乃以萬舞爲武舞。與籥舞對言之。失經意矣。若萬舞止爲武舞。則此詩何爲獨言萬舞而不及文舞。左傳考仲子之宮。將萬焉。婦人之廟。亦不應獨用武舞也。然則萬舞爲二舞之總名。明矣。出詩緝簡兮註。○愚按左傳楚令尹子元欲蠱文夫人。爲館於其宮側而振萬焉。夫人聞之泣曰。先君以是舞也。習戎備也。今令尹不尋諸仇讎。而於未亡人之側。不亦異乎。據此則萬舞信爲武舞矣。呂氏豈偶忘之耶。○去上聲。肜音融。何爲爲去聲。季康子之母死。公輸若方小。斂。般請以機封。將從之。公肩假曰。不可。夫魯有初。公輸氏。若名。爲匠師。方小年尚幼也。斂下棺於椁也。般若之族。素多技巧。見若掌斂事而年幼。欲代之而試用其巧技也。機窆謂以機關轉動之器。下棺。不用碑與繂也。魯有初。言魯國自有故事也。○般音班。封音窆。斂去聲。豐碑。三家視桓楹。豐碑。天子之制。桓楹。諸侯之制。○疏曰。凡言視者。比擬之辭。豐。大也。謂用一大木爲碑。穿鑿去碑中之木。使之空。於空閒著鹿盧。兩頭各入碑木。以紼之一頭係棺緘。以一頭繞鹿盧。既訖。而人各背碑負綍末頭。聽鼓聲以漸郤行而下之也。桓楹。不似碑。形如大楹耳。通而言之亦曰碑。說文。桓。郵亭表也。如今之橋旁表柱也。諸侯二碑。兩柱爲一碑而施鹿盧。故鄭云四植。也。○下空。去聲。著。音勺。

般。爾以人之母嘗巧。則豈不得以。其母以嘗巧者乎。則病者乎。噫。弗果從。

疏曰。嘗試也。言爾欲以人母嘗試巳之巧事。誰有強逼於爾而爲此乎。豈不得休巳者哉。又語之云。其無以人母嘗試巳巧。則於爾病者乎。言不得嘗巧。豈於爾有所病。假言畢乃更噫而傷嘆。於是衆人遂止。○一說。則豈不得以其母以嘗巧者乎作一句。言爾以他人母試巧。而廢其當用之禮。則亦豈不得自以巳母試巧而不用禮乎。則於爾心亦有所病而不安乎。蓋使之反求諸心。以巳度人。而知其不可也。○應氏曰。周衰禮廢。而諸侯僭天子。故公室之窆棺視豐碑。大夫僭諸侯。故三家之窆棺視桓楹。其陵替承襲之弊。有自來矣。○強。上聲。

戰于郎。公叔禺人遇負杖入保者息。曰。使之雖病也。任之雖重也。君子不能爲謀也。士弗能死也。不可。我則既言矣。與其鄰重汪踦往。皆死焉。魯人欲勿殤重汪踦。問於仲尼。仲尼曰。能執干戈以衛社稷。雖欲勿殤也。不亦可乎。

戰于郎。魯哀公十一年。齊伐魯也。禺人。昭公子公爲也。遇魯人之避齊師而入保城邑者。疲倦之餘。負其杖而息于塗。禺人乃歎之曰。徭役之煩。雖不能堪也。稅斂之數。雖過於厚也。若上之人協心以禦寇難。猶可塞責也。今卿大夫不能畫謀策。士不能捐身以死難。豈人臣事君之道哉。甚不可也。我既出此言矣。可不思踐吾言乎。於是與其鄰之童子汪踦者。皆往鬬而死於敵。魯人以踦有成人之行。欲以成人之喪禮葬之。而孔子善其權禮之當也。○禺。音遇。重。通作童。踦。音紀。斂。去聲。數。入聲。

子路去魯。謂顏淵曰。何以贈我。曰。吾聞之也。去國則哭于墓而后行。反其國不哭。展墓而入。謂子路曰。何以處我。子路曰。吾聞之也。過墓則式。過祀則下。

哭墓。哀墓之無主也。不忍丘壟之無主。則必有返國之期。故爲行者言之。墓與祀。人所易忽也。而能加之敬。則無往而不用吾敬矣。敬則無適而不安。故爲居者言之也。○方氏曰。凡物展之則可省而視。故省謂之展。○處。上聲。爲。去聲。省。悉井切。

工尹商陽與陳弃疾追吳師。及之。陳弃疾謂工尹商陽曰。王事也。子手弓而可。句 手弓。句 子射諸。射之。斃一人。韔弓。又及。謂之。又斃二人。每斃一人。揜其目。止其御曰。朝不坐。燕不與。殺三人。亦足以反命矣。孔子曰。殺人之中。又有禮焉。

工尹。楚官名。追吳師。事在魯昭公十二年。子手弓而可爲句。使之執弓也。手弓。商陽之弓在手也。韔。弓衣也。謂之。再告之也。掩目而不忍視。止御而不忍驅。有惻隱之心焉。商陽自言位卑禮薄。如此亦可以稱塞矣。孔子謂其有禮。以敗北之師本易窮。而商陽乃能節制其縱殺之心。是仁意與禮節並行。非事君之禮止於是也。特取其善於追敗者。亦非謂臨敵未決。而不忍殺人也。○疏曰。朝與燕皆在寢。若路門外正朝。則大夫以下皆立。若燕朝在於路寢。則大夫坐於上。如孔子攝齊升堂是也。升堂則坐矣。燕亦在寢。燕禮。獻卿大夫之後。西階上獻士。無升堂之文。是士立於下也。鄭註射者在左。戈盾在右。御在中央。謂兵車參乘之法。此謂凡常戰士。若是元帥。則在中央鼓下。御者在左。戈盾亦在右。若天子諸侯親將。亦居鼓下。若非元帥。則皆在左。御者在中。若非兵車。則尊者在左。○射音石。韔音暢。朝音潮。與音去聲。稱易並去聲。齊音咨。乘將並去聲。

諸侯伐秦。曹桓公卒于會。諸侯請含。使之襲。曹伯之卒。魯成公十三年也。襲賤者之事。諸侯從之。不知禮也。○含去聲。

襄公朝于荊。康王卒。荊人曰。必請襲。魯人曰。非禮也。荊人強之。巫先拂柩。荊人悔之。荊禹貢州名。楚立國之本號。魯僖公元年始稱楚。魯襄公以二十八年朝楚。適遭楚子昭之喪。魯人知襲之非禮而不能違。於是以君臨臣喪之禮先之。及其覺之而悔。已無及矣。此其適權變之宜。足以雪恥。○強上聲。

滕成公之喪。使子叔敬叔弔。進書。子服惠伯爲介。及郊。爲懿伯之忌。不入。惠伯曰。政也。不可以叔父之私。不將公事。遂入。滕成公之喪。在魯昭公之三年。敬叔。魯桓公七世孫。惠伯則桓公六世孫也。於世次敬叔稱惠伯爲叔父。懿伯則惠伯之叔父。而敬叔之五從祖。進書。奉進魯君之弔書也。介。副也。○劉氏曰。左傳註云。忌。怨也。敬叔先有怨於懿伯。故不欲入滕。以惠伯之言而入。傳言叔弓之有禮也。此疏云。敬叔嘗殺懿伯。爲其家所怨。恐惠伯殺己。故不敢先入。惠伯知其意而開釋之。記惠伯之知禮也。二說不同。而皆可疑。如彼註言。禮椒爲之避仇怨。則當自受命之日辭行以禮之。不當及郊而後辭入也。如此疏言。恐惠伯殺己而難之。則魯之遣使而使其仇爲之副。不恤其相仇以棄命害事。亦非善處也。且叔弓爲正使。得仇怨爲介而不請易之。非計之得也。又同使共事。而常以仇敵備之。而往反於魯滕之路。亦難言也。使椒果欲報仇。則其言雖善。安知非誘我耶。而遂入。又非通論也。按左傳云。及郊。遇懿伯之忌。此作爲。二字雖異。而皆先言及郊。而後言忌。可見是及郊方遇忌也。或者忌字只是忌日。懿伯是敬叔從祖。適及滕郊而遇此日。故欲緩至次日乃入。故惠伯以禮曉之曰。公事有公利。無私忌。乃先入。而叔弓亦遂入焉。此說固可通。然亦未知然否。闕之可也。

哀公使人弔蕢尚。遇諸道。辟於路。畫宮而受弔焉。哀公。魯君。辟於路。辟讀爲闢。謂除闢道路。以畫宮室之位而受弔也。○辟音闢。畫音獲。

曾子曰。蕢尚不如杞梁之妻之知禮也。齊莊公襲莒于奪。杞梁死焉。其妻迎其柩於路而哭之哀。魯襄公二十三年。齊侯襲莒。襲者。以輕兵掩其不備而攻之也。左傳言杞殖華還載甲。夜入且于之隧。且于。莒邑名。隧。狹路也。鄭云或爲兌。故讀奪爲兌。梁即殖。以戰死。故妻迎其柩。○奪音兌。華去聲。且音雎。莊公使人弔之。對曰。君之臣不免於罪。則將肆諸市朝。而妻妾執。君之臣免於罪。則有先人之敝廬在。君無所辱命。肆。陳尸也。妻妾執。拘執其妻妾也。左傳言齊侯弔諸其室。

孺子䵋之喪。哀公欲設撥。問於有若。有若曰。其可也。君之三臣猶設之。顏柳曰。天子龍輴而椁幬。諸侯輴而設幬。爲榆沈。故設撥。三臣者廢輴而設撥竊禮之不中者也。而君何學焉。蕢。哀公之少子。舊說以掇爲紼。未知是否。三臣。魯之三家也。顏柳言天子之殯。用輴車載柩。而畫轅爲龍。椁幬者。叢木爲椁形而覆幬其上。前言加斧于椁上是也。諸侯輴而設幬。則有輴而無龍。有幬而無椁也。揄沈。以水浸揄白皮之汁以播地。取其引車不澁滯也。今三家廢輴不用而猶設撥。是徒有竊禮之罪。而非有中用之實者也。○方氏曰。爲輴之重也。故爲揄沈以滑之。欲揄沈之散也。故設撥以發之。無輴則無所用沈。無所用沈則無所用撥。三臣既知輴之可廢。而不知撥之不必設。是竊禮之不中者也。撥雖無所經見。然以文考之。爲揄沈故設撥。則是以手撥揄沈而灑於道也。先儒以爲紼。失之矣。○今按方說如此。亦未知其是否。闕之可也。○蕢。他昆切。撥。半末切。輴。音春。幬。音道。爲。去聲。揄。音于。沈。音審。中。去聲。

悼公之母死。哀公爲之齊衰。有若曰。爲妾齊衰。禮與。公曰。吾得已乎哉。魯人以妻我。以妻我。以爲我妻也。此哀公溺情之辠。文過之辭。○疏曰。天子諸侯絕旁期。於妾無服。惟大夫爲貴妾緦。○爲。去聲。文。去聲。

季子皋葬其妻犯人之禾。申祥以告曰。請庚之。子皋曰。孟氏不以是罪予。朋友不以是弃予。以吾爲邑長於斯也。買道而葬。後難繼也。劉氏曰。季子皋。孔子弟子高柴也。夫子嘗曰柴也愚。觀家語所稱及此經所記泣血三年及成人爲衰之事觀之。賢可知矣。此葬妻犯禾。亦爲成宰時事。有無固不可知。然曰孟氏不以是罪予。朋友不以是弃予者。以犯禾之失小。而買道之害大也。何也。以我爲邑宰。尚買道而葬。則後必爲例。而難乎爲繼者矣。此亦愚而過慮之一端。然出於誠心。非文飾之辭也。鄭註謂其恃寵虐民。而方氏又加以不仁不恕之說。則甚矣。豈有賢如子皋而有是哉。○文。去聲。

仕而未有祿者。君有饋焉曰獻。使焉曰寡君。違而君薨。弗爲服也。王制云。位定然後祿之。此蓋初試爲士。未賦廩祿者。有饋於君則稱獻。出使他國則稱寡君。此二事皆與羣臣同。獨違離之後而君薨則不爲舊君服。此則與羣臣異。所以然者。以其未嘗食君之祿也。○方氏曰。湯之於伊尹。學焉而後臣之。方其學也。賓之而弗臣。此所謂仕而未有祿者。若孟子之在齊是也。惟其賓之而弗臣。故有饋焉。不曰賜而曰獻。將命之使。不曰君而曰寡君。蓋獻爲貢上之辭。而寡則自謙之辭故也。以其有賓主之道。而無君臣之禮。故違而君薨。弗爲服也。其曰違。則居其國之時。固服之矣。○使。爲。並去聲。

虞而立尸。有几筵。未葬之前。事以生者之禮。葬則親形已藏。故虞祭則立尸以象神也。筵。席也。大斂之奠。雖有席而無几。此時則設几與筵相配也。

卒哭而諱。生事畢而鬼事始已。卒哭而諱其名。蓋事生之禮已畢。事鬼之事始矣。已。語辭。既卒哭。宰夫執木鐸以命于宮曰。舍故而諱新。自寢門至于庫門。周禮。大喪小喪。宰夫掌其戒令。故卒哭後。使宰夫執金口木舌之鐸。振之。以命令于宮也。其令之之辭曰舍故而諱新。故。謂高祖之父當遷者。諱多則難避。故使之舍舊諱而諱新死者之名也。以其親盡。故可不諱。庫門。自外入之第一門。亦曰皐門。○舍。上聲。

二名不偏諱。夫子之母名徵在。言在不稱徵。言徵不稱在。二名。二字爲名也。此記避諱之禮。

軍有憂。則素服哭于庫門之外。赴車不載櫜韔。

櫜甲衣韔弓衣甲不入櫜弓不入韔示再用也○方氏曰戰勝而還謂之愷則敗謂之憂宜矣素服哭以喪禮處之也必於庫門之外者以近廟也師出受命于祖無功則於祖命辱矣赴車告赴於國之車凡告喪曰赴車以告敗爲名與素服同義○櫜音高有焚其先人之室則三日哭故曰新宮火亦三日哭先人之室宗廟也魯成公三年焚宣公之廟神主初入故曰新宮春秋書二月甲子新宮災三日哭註云書其得禮此言故曰者謂春秋文也孔子過泰山側有婦人哭於墓者而哀夫子式而聽之使子路問之曰子之哭也壹似重有憂者而曰然昔者吾舅死於虎吾夫又死焉今吾子又死焉夫子曰何爲不去也曰無苛政夫子曰小子識之苛政猛於虎也聞其哭式而聽之與見齊衰者雖狎必變之意同聖人敬心之所發蓋有不期然而然者壹似重有憂者言甚似重疊有憂苦者也而曰乃曰也虎之殺人出於倉卒之不免苛政之害雖未至死而朝夕有愁思之苦不如速死之爲愈此所以猛於虎也爲人上者可不知此哉○重平聲識音志卒音猝魯人有周豐也者哀公執摯請見之而曰不可公曰我其已夫使人問焉曰有虞氏未施信於民而民信之夏后氏未施敬於民而民敬之何施而得斯於民也對曰墟墓之間未施哀於民而民哀社稷宗廟之中未施敬於民而民敬殷人作誓而民始畔周人作會而民始疑苟無禮義忠信誠慤之心以涖之雖固結之民其不解乎周豐必賢而隱者故哀公屈己見之乃曰不可者蓋古者不爲臣不見故不敢當君之臨見也我其已夫已止也不强其所不願也有心之固結不若無心之感孚其言甚正但大禹征苗已嘗誓師誓非始於殷也禹會諸侯於塗山會亦不始於周也此言誓之而畔會之而疑則始於殷周耳○摯音至解佳買切强上聲喪不慮居毀不危身喪不慮居爲無廟也毀不危身爲無後也劉氏曰喪禮稱家之有無不可勉爲厚葬而致有敗家之慮家廢則宗廟不能以獨存矣毀不滅性不可過爲哀毀而致有亡身之危以死傷生則君子謂之無子矣此二者皆所以防賢者之過禮○爲去聲稱去聲延陵季子適齊於其反也其長子死葬於嬴博之間孔子曰延陵季子吳之習於禮者也往而觀其葬焉吳公子札讓國而居延陵故曰延陵季子嬴博齊二邑名其坎深不至於泉其斂以時服既葬而封廣輪揜坎其高可隱也既封左袒右還其封且號者三曰骨肉歸復于土命也若魂氣則無不之也無不之也而遂行孔子曰延陵季子之於禮也其合矣乎不至於泉謂得淺深之宜也時服隨死時之寒暑所衣也封築土爲墳也橫曰廣直曰輪下則僅足以揜坎上則纔至於可隱皆儉制也左袒以示陽之變右還以示陰

之歸。骨肉之歸土、陰之降也。魂氣之無不之、陽之升也。陰陽氣也。命者氣之所鍾也。季子以骨肉歸復于土爲命者。此循氣爲物之有盡。謂魂氣則無不之者。此遊魂爲變之無方也。壽夭得於有生之初。可以言命。魂氣散於既死之後。不可以言命也。再言無不之也者。慇傷離訣之至情。而冀其魂之隨已以歸也。不惟適旅葬之節。而又且通幽明之故。宜夫子之善之也。然爲疑辭而不爲決辭者。蓋季子乃隨時處中之道。稱其有無而不盡拘乎禮者也。故夫子不直曰季子之於禮也合矣。而必加其乎二字。使人由辭以得意也。讀者詳之。○石梁王氏曰。還與環同。○深去聲。封如字。廣、隱並去聲。號平聲。處上聲。稱去聲。

邾婁考公之喪。徐君使容居來弔含。曰。寡君使容居坐含。進侯玉。其使容居以含。考公之喪。徐國君使其臣容居者來弔。且致珠玉之含。言寡君使我親坐而行含。以進侯玉於邾君。侯玉者。徐自擬天子。以邾君爲已之諸侯。言進侯氏以玉也。其使容居以含者。容居求即行含禮也。○疏曰。凡行含禮。未斂之前。士則主人親含。大夫以上即使人含。若斂後至殯葬有來含者。親自致璧於柩及殯上者。謂之親含。若但致命以璧授主人。主人受之。謂之不親含。○石梁王氏曰。坐當訓跪。○婁音閭。含去聲。使去聲。有司曰。諸侯之來辱敝邑者。易則易。于則于。易于雜者。未之有也。邾之有司拒之。言諸侯之辱來邾國者。人臣來而其事簡易。則行人臣簡易之禮。人君來而其事廣大。則行人君廣大之禮。于猶迂也。有廣遠之意。今人臣來而欲行人君之禮。是易于相雜矣。我國未有此也。○易音異。容居對曰。容居聞之。事君不敢忘其君。亦不敢遺其祖。昔我先君駒王西討濟於河。無所不用斯言也。容居魯人也。不敢忘其祖。容居又答言事君者不敢忘其君。我奉命如此。今不能行。是忘吾君也。爲人子孫。當守先世之訓。故亦不敢遺吾祖也。居蓋徐之公族耳。且言昔者我之先君駒王濟河而西討。無一處不用此稱王之言。自言其疆土廣大。久已行王者之禮也。又自言我非譎詐者。乃魯鈍之人。是以不敢忘吾祖。欲邾人之信其言也。此著徐國君臣之僭。且明邾有司不能終正當時之僭也。

子思之母死於衛。赴於子思。子思哭於廟。門人至曰。庶氏之母死。何爲哭於孔氏之廟乎。子思曰。吾過矣。吾過矣。遂哭於他室。伯魚卒。其妻嫁於衛之庶氏。嫁母與廟絕族。故不得哭之於廟。

天子崩。三日祝先服。五日官長服。七日國中男女服。三月天下服。疏曰。祝。大祝商祝也。服。服杖也。是喪服之數。故呼杖爲服。祝佐含斂。先病。故先杖也。故子亦三日而杖。官長。大夫士也。病在祝後。故五日。國中男女。謂畿內民及庶人在官者。服齊衰三月而除。必待七日者。天子七日而殯。殯後嗣王成服。故民得成服也。三月天下服者。謂諸侯之大夫爲王繐衰。既葬而除。近者亦不待三月。今據遠者爲言耳。何以知其或杖服或衰服。按喪大記及喪服四制云云。然四制云七日授士杖。此云五日士杖者。崔氏云。此據朝廷之士。四制言邑宰之士也。○大音泰。爲王爲去聲。

虞人致百祀之木可以爲棺槨者。斬之。不至者。廢其祀。刎其人。虞人。掌山澤之官也。天子之棺四重而椁周焉。亦奚以多木爲哉。畿內百縣之祀。其木可用者。悉斬而致之。無乃太多乎。

歲內之美材固不乏矣。奚獨於祠祀斬之乎。廢其祀。刎其人。又何法之峻乎。禮制若此。未詳其說。一云必命虞人致木。不用命者。然後國有常刑。虞人非一。未必盡命之也。

齊大饑。黔敖爲食於路。以待餓者而食之。有餓者蒙袂輯屨。貿貿然來。黔敖左奉食。右執飲。曰。嗟來食。揚其目而視之。曰。予唯不食嗟來之食。以至於斯也。從而謝焉。終不食而死。曾子聞之。曰。微與其嗟也可去。其謝也可食。蒙袂。以袂蒙面也。輯屨。輯斂其足。言困憊而行蹇也。貿貿。垂頭喪氣之貌。嗟來食。歎閔之而使來食也。從。就也。微與。猶言細故末節。謂嗟來之言雖不敬。然亦非大過。故其嗟雖可去。而謝焉則可食矣。○食之食音嗣。餘並如字。輯音集。貿音茂。奉上聲。與平聲。喪去聲。

邾婁定公之時。有弒其父者。有司以告。公瞿然失席。曰。是寡人之罪也。曰。寡人嘗學斷斯獄矣。臣弒君。凡在官者殺無赦。子弒父。凡在宮者殺無赦。殺其人。壞其室。洿其宮而豬焉。蓋君踰月而后舉爵。瞿然。驚愕之貌。在官者。諸臣也。在宮者。家人也。天下之惡無大於此者。是以人皆得以誅之。無赦之之理。惟父有此罪。則子不可討之也。君不舉爵。以人倫大變。亦教化不明所致。故傷悼而自貶耳。○疏曰。豬。是水聚之名。○石梁王氏曰。註疏本作子弒父。凡在宮者殺無赦爲是。○瞿音屨。斷丁玩切。壞音怪。洿音烏。

晉獻文子成室。晉大夫發焉。張老曰。美哉輪焉。美哉奐焉。歌於斯。哭於斯。聚國族於斯。文子曰。武也得歌於斯。哭於斯。聚國族於斯。是全要領以從先大夫於九京也。北面再拜稽首。君子謂之善頌善禱。晉獻。舊說謂晉君獻之。謂賀也。然君有賜於臣。豈得言獻。疑獻文二字皆趙武諡。如貞惠文子之類。諸大夫發禮往賀。記者因述張老之言。輪。輪囷高大也。奐。奐爛衆多也。歌。祭祀作樂也。哭。死喪哭泣也。聚國族。燕集國賓。聚會宗族也。頌者。美其事而祝其福。禱者祈以免禍也。張老之言善於頌。武子所答善於禱也。○鄭氏曰。晉卿大夫之墓地在九原。○疏曰。領。頸也。古者罪重腰斬。罪輕頸刑。先大夫。文子父祖也。○石梁王氏曰。歌於斯。謂祭祀歌樂也。大夫祭無樂。春秋時或有之。○要平聲。京古原字。

仲尼之畜狗死。使子貢埋之。曰。吾聞之也。敝帷不棄。爲埋馬也。敝蓋不棄。爲埋狗也。丘也貧。無蓋。於其封也。亦予之席。毋使其首陷焉。狗馬皆有力於人。故特示恩也。○畜許六切。爲去聲。封音窆。予上聲。路馬死。埋之以帷。謂君之乘馬死。則特以帷埋之。不用敝帷也。○方氏曰。魯昭公乘馬塹而死。以帷裹之。

季孫之母死。哀公弔焉。曾子與子貢弔焉。閽人爲君在。弗內也。曾子與子貢入於其廄而脩容焉。子貢先入。閽人曰。鄉者已告矣。曾子後入。閽人辟之。鄉者已告。言先已告於主人矣。○爲去聲。內入聲。鄉去聲。辟音避。涉內霤。卿大夫皆辟位。公降一等而揖之。君子言之曰。盡飾之道。斯其行者遠矣。○內霤門屋後簷也。行者遠。猶言感動之大也。劉氏曰。此章可疑二。子弔卿母之喪。必自盡禮以造門。不當待閽者拒而後脩容盡飾也。且既至而閽人辭。或當再請於閽。若終不得通退可也。何必以威儀悚動之以求入耶。其入而君卿大夫敬之者。以平日知其賢也。非素不相知。創見其容飾之美而加敬也。而君子乃曰盡飾之道。斯其行者遠。則是二子之德行。不足以行遠。惟區區之外飾。乃足以行遠耶。○辟音避。造七到切。

陽門之介夫死。司城子罕入而哭之哀。晉人之覘宋者。反報於晉侯曰。陽門之介夫死。而子罕哭之哀。而民說。殆不可伐也。陽門。宋之國門名。介夫。甲士之守衛者。宋武公諱司空。改其官名爲司城。子罕。樂喜也。戴公之後。覘。闚視也。○說音悅。孔子聞之曰。善哉覘國乎。詩云。凡民有喪。扶服救之。雖微晉而已。天下其孰能當之。孔子善之。以其識治體也。詩邶風谷風之篇。扶服。致力之義。微。無也。夫子引詩而言。宋國雖以子罕得人心。可無晉憂而已。然天下亦孰能當之。甚言人心之足恃也。一說。微。弱也。雖但弱晉之強。使不敢伐而已。然推此意。則民既悅服。必能親其上。死其長。而舉天下莫能當之矣。前說爲是。○扶服音匍匐。

魯莊公之喪。既葬。而絰不入庫門。士大夫既卒哭。麻不入。莊公爲子般所弒。而慶父作亂。閔公時年八歲。絰。葛絰也。諸侯弁絰葛而葬。葬畢。閔公即除凶服於庫門之外。而以吉服嗣位。故云絰不入庫門也。士大夫則仍麻絰。直俟卒哭。乃不以麻絰入庫門。蓋閔公既吉服。不與虞與卒哭之祭。故羣臣至卒哭而除。訖禍亂恐迫。禮所由廢。○爲去聲。般音班。父音甫。不與與去聲。

孔子之故人曰原壤。其母死。夫子助之沐椁。原壤登木曰。久矣予之不託於音也。歌曰。貍首之斑然。執女手之卷然。夫子爲弗聞也者而過之。從者曰。子未可以已乎。夫子曰。丘聞之。親者毋失其爲親也。故者毋失其爲故也。或問朱子。原壤登木而歌。夫子爲弗聞而過之。待之自好。及其夷俟。則以杖叩脛。莫太過否。曰。這說却差。如壤之歌。乃是大惡。若要理會。不可但已。只得且休。至其夷俟之時。不可不教誨。故直責之。復叩其脛。自當如此。若如今說。則是不要管他。却非朋友之道矣。○胡氏曰。數其母死而歌。則壤當絕。叩其夷踞之脛。則壤猶故人耳。盛德中禮。見乎周旋。此亦可見。○馮氏曰。母死而歌。惡有大於此者乎。宜絕而不絕。蓋以平生之素。而事有出於一時之不意者。如此。善乎朱子之言曰。若要理會。不可但已。只得且休。其有以深得聖人之處。其所難處者矣。○劉氏曰。原壤母卒。夫子助之治椁。壤登已治之椁木而言。久矣我之不託興於詠歌之音也。如貍首之斑。言木文之華也。卷與拳同。如執女手之拳。言沐椁之滑膩也。壤之廢敗禮法甚矣。夫子佯爲不聞而過去以避之。從者見其無禮。疑夫子必當已絕其交。故問曰。子未當已絕之乎。夫子言爲親戚者。雖有非禮。未可遽失其親戚之情也。爲故舊者。雖有非禮。未可遽失其故舊之好也。此聖人隱惡全交之意。○卷音拳。從去聲。數上聲。中去聲。見乎見音現。處上聲。與去聲。

趙文子與叔譽觀乎九原。文子曰。死者如可作也。吾誰與歸。

文子晉大夫名武。叔譽叔向也。言卿大夫之死而葬於此者多矣。假令可以再生而起。吾於衆大夫誰從乎。文子蓋設此說。欲與叔向共論前人賢否也。○令平聲。**叔譽曰。其陽處父乎。文子曰。行并植於晉國。不沒其身。其知不足稱也。**處父。晉襄公之傅。并者。兼衆事於己。是專權也。植者。剛强自立之意。所行如此。故爲狐射姑所殺。不得善終其身。是不智也。○處上聲。并去聲。植直吏切。知去聲。射音亦。**其舅犯乎。文子曰。見利不顧其君。其仁不足稱也。**叔譽又稱子犯可歸。文子言子犯從文公十九年于外。及反國危疑之時。當輔之入以定其事。乃及河而授璧以辭。此蓋爲他日高爵重祿之計。故以此言要君求利也。豈顧其君之安危哉。是不仁也。○爲去聲。要平聲。**我則隨武子乎。利其君不忘其身。謀其身不遺其友。晉人謂文子知人。**文子自言我所願歸者。惟隨武子乎。武子。士會也。食邑於隨。左傳言夫子之家事治。言於晉國無隱情。蓋不忘其身而謀之。知也。利其君。不遺其友。皆仁也。**文子其中退然如不勝衣。其言吶吶然如不出諸其口。**中身也。見儀禮鄉射記。退然。謙卑怯弱之貌。吶吶。聲低而語緩也。如不出諸其口。似不能言者。○勝平聲。吶如劣切。**所舉於晉國管庫之士七十有餘家。生不交利。死不屬其子焉。**管。鍵也。即今之鎖。庫之藏物。以管爲開閉之限。管庫之士。賤職也。知其賢而舉之。即不遺友之實。雖有舉用之恩於其人。而生則不與之交利。將死亦不以其子屬託之。廉潔之至。○屬音燭。**叔仲皮學子柳。叔仲皮死。其妻魯人也。衣衰而繆絰。叔仲衍以告。請繐衰而環絰。曰。昔者吾喪姑姊妹亦如斯。末吾禁也。退使其妻繐衰而環絰。**繆。絞也。謂兩股相交。五服之絰皆然。惟弔服之環絰一股。○疏曰。言叔仲皮教訓其子子柳。而子柳猶不知禮。叔仲皮死。子柳妻雖是魯鈍婦人。猶知爲舅著齊衰。而首服繆絰。衍是皮之弟。子柳之叔。見當時婦人好尚輕細。告子柳云。汝妻何以著非禮之服。子柳見時皆如此。亦以爲然。乃請於衍。令其妻身著繐衰首服環絰。衍又答云。昔者吾喪姑姊妹亦如此繐衰環絰。無人相禁止也。子柳得衍此言。退使其妻著繐衰而環絰。○學音效。衣音吝。繆音樛。繐音歲。**成人有其兄死而不爲衰者。聞子皐將爲成宰。遂爲衰。成人曰。蠶則績而蟹有匡。范則冠而蟬有緌。兄則死而子皐爲之衰。**成。魯邑名。匡。背殼似匡也。范。蜂也。○朱氏曰。絲之績者。必由乎匡之所盛。然蟹之有匡。非爲蠶之績也。爲背而已。首之冠者。必資乎緌之所飾。然蟬之有緌。非爲范之冠也。爲喙而已。兄死者必爲之服衰。然成人之服衰。非爲兄之死也。爲子皐而已。蓋以上二句喻下句也。○緌而追切。盛平聲。註中爲並去聲。**樂正子春之母死。五日而不食。曰。吾悔之。自吾母而不得吾情。吾惡乎用吾情。**子春。曾子弟子。矯爲過制之禮。而不用其實情於母。則他無所用其實情矣。此所以悔也。**歲旱。穆公召縣子而問然。曰。天久不雨。吾欲暴尪而奚若。**左傳註云。尪者。瘠病之人。其面上向。暴之者。冀天哀之而雨也。○雨去聲。暴步卜切。下二節同。

尪，音汪。曰：天則不雨，而暴人之疾子，句虐，句毋乃不可與！此言酷虐之事，非所以感天。○與，平聲。然則吾欲暴巫而奚若？巫能接神，冀神閔之而雨。曰：天則不雨，而望之愚婦人，句於以求之，毋乃已疏乎！於以求之，猶言於此求之也。已疏，言甚迂闊也。徙市則奚若？曰：天子崩，巷市七日；諸侯薨，巷市三日。爲之徙市，不亦可乎！徙，移也。言徙市又言巷市者，謂徙交易之物於巷也。此庶人爲國之大喪憂戚罷市，而日用所須又不可缺，故徙市於巷也。今旱而欲徙市者，行喪君之禮以自責也。縣子以其求之已而不求諸人，故可其說。然豈不聞僖公以大旱欲焚巫尪，聞臧文仲之言而止。縣子不能舉其說以對穆公，而謂徙市爲可，則亦已疏矣。○爲，去聲。孔子曰：衛人之祔也離之，魯人之祔也合之，善夫！生既同室，死當同穴，故善魯。○疏曰：祔，合葬也。離之，謂以一物隔二棺之間於槨中也。魯人則合並兩棺置槨中，無別物隔之。○朱子曰：古者槨合眾材爲之，故大小隨人所爲。今用全木，則大木可以爲槨，故合葬者只同穴而各用槨也。

禮記卷之三

王制第五

疏曰。王制之　際。盧植云。文帝令博士諸生作。○令平聲。

王者之制祿爵。公侯伯子男凡五等。孟子言天子一位。子男同一位。諸侯之上大夫卿。下大夫。上士。中士。下士。凡五等。孟子言君一位。凡六等。○疏曰。五等虞夏周同。殷三等。公侯伯也。

天子之田方千里。公侯田方百里。伯七十里。子男五十里。不能五十里者。不合於天子。附於諸侯曰附庸。此言天子諸侯田里之廣狹。不能猶不足也。不合於天子者。不與王朝之聚會也。民功曰庸。其功勞附大國而達於天子。故曰附庸。天子以下。皆言田而不言地者。以地有山林川澤原隰險夷之不同。若限以地里。而不計田里。則井地不均。穀祿不平矣。里數有二。分田之里以方計。如方里而井是也。分服之里以袤計。如二十五家爲里是也。後章言方千里者。爲田九萬畝。此以方計者也。自恒山至于南河。千里而近。此以袤計者也。分服則計道里遠近。以爲朝貢之節。分田則計田畝多寡。以爲賦祿之制。此所以爲均平也。○與去聲。袤音茂。

天子之三公之田視公侯。天子之卿視伯。天子之大夫視子男。天子之元士視附庸。此言王朝有位者之田。亦與孟子不同。○方氏曰。三公而下。食采邑於畿內。祿之多少。以外諸侯爲差。元士。上士也。與元子元侯稱元同。不言中士下士。則視附庸惟上士也。○采去聲。差楚宜切。

制農田百畝。百畝之分。上農夫食九人。其次食八人。其次食七人。其次食六人。下農夫食五人。庶人在官者。其祿以是爲差也。此言庶人之田。井田之制。一夫百畝。肥饒者爲上農。墝瘠者爲下農。故所養有多寡也。府史胥徒之屬。皆庶人之在官者。其祿以農之上下爲差。多者不得過食九人之祿。寡者不得下食五人之祿。隨其高下。爲五等之多寡也。○分去聲。食音嗣。差楚宜切。

諸侯之下士視上農夫。祿足以代其耕也。中士倍下士。上士倍中士。下大夫倍上士。卿四大夫祿。君十卿祿。此言大國也。視上農夫者。得食九人之祿也。次國之卿三大夫祿。君十卿祿。小國之卿倍大夫祿。君十卿祿。程子曰。孟子之時。去先王未遠。載籍未經秦火。然而班爵祿之制。已不聞其詳。今之禮書。皆掇拾於煨燼之餘。而多出於漢儒一時之傳會。奈何欲盡信而句爲之解乎。然則其事固不可一一追復矣。○朱子曰。孟子此章之說。與周禮王制不同。蓋不可考。闕之可也。○方氏曰。次國中國。不言大夫士者。多寡同於大國可知。由卿而上。三等之國所異。由大夫而下。三等之國所同者。蓋卿而上。其祿浸厚。苟不爲之殺。則地之所出。不足以供。大夫而下。其祿浸薄。苟亦爲之殺。則臣之所養。不能自給。此所以多寡或同或異也。

次國之上

卿。位當大國之中。中當其下。下當其上大夫。小國之上卿。位當大國之下卿。中當其上大夫。下當其下大夫。此言三等之國。其卿大夫頫聘並會之時。尊卑之序如此。鄭云。爵位同。則小國在下。謂二人同是卿。則小國卿在大國卿之下。爵異。固在上者。謂若大國是大夫。小國是卿。則位於大國大夫之上也。○頫音挑。

其有中士下士者。數各居其上之三分。鄭氏曰。謂其爲介。若特行而並會也。居猶當也。此據大國而言大國之士爲上。次國之士爲中。小國之士爲下。士之數。國皆二十七人。各三分之。上九。中九。下九。○疏曰。今大國之士。既定在朝會。若其有中國之士。小國之士者。其行位之數。各居其上國三分之二。謂次國以大國爲上。而次國上九。當大國中九。次國中九。當大國下九。是各當其大國三分之二。小國以次國爲上。小國上九。當次國中九。小國中九。當次國下九。亦是居上三分之二也。是各居上之三分。○行音杭。

凡四海之內九州。州方千里。州建百里之國三十。七十里之國六十。五十里之國百有二十。凡二百一十國。名山大澤不以封。其餘以爲附庸閒田。八州。州二百一十國。九州并王畿而言。此但言每一州所可容者如此。凡八州。餘以例推。皆言畿外之制。下文始言天子畿內之制也。○閒音閑。

天子之縣內。方百里之國九。七十里之國二十有一。五十里之國六十有三。凡九十三國。名山大澤不以朌。其餘以祿士。以爲閒田。鄭注。畿內九大國者。三爲三公之田。又三爲三公致仕者之田。餘三待封王之子弟也。次國二十一者。六爲六卿之田。又六爲六卿致仕者之田。又三爲三孤之田。餘六亦待封王子弟也。小國六十三者。二十七大夫之田。并大夫致仕之田。共五十四。餘九亦待封王子弟也。三孤無職。雖致仕猶可卽而謀。故不副。愚意此無明證。皆鄭氏臆說。況周制六卿兼公孤。則所餘之田尚多。然如周召之支子在周者。皆世爵祿。則累朝之王子弟。未必能盡有所封也。○疏曰。畿外諸侯有封建之義。故云不以封。畿內之臣不世位。有朌賜之義。故云不以朌。○朱子曰。恐只是諸儒做箇如此算法。其實不然。建國必因山川形勢。無截然可方之理。又曰。并推施之當今。有不可行。求之昔時亦有難曉。○石梁王氏曰。天子縣內以封者。或三分之一。或半之。又除山川城郭塗巷溝渠。則奉上者幾何。○朌音頒。

凡九州千七百七十三國。天子之元士諸侯之附庸不與。九州而千七百七十三國者。內一州爲王圻。容九十三國。外八州容一千六百八十國。并畿內爲千七百七十三國也。元士附庸不與者。以上文所算止五十里。而元士附庸皆不能五十里。故不與也。○石梁王氏曰。注引千八百國之說。謂夏制要服內七千里。與五服五千之言不合。○與去聲。要平聲。

天子百里之內以共官。千里之內以爲御。共官。謂供給王朝百官府文書之具。泛用之需。御謂凡天子之服用。蓋皆取之租稅也。○方氏曰。以百里所出之少。責百官之所共。疑若不足。然卑者所稱。不爲不足。以千里所出之多。爲一人之御。疑若有餘。然尊者所稱。不爲有餘。且以其近者與人。則欲其易給而無勞。以其遠者奉己。則欲其難致而有節。百里之內。非不以爲御也。要之以共官爲主耳。千里之內。非不共官也。要之以爲御爲

主耳○共音恭要平聲千里之外設方伯五國以爲屬屬有長十國以爲連連有帥三十國以爲卒卒有
正二百一十國以爲州州有伯八州八伯五十六正百六十八帥三百三十六長八伯各以其
屬屬於天子之老二人分天下以爲左右曰二伯春秋傳曰自陝以東周公主之自陝以西召公主之此即天子之公分主天下之侯國
也八伯爲八州之伯二伯則天下之伯也○卒子忽切千里之內曰甸千里之外曰采曰流方氏曰甸服四面五百里則爲方千里矣王畿千里之外
莫近於侯服而采又侯服之最近者莫遠於荒服而流又荒服之最遠者舉其最遠最近則綏要之服在其中矣天子三公九卿二十七大夫八十一
元士石梁王氏曰唐虞稽古建官惟百夏商官倍註獨引明堂位謂夏官百非也大國三卿皆命於天子下大夫五人上士二十七
人次國三卿二卿命於天子一卿命於其君下大夫五人上士二十七人小國二卿皆命於其
君下大夫五人上士二十七人馬氏曰天子六卿而二卿一公故有三公而六卿之中又有三孤焉天子六卿而大國三卿乃其統之屬也至於大夫士則又
三卿之屬焉下大夫五人二卿之下下大夫各二人一卿之下下大夫一人周官所謂設其參即三卿也傳其伍即下大夫五人也陳其殷即上士二十七人也有上中下之大夫而獨言下
大夫者對卿而言也其實大夫有上中下之辨上亦有上中下而獨言上士者對府史而言也其實士又有上中下之異○傳音富天子使其大夫爲三監監於
方伯之國國三人監者監臨而督察之也自王朝出權亦尊矣一州三人則二十四人也此大夫之在朝必無職守者使有常職豈可遣乎不然則特命也○上監如字去
聲下監平聲天子之縣內諸侯祿也外諸侯嗣也畿內之地王朝百官食祿之邑在焉畿外乃以封建使其子孫嗣守然內亦謂之諸侯者三公之田
視公侯卿視伯大夫視子男元士視附庸也制三公一命卷若有加則賜也不過九命制者言三公命服之制也命數止於九天子之三公八命
著鷩冕若加一命則爲上公與王者之後同而著袞冕故云一命袞若爲三公而有加袞者是出於特恩之賜非例當然故云若有加則賜也人臣無過九命者大宗伯再命受服與此不同
○馬氏曰三公袞服有降龍無升龍○卷音袞鷩音鼈著直畧切次國之君不過七命小國之君不過五命大國之卿不過三
命下卿再命小國之卿與下大夫一命方氏曰大國之卿不過三命下卿再命則知次國之卿再命一命也小國之卿與下大夫一命則知三等之國
其大夫皆一命而已大國對下卿言卿指上中可知小國特言卿則兼二等之卿可知言下大夫而不及上中者蓋諸侯無中大夫而卿即上大夫故也前言上中下之所當與此不同者位
雖視其命不能無詳畧之異也凡官民材必先論之論辨然後使之任事然後爵之位定然後祿之爵人於朝

與士共之。刑人於市。與衆棄之。論謂考評其行藝之詳也。論辨則材之優劣審矣。任事則能勝其任矣。於是爵之以一命之位。而養之以祿焉。○疏曰。爵人於朝。殷法也。周則天子假祖廟而拜授之。刑人於市。亦殷法。謂貴賤皆刑于市。周則有爵者刑于甸師氏也。○論去聲。朝音潮。假音格。是故公家不畜刑人。大夫弗養。士遇之塗。弗與言也。屏之四方。唯其所之。不及以政。示弗故生也。公家不畜刑人。舊說以爲商制。以周官墨者守門。劓者守關。宮者守內。刖者守囿。髡者守積也。唯其所之者。量其罪之所當往適之地而居之。如虞書五流有宅。五宅三居。是也。不及以政。賦役不與也。示弗故生。不授之田。不賙其乏。示不故欲其生也。○屏上聲。積子賜切。量去聲。與去聲。諸侯之於天子也。比年一小聘。三年一大聘。五年一朝。比年。每歲也。小聘使大夫。大聘使卿。朝則君親行。○比音畀。天子五年一巡守。舜典曰。五載一巡守。周官大行人曰。十有二歲。王巡守殷國。孟子曰。巡守者巡所守也。○守去聲。歲二月。東巡守至于岱宗。柴而望祀山川。覲諸侯。問百年者就見之。歲二月。當巡守之年二月也。岱泰山也。宗。尊也。東方之山。莫高於此。故祀以爲東岳而稱岱宗也。柴本作祡。今通用。燔燎以祭天而告至也。東方山川之當祭者。皆於此望而祀之。遂接見東方之諸侯。問有百歲之人。則即其家而見之。以其年高。故不名見也。命大師陳詩以觀民風。命市納賈以觀民之所好惡。志淫好辟。大師樂官之長。詩以言志。采錄而觀覽之。則風俗之美惡可見。政令之得失可知矣。物之供用者皆出於市。而價之貴賤。則係於人之好惡。好質則用物貴。好奢則侈物貴。志流於奢淫。則所好皆邪僻矣。○大音泰。賈好惡並去聲。辟音僻。命典禮考時月定日。同律禮樂制度衣服正之。典禮掌禮之官也。考時月定日。即舜典所云協時月正日也。考校四時及月之大小。時有節氣早晚。月有弦望晦朔。日有甲乙先後。考之使各當其節。法律禮樂制度衣服。皆王者所定。天下一君。不容有異。異則非正矣。故因巡守所至。而正其不同者。使皆同也。○當去聲。山川神祇有不舉者爲不敬。不敬者君削以地。凡祭有其舉之。莫敢廢也。故不舉者爲不敬。山川。地之望也。故削地焉。宗廟有不順者爲不孝。不孝者君絀以爵。宗廟不順。如紊昭穆之次。失祭祀之時。皆不孝也。爵者祖宗所傳。故絀爵焉。○絀音黜。變禮易樂者爲不從。不從者君流。革制度衣服者爲畔。畔者君討。不從。違戾也。流者。竄之遠方。討者。聲罪致戮。孟子曰。天子討而不伐。此章四君字。皆謂國君。有功德於民者加地進律。應氏曰。律者爵命之等。加地而進之。所以示勸也。五月。南巡守至于南嶽。如東巡守之禮。八月。西巡守至于西嶽。如南巡守之禮。十有一月。北巡守至于北嶽。如西巡守之禮。歸假于祖禰。用特。假。至也。歸至京師。即以特牛告至于祖禰之廟。○假音格。天子將出。類乎上帝。宜乎社。造乎禰。諸侯將出。宜乎社。造乎禰。類宜造。皆祭名。後章言天子將出征。則此出爲巡守也。諸侯則朝覲會同之出歟。○造。七到切。天子無事與諸侯相見曰朝。考禮。正刑。一德。以尊于天子。無事。無死喪寇戎之事也。考禮者。稽考而是正之。使無違僭也。正刑者。行以公平。使無偏枉也。一德。無貳心也。三者皆尊天子之事。○朝。音潮。天子賜諸侯樂。則以柷將之。賜伯子男樂。則以鼗將之。柷形如漆桶。方二尺四寸。深一尺八寸。中有椎柄。連底撞之。令左右擊。所以合樂之始。鼗如鼓而小。有柄。持而搖之。則旁耳自擊。所以節樂之終。將之。謂使者執此以將命也。○疏曰。柷節一曲之始。其事寬。故以將諸侯之命。鼗節一唱之終。其事狹。故以將伯子男之命。○柷。昌六切。令。平聲。使。去聲。諸侯賜弓矢然後征。賜鈇鉞然後殺。鈇。莝斫刀也。鉞。斧也。○莝。麤臥切。賜圭瓚然後爲鬯。未賜圭瓚。則資鬯於天子。圭瓚。璋瓚。皆酌鬯酒之爵。以大圭爲瓚之柄者曰圭瓚。釀秬鬯爲酒。芬香條鬯於上下。故曰鬯。祭酒灌地降神必用鬯。故未賜圭瓚。則求鬯於天子。賜圭瓚。然後得自爲也。天子命之教。然後爲學。小學在公宮南之左。大學在郊。天子曰辟雍。諸侯曰頖宮。疏曰。百里之國。國城居中。面有五十里。二十里置郊。郊外仍有三十里。七十里之國。國城居中。面有三十五里。九里置郊。郊外仍有二十六里。五十里之國。國城居中。面有二十五里。三里置郊。郊外仍有二十二里。此是殷制。若周制。則畿內千里。百里爲郊。諸侯之郊。公五十里。侯伯三十里。子男十里。近郊各半之。天子諸侯。皆近郊半遠郊。此小學大學。殷制。周則大學在國。小學在西郊。辟。明也。雍。和也。君則尊明雍和。於此學中習道藝。使天下之人皆明達諧和也。頖之言班。所以班政教也。○張子曰。辟雍古無此名。蓋始於周。周有天下。遂以名天子之學。說文云。頖宮。諸侯鄉射之宮也。○舊說。辟雍水環如璧。泮宮半之。蓋東西門以南通水。北無水也。○辟。音璧。頖。音判。天子將出征。類乎上帝。宜乎社。造乎禰。禡於所征之地。受命於祖。受成於學。禡。行師之祭也。受命於祖。卜於廟也。受成於學。決其謀也。○禡。馬怕切。出征執有罪反。釋奠于學。以訊馘告。獲罪人而反。則釋奠于先聖先師而告訊馘焉。訊。謂其魁首當訊問者。馘。所截彼人之左耳。告者。告其多寡之數也。○馘。古伯切。天子諸侯無事則歲三田。一爲乾豆。二爲賓客。三爲充君之庖。無事。無征伐出行喪凶之事也。歲三田者。謂每歲田獵。皆是爲此三者之用也。乾豆。腊之以爲祭祀之豆實也。○疏曰。先宗廟。次賓客者。尊神敬賓之義。○乾。音干。無事而不田曰不敬。田不以禮曰暴天物。天子不合圍。諸侯不掩羣。書曰。暴殄天物。合圍。四面圍之也。掩羣者。掩襲而舉羣取之也。天子殺則下大綏。諸侯殺則下小綏。大夫殺則止佐車。佐車止。則百姓田獵。殺。獲也。獲所驅之禽獸也。綏。旌旗之屬也。下。偃仆之也。佐車。即周禮驅逆之車。驅者逐獸使趨於田之地。逆者。要逆其走而不使之散亡也。此言田獵之禮。尊卑貴賤之次序。○綏。音緌。要。平聲。獺祭魚。然後虞人入澤梁。豺祭獸。然後田獵。鳩化爲鷹。然後設罻羅。草木零落。然後入山林。昆蟲未蟄。不以火田。不麛。不卵。不殺胎。不殀夭。不覆巢。梁。絕水取魚者。周禮註云。水堰也。堰水爲關空。以笱承其空。月令。仲春鷹化爲鳩。此言鳩化爲鷹。必仲秋也。罻羅。皆捕鳥之網。麛。獸子之通稱。殀。斷殺之也。夭。禽獸之稚者。此十者皆田之禮。順時序。廣仁意也。○罻音尉。麛音迷。殀。於表切。夭。烏老切。覆。芳六切。其空。空去聲。斷。去聲。

冢宰制國用。必於歲之杪。五穀皆入。然後制國用。用地小大。視年之豐耗。以三十年之通制國用。量入以爲出。以三十年之通者。通計三十年所入之數。使有十年之餘也。蓋每歲所入。均析爲四而用其三。每年餘一。則三年而餘三。又足一歲之用矣。此所以三十年而有十年之餘也。鄭註以九年言之。蓋積三十年內閏月當一歲也。一說。二十七年則有九年之餘。言三十者舉成數耳。○杪。彌小切。當去聲。

祭用數之仂。鄭註以仂爲十一。疏以爲分散之名。大槩是總計一歲經用之數而用其十分之一。以行常祭之禮也。○仂音勒。

喪三年不祭。唯祭天地社稷。爲越紼而行事。喪用三年之仂。喪。凶事。祭。吉禮。吉凶異道。不得相干。故三年不祭。唯祭天地社稷者。不敢以卑廢尊也。未葬以前。常屬紼於輴車。以備火災。喪在內而行祭於外。是踰越喪紼而往也。喪三年而除。中間禮事繁難。故總計三歲經用之數。而用其十之一也。○屬音燭。

喪祭用不足曰暴。有餘曰浩。祭。豐年不奢。凶年不儉。暴者。殘敗之義。言不齊整也。浩者。汎濫之義。所謂以美沒禮也。惟其制用有一定之則。是以歲有豐凶而禮無奢儉。此記者之言。雜記云。凶年祀以下牲。孔子之言也。

國無九年之蓄曰不足。無六年之蓄曰急。無三年之蓄曰國非其國也。三年耕必有一年之食。九年耕必有三年之食。以三十年之通。雖有凶旱水溢。民無菜色。然後天子食。日舉以樂。飢而食菜則色病。故云菜色。殺牲盛饌曰舉。周禮。王日一舉。鼎十有二。物皆有俎。以樂侑食。又云大荒則不舉者。蓋偶值凶年。雖有備。亦當貶損耳。

天子七日而殯。七月而葬。諸侯五日而殯。五月而葬。大夫士庶人三日而殯。三月而葬。三年之喪。自天子達。諸侯降於天子而五月。大夫降於諸侯而三月。士庶人又降於大夫。故踰月也。今總云大夫士庶人三日而殯。此固所同。然皆三月而葬。則非也。其以上文降殺俱兩月。在下可知。故畧言之歟。孔氏引左傳大夫三月。士踰月者。謂大夫除死月爲三月。士數死月爲三月。是踰越一月。故言踰月耳。誠如此。則是大夫四月。士三月。謂大夫踰越一月猶可。豈得謂士踰越一月乎。此不可通。當從左氏說爲正。○殺。去聲。數。上聲。

庶人縣封。葬不爲雨止。不封不樹。喪不貳事。此言庶人之禮。庶人無碑繂。縣繩下棺。故云縣窆也。不封。不爲丘壟也。大夫士既葬。公政入於家。庶人則終喪無二事也。○縣音玄。上封音窆。爲。去聲。繂音律。

自天子達於庶人。喪從死者。祭從生者。中庸曰。父爲大夫。子爲士。葬以大夫。祭以士。父爲士。子爲大夫。葬以士。祭以大夫。蓋葬用死者之爵。祭用生者之祿。與此意同。

支子不祭。說見曲禮。

天子七廟。三昭三穆。與大祖

之廟而七。諸侯五廟。二昭二穆與大祖之廟而五。大夫三廟。一昭一穆與大祖之廟而三。士一廟。庶人祭於寢。諸侯大祖。始封之君也。大夫大祖。始爵者也。士一廟。侯國中下士也。上士二廟。天子諸侯正寢。謂之路寢。卿大夫士曰適室。亦謂之適寢。庶人無廟。故祭先於寢也。○大音泰。天子諸侯宗廟之祭。春曰礿。夏曰禘。秋曰嘗。冬曰烝。鄭氏曰。此蓋夏殷之祭名。周則春曰祠。夏曰礿。以禘爲殷祭。○疏曰。礿。薄也。春物未成。祭品鮮薄也。禘者。次第也。夏時物雖未成。宜依時次第而祭之。嘗者。新穀熟而嘗也。烝者。衆也。冬時物成者衆也。鄭疑爲夏殷祭名者。以其與周不同。其夏殷之祭又無文。故稱蓋以疑之。○礿音藥。鮮上聲。夏殷夏。上聲。夏時夏。如字。去聲。天子祭天地。諸侯祭社稷。大夫祭五祀。天子祭天下名山大川。五嶽視三公。四瀆視諸侯。諸侯祭名山大川之在其地者。天子諸侯祭因國之在其地而無主後者。視三公。視諸侯。謂視其饔餼牢禮之多寡。以爲牲器之數也。因國。謂所建國之地。因先代所都之故墟也。今無主祭之子孫。則在王畿者。天子祭之。在侯邦者。諸侯祭之。以其昔嘗有功德於民。不宜絕其祀也。○周官制度云。五祀見於周禮禮記儀禮。雜出於史傳多矣。獨祭法加爲七。左傳家語以爲重該脩熙句龍之五官。月令以爲門行戶竈中霤。然則所謂五祀者。名雖同而祭各有所主也。鄭氏以七祀爲周制。五祀爲商制。然大宗伯亦云祭社稷五祀。儀禮士疾病禱五祀。則五祀無尊卑隆殺之辨矣。愚意鄭氏已是臆說。祭法之言。亦未可深信。○見。傳。並去聲。重。平聲。句。音勾。殺。去聲。天子犆礿。祫禘。祫嘗。祫烝。祫。合也。其禮有二。時祭之祫。則羣廟之主皆升而合食於大祖之廟。而毀廟之主不與。三年大祫。則毀廟之主亦與焉。天子之禮。春礿則特祭者。各於其廟也。禘嘗烝皆合食。○石梁王氏曰。特礿者。春物全未成。止一時祭而已。於此時不祫也。夏物稍成。可於此時而祫。秋物大成。冬物畢成。皆可祫。故曰祫禘祫嘗祫烝。而礿則特也。○犆音特。與去聲。諸侯礿則不禘。禘則不嘗。嘗則不烝。烝則不礿。南方諸侯春祭畢則夏來朝。故闕禘祭。西方諸侯夏祭畢而秋來朝。故闕嘗祭。四方皆然。○石梁王氏曰。諸侯歲朝。爲廢一時之祭。王事重也。○爲去聲。諸侯礿犆。禘一犆一祫。嘗祫。烝祫。犆礿。礿犆。非有異也。變文而已。祫嘗祫烝。與嘗祫烝祫亦然。諸侯所以降於天子者。禘一犆一祫而已。言夏祭之禘。今歲犆則來歲祫。祫之明年又犆。不如天子每歲三時皆祫也。○石梁王氏曰。物稍成未若大成。其成亦未可必。故一夏禘之時。可祫可犆。不可嘗也。秋冬物成可必。故此三時必可祫。故不云犆而云嘗祫烝祫。此一節專爲祫祭發也。○愚按此章先儒以爲夏殷之制。然禘。王者之大祭也。今以爲四時常祭之名。何歟。豈周更時祭之名。而後禘專爲大祭歟。又周官制度云。先王制禮。必象天道。故月祭象月。時享象時。三年之祫。五年之禘象閏。又云王制之言祫。非三年之制也。○專爲。爲去聲。更。平聲。天子社稷皆太牢。諸侯社稷皆少牢。大夫士宗廟之祭。有田則祭。無田則薦。庶人春薦韭。夏薦麥。秋薦黍。冬薦稻。韭以卵。麥以魚。黍以豚。稻以鴈。祭有常禮。有常時。薦非正祭。但遇時物卽薦。然亦不過四時各一舉而已。註云。祭以首時。薦以仲月。首時者。四時之孟月也。○少去聲。祭天地之牛角繭栗。宗廟之牛角握。賓客之牛角尺。如繭如栗。犢也。握謂長不出膚。側手爲膚。四指也。賓客之用。則取其肥大而已。諸侯無故不殺牛。大夫無故不殺羊。士無故不殺犬豕。庶人無故不食珍。烹牛羊豕。必爲鼎實。鼎非常用之器。有禮事則設。所以無故不殺也。珍之名物。見內則。庶人無故。亦以非冠昏之禮歟。庶羞不踰牲。燕衣不踰祭服。寢不踰廟。羞不踰牲者。如牲是羊。則不以牛肉爲庶羞也。此三者皆言薄於奉己。厚於事神也。大夫祭器不假。祭器未成。不造燕器。此一節。舊在庶人耆老不徒食之後。今考其序。當移在此。大夫有田祿。則不假借祭器於人。無田祿者。不設祭器。則假之可也。凡家造。祭器爲先。養器爲後。古者公田藉而不稅。孟子曰。殷人七十而助。助者藉也。但借民力以助耕公田。而不取其私田之稅。○藉子夜切。市廛而不稅。廛市宅也。賦其市地之廛。而不征其貨也。關譏而不征。關之設。但主於譏察異服異言之人。而不征其往來貨物之稅也。林麓川澤以時入而不禁。山澤采取之物。其入也雖有時。然與民共其利。卽孟子所謂澤梁無禁也。夫圭田無征。圭田者。祿外之田。所以供祭祀。不稅。所以厚賢也。曰圭者。潔白之義也。周官制度云。圭田自卿至士皆五十畝。此專主祭祀。故無征。然王制言大夫士宗廟之祭。有田則祭。無田則薦。孟子亦曰惟士無田則亦不祭。既云皆有田。何故又云無田則薦。以此知賜圭田。亦似有功德則賜圭瓚耳。○夫音扶。用民之力。歲不過三日。用民力。如治城郭塗巷溝渠宮廟之類。周禮豐年三日。中年二日。無年則一日而已。若師旅之事。則不拘此制。田里不粥。墓地不請。田里。公家所授。不可得而粥。墓地有族葬之序。人不得而請求。不得以擅與。故爭墓地者。墓大夫聽其訟焉。○粥音育。篇內並同。司空執度度地。居民山川沮澤。時四時。量地遠近。興事任力。書曰。司空掌邦土。執度度地。量地遠近。蓋定邑非城郭廬舍之區域也。山川沮澤。有燥濕寒暖之不同。以時候其四時。知其氣候早晚。使居者不失寒暖之宜也。興事任力。亦謂公家力役之征也。○方氏曰。小而水所止曰沮。大而水所鍾曰澤。○度上如字。下待洛切。沮將慮切。凡使民。任老者之事。食壯者之食。老者食少而功亦少。壯者功多而食亦多。今之使民。雖少壯。但責以老者之功程。雖老者亦食以少者之飲食。寬厚之至也。○食壯食音嗣。註亦食同。少壯少。者少。去聲。凡居民村。必因天地寒暖燥濕。廣谷大川異制。民生其間者異俗。剛柔輕重遲速異齊。五味異和。器械異制。衣服異宜。脩其教。不易其俗。齊其政。不易其宜。居謂儲積以備用。如懋遷有無化居之居。材者夫人日用所須之物。如天生五材之材。天地之氣。東南多暖。西北多寒。地勢高者必燥。卑者必濕。因其地之所宜而爲之備。如氈裘可以備寒。絺綌可以備暑。車以行陸。舟以行水。此皆因天地所宜也。廣谷大川。自天地初分。其形制已不同矣。民生異俗。理有固然。其情性之緩急。亦氣之所稟殊也。飲食器械衣服之有異。聖王亦豈必强之使同哉。惟脩其三綱五典之教。齊其禮樂刑政之用而已所謂財成輔相以左右民也○異齊齊去聲和去聲強上聲左右音佐佑**中國戎夷五方之民皆有性也不可推移**馮氏曰五方之民以氣稟之不齊兼習俗之異尚是以其性各隨氣稟之昏明習俗之薄厚而不可推移焉若論其本然之性則一而已矣鄭氏亦曰地氣使之然**東方曰夷被髮文身有不火食者矣南方曰蠻雕題交趾有不火食者矣西方曰戎被髮衣皮有不粒食者矣北方曰狄衣羽毛穴居有不粒食者矣**雕刻也題額也刻其額以丹青涅之交趾足拇指相向也東南地氣暖故有不火食者西北地寒少五穀故有不粒食者○衣去聲**中國夷蠻戎狄皆有安居和味宜服利用備器**俗雖不同亦皆隨地以資其生無不足也○和去聲**五方之民言語不通嗜欲不同達其志通其欲東方曰寄南方曰象西方曰狄鞮北方曰譯**方氏曰以言語之不通也則必達其志以嗜欲之不同也則必通其欲必欲達其志通其欲非寄象鞮譯則不可故先王設官以掌之寄言能寓風俗之異於此象言能倣象風俗之異於彼鞮則欲別其服飾之異譯則欲辨其言語之異周官通謂之象胥而世俗則通謂之譯也○劉氏曰此四者皆主通遠人言語之官寄者寓也以其言之難通如寄託其意於事物而後能通之象像也如以意倣像其形似而通之周官象胥是也狄猶逖也鞮戎狄屨名猶屨也遠屨其事而知其言意之所在而通之周官鞮屨氏亦以通其聲歌而以舞者所屨爲名譯釋也猶言謄也謂以彼此言語相謄釋而通之也越裳氏重九譯而朝是也○鞮音低別必列切重平聲**凡居民量地以制邑度地以居民地邑民居必參相得也**九夫爲井四井爲邑田有常制民有定居則無偏而不舉之弊地也邑也居也三者既相得則由小以推之大而通天下皆相得矣此所謂井田之良法也度待洛切**無曠土無游民食節事時民咸安其居樂事勸功尊君親上然後興學**劉氏曰富而後教理勢當然若救死恐不贍則必疾視其上而欲與偕亡矣雖欲興學其可得乎此篇自分田制祿命官論材朝聘巡守行賞罰設國學爲田漁制國用廣儲蓄脩葬祭定賦役安遷人來遠人使中國五方各得其所而養生喪死無憾是王道之始也至此則君道既得而民德當新然後立鄉學以教民而與其賢能下文司徒脩六禮以下至庶人耆老不徒食皆化民成俗之事是王道之成也後段自方一里者爲田九百畝以下至篇終是王制傳文○樂音洛論守傳並去聲**司徒脩六禮以節民性明七教以興民德齊八政以防淫一道德以同俗養耆老以致孝恤孤獨以逮不足上賢以崇德簡不肖以絀惡**此鄉學教民取士之法而大司徒則總其政令者也六禮七教八政見篇末皆道德之用也道德則其體也體既一則俗無不同矣**命鄉簡不帥教者以告耆老皆朝于庠元日習射上功習鄉上齒大司徒帥國之俊士與執事焉**此下言簡不肖以絀惡之事鄉畿內六鄉也在遠郊之內每鄉萬二千五百家庠則鄉之學也耆老鄉中致仕之卿大夫也元

日所擇之善日也。期日定。則耆老皆來會聚。於是行射禮與鄉飲酒之禮。射以中爲上。故曰上功。鄉飲則序年之高下。故曰上齒。大司徒。教官之長也。率其俊秀者與執禮事。蓋欲使不帥教之人。得於觀感而改過以從善也。○帥。入聲。朝音潮。與去聲。中去聲。長上聲。**不變。命國之右鄉簡不帥教者移之左。命國之左鄉簡不帥教者移之右。如初禮。**左右對移。以易其藏修游息之所。新其師友講切之方。庶幾其變也。**不變。移之郊。如初禮。不變。移之遂。如初禮。不變。屏之遠方。終身不齒。**四郊去國百里。在鄉界之外。遂又在遠郊之外。蓋示之以漸遠之意也。四次示之以禮教而猶不悛焉。則其人終不可與入德矣。於是乃屏棄之。○屏音丙。

命鄉論秀士升之司徒。曰選士。司徒論選士之秀者而升之學。曰俊士。此言上賢崇德之事。○劉氏曰。論者。述其德藝而保舉之也。苗之穎出曰秀。大司徒命鄉大夫論述鄉學之士才德穎出於同輩者而禮賓之。升其人於司徒。司徒考試之。量才而用之爲鄉遂之吏。曰選士。選者。擇而用之也。其有才德又穎出於選士。不安於小成而願升國學者。司徒論述其美而舉升之於國學。曰俊士。俊者。才過千人之名也。○論選並去聲。**升於司徒者不征於鄉。升於學者不征於司徒。曰造士。**既升於司徒。則免鄉之徭役。而猶給徭役於司徒也。及升國學。則并免司徒之役矣。造者。成也。言成就其才德也。○并去聲。

樂正崇四術。立四教。順先王詩書禮樂以造士。春秋教以禮樂。冬夏教以詩書。此以下言國學教國子民俊。及取賢才之法。樂正掌其教。司馬則掌選法也。術者。道路之名。言詩書禮樂四者之教。乃入德之路。故言術也。文王世子言春誦夏絃。與此不同者。古人之教。雖曰四時各有所習。其實亦未必截然弃彼而習此。恐亦互言耳。非春秋不可教詩書。冬夏不可教禮樂也。舊註陰陽之說。似爲拘泥。○泥去聲。**王大子。王子。羣后之大子。卿大夫元士之適子。國之俊選。皆造焉。凡入學以齒。**皆造。皆來受教于樂正也。惟次長幼之序。不分貴賤之等。○大音泰。適音的。造七到切。

將出學。小胥大胥小樂正簡不帥教者。以告于大樂正。大樂正以告于王。王命三公九卿大夫元士皆入學。不變。王親視學。不變。王三日不舉。屏之遠方。西方曰棘。東方曰寄。終身不齒。古之教者。九年而大成。出學。九年之期也。小胥大胥。皆樂官之屬。鄭注以棘爲僰。又以僰訓偪。僰本西戎地名。愚謂不若讀如本字。急也。欲其遷善之速也。寄者。寓也。暫寓而終歸之意。蓋雖屏之終身不齒。然猶爲此名。以示不忍終弃之意。蓋國子皆世族之親。與庶人疎賤者異。故親親而有望焉。○方氏曰。賤者至於四不變。然後屏之。貴者止於二不變遂屏之者。陳氏謂先王以衆庶之家爲易治。世祿之家爲難化。以其易治也。故鄉遂之所考。常在三年大比之時。以其難化也。故國子之出學。常在九年大成之後。以三年之近而考焉。故必四不變而後屏之。以九年之遠而簡焉。則雖二不變屏之可也。○疏曰。周立四代之學於國。而以有虞氏之庠爲鄉學。○僰步黑切。音同匐。

大樂正論造士之秀者以告于王而升諸

司馬。曰進士。疏曰。司馬掌爵祿。但入仕者皆司馬主之。司馬辨論官材。論進士之賢者以告于王而定其論。論定然後官之。任官然後爵之。位定然後祿之。劉氏曰。古者鄉學教庶人。國學教國子及庶人之俊。而其仕進有二道。鄉學秀者之升曰選士。國學秀者之升曰進士。其選士者。不過用爲鄉遂之吏。而選用之權在司徒也。其進士。則必命爲朝廷之官。而爵祿之定。其權皆在大司馬。此鄉學國學教選之異。所以爲世家編戶之別。然庶人仕進亦是二道。可爲選士者。司徒試用之。此其一也。司徒升之國學。則論選之法。與國子弟同矣。此其二也。○任音壬。別。必列切。大夫廢其事。終身不仕。死以士禮葬之。廢其事。如戰陳無勇而敗國殄民。或荒淫失行而悖常亂俗。生則擯弃。死則貶降。有發則命大司徒敎士以車甲。發。師旅之役也。○方氏曰。先王設官。未嘗不辨。亦未嘗不通。司徒掌敎。司馬掌政。是分職而辨之也。有發則司徒敎士以車甲。造士則司馬辨論官材。是聯事而通之也。凡執技論力。適四方。贏股肱。決射御。射御之技。四方惟所之。然但論力之優劣而已。所以攘衣而出其股肱者。欲以決勝負而示武勇也。○論。去聲。贏。力果切。凡執技以事上者。祝史射御醫卜及百工。凡執技以事上者。不貳事。不移官。出鄉不與士齒。仕於家者。出鄉不與士齒。不貳事。則所業彌至於精。不移官。恐他職非其所長。以技名者賤。爲大夫之臣亦賤。故不得與爲士者齒列。然必出鄉乃爾者。於其本鄉有族人親戚之爲士者。或不忍卑之故也。司寇正刑明辟以聽獄訟。必三刺。有旨無簡不聽。附從輕。赦從重。周禮以三刺斷庶民獄訟之中。一曰訊羣臣。二曰訊羣吏。三曰訊萬民。刺。殺也。有罪當殺者。先問之羣臣。次問之羣吏。又問之庶民。然後決其輕重也。若有發露之旨意。而無簡覈之實迹。則難於聽斷矣。於是有附有赦焉。附而入之。則施刑從輕。赦而出之。則宥罪從重。所謂與其殺不辜。寧失不經也。○辟。婢亦切。刺。音次。斷。丁亂切。凡制五刑。必卽天論。郵罰麗於事。制。斷也。天倫。天理也。天之理至公而無私。斷獄者體而用之。亦至公而無私。郵與尤同。責也。凡有罪責而當誅罰者。必使罰與事相附麗。則至公無私。而刑當其罪矣。○論。倫同。刑當。當。去聲。凡聽五刑之訟。必原父子之親。立君臣之義以權之。意論輕重之序。慎測淺深之量以別之。悉其聰明。致其忠愛以盡之。疑獄。氾與衆共之。衆疑。赦之。必察小大之比以成之。父爲子隱。子爲父隱。而直在其中者。以其有父子之親也。刑亂國用重典。以其無君臣之義也。推類可以通其餘。顧所以權之何如耳。父子君臣。人倫之重者。故特舉以言之。亦承上文天倫之意。所犯雖同。而有輕重淺深之殊者。不可槩議也。故別之。所謂權也。明視聽聽而察之於詞色之間。忠愛惻怛。而體之於言意之表。庶可以盡得其情也。氾。猶廣也。其或在所可疑。則氾然而廣詢之衆。衆見焉。衆人共謂可疑。則宥之矣。比。猶例也。小者有小罪之比。大者有大罪之比。察而成之。無往非公也。○論。量。並去聲。別。必列切。比。音俾。成獄辭。史以獄成告於正。正聽之。正以獄成告于大司寇。

大司寇聽之棘木之下。大司寇以獄之成告於王。王命三公參聽之。三公以獄之成告於王。王三又。然後制刑。成獄詞者謂治獄者責取犯者之言辭。已成定也。史掌文書者。正士師之屬。聽察也。棘木外朝之卿位也。又當作宥。周禮。壹宥曰不識。再宥曰過失。三宥曰遺忘。謂行刑之時。天子猶欲以此三者免其罪也。自下而上。咸無異說。而天子猶必三宥而後有司行刑者。在君爲愛下之仁。在臣有守法之義也。凡作刑罰。輕無赦。應氏曰。此言立法制刑之意。雖輕無赦。所以使人難犯也。惟其當刑必刑。輕且不赦。而況於重者乎。故君子不容不盡心焉。刑者侀也。侀者成也。一成而不可變。故君子盡心焉。疏曰。侀是形體。○馬氏曰。刑之所以爲刑者。猶人之有侀也。一辭不具不足以爲刑。一體不備不足以爲成人。辭之所成。則刑有所加而不可變。故君子盡心焉。君子無所不盡其心。至於用刑。則尤慎焉者也。○侀音刑。析言破律。亂名改作。執左道以亂政。殺。剖析言辭。破壞法律。所謂舞文弄法者也。變亂名物。更改制度。或挾異端邪道。以罔惑于人。皆足以亂政。故在所當殺。作淫聲異服奇技奇器以疑衆。殺。行僞而堅。言僞而辯。學非而博。順非而澤以疑衆。殺。假於鬼神時日卜筮以疑衆。殺。此四誅者不以聽。淫聲非先王之樂也。異服非先王之服也。奇技奇器。如偃師舞木之類。書云。紂作奇技淫巧以悅婦人。所行雖僞而堅不可攻。所言雖僞而辯不可屈。如白馬非馬之類。所學雖非正道而涉獵甚廣。則亦難於窮詰。順非文過也。所行雖非而善於文飾。其言滑澤無滯。衆皆疑其爲是也。至於假託鬼神之禍福。時日之吉凶。卜筮之休咎。皆足以使人惑於見聞而違悖禮法。故亂政者一。疑衆者三。皆決然殺之。不復審聽。亦爲其害大而辭不可明也。凡執禁以齊衆。不赦過。立法有典。司刑有官。雖過失不赦。所以齊衆人之不齊也。若先示之以赦過之令。則人將輕於犯禁矣。豈能齊之乎。有圭璧金璋不粥於市。命服命車不粥於市。宗廟之器不粥於市。犧牲不粥於市。戎器不粥於市。方氏曰。此所以禁民之不敬。金璋以金飾之。考工記。大璋中璋黃金勺。青金外者是矣。用器不中度。不粥於市。兵車不中度。不粥於市。布帛精麤不中數。幅廣狹不中量。不粥於市。姦色亂正色。不粥於市。此所以禁民之不法。用器人生日用之器也。數升縷多寡之數也。布幅廣二尺二寸。帛廣二尺四寸。○中去聲。錦文珠玉成器不粥於市。衣服飲食不粥於市。此所以禁民之不儉。五穀不時。果實未熟。不粥於市。木不中伐。不粥於市。禽獸魚鼈不中殺。不粥於市。此所以禁民之不仁。凡十有四事。皆所以齊其衆而使風俗之同也。關執禁以譏。禁異服。識異言。劉氏曰。凡上文所當禁戒之事。雖有司刑司市之屬以治之。然不有以譏察之。則犯者衆而獲者寡矣。故令司關者執禁戒之令以譏察之。見異服則禁之。聞異言則識之。衣服易見。故直曰禁。言語難知。故必曰識。關境上門。舉關。則郊門城門亦在其中矣。司徒之屬有司門司關者。皆其職之大畧也。大史典禮。執簡記奉諱惡天子齊戒受諫周官大史典歷代禮儀之籍國有禮事則豫執簡策記載所當行之禮儀及所當知之諱惡如廟諱忌日之類奉而進之天子天子重其事故齊戒以受其所教詔諫猶教詔也不言大宗伯者體貌尊惟詔相大禮於臨時耳○大音泰惡去聲齊音齋相去聲

司會以歲之成質於天子家宰齊戒受質司會家宰之屬掌治法之財用會計及王與家宰廢置等事故歲之將終也質平其一歲之計要於天子而先之家宰家宰重其事而齊戒以受其質質者質於上而考正其當否也○會古外切齊音齋當去聲

大樂正大司寇市三官以其成從質於天子大司徒大司馬大司空齊戒受質市司市也周官司市下大夫二人司會所質家宰既受之矣此三官各以其計要之成從司會而質於天子則司徒司馬司空亦齊戒而受之

百官各以其成質於三官大司徒大司馬大司空以百官之成質於天子百官齊戒受質然後休老勞農成歲事制國用百官位卑不敢專達故但質於三官三官達於司徒司馬司空而爲之質於天子天子與六卿受而平斷畢則還報其平於下故百官齊戒以受上之平報焉君臣上下莫不齊戒以致其敬者以天功天職不敢忽也六官獨不言大宗伯者宗伯禮樂事行則天子六卿皆在無可歲會者惟大樂正教國子及一歲禮樂之費用當質正之耳然雖不言宗伯而先言大史典禮於前則其尊重禮樂之意可見矣已上並劉氏說○石梁王氏曰大史典禮以下至制國用此一節與周制異與夏殷無考○勞去聲爲去聲

凡養老養老之禮其目有四養三老五更一也子孫死於國事則養其父祖二也養致仕之老三也養庶人之老四也一歲之閒凡七行之飲養陽氣則用春夏食養陰氣則用秋冬四時各一也凡大合樂必遂養老謂春入學舍菜合舞秋頒學合聲則遍前爲六又季春大合樂天子視學亦養老凡七也○更平聲

有虞氏以燕禮燕禮者一獻之禮既畢皆坐而飲酒以至於醉其牲用狗其禮亦有二一是燕同姓二是燕異姓也夏后氏以饗禮饗禮者體薦而不食爵盈而不飲立而不坐依尊卑爲獻數畢而止然亦有四焉諸侯來朝一也王親戚及諸侯之臣來聘二也戎狄之君使來三也享宿衛及耆老孤子四也惟宿衛及耆老孤子則以酒醉爲度酒正云○使去聲殷人以食禮食禮者有飯有殽雖設酒而不飲其禮以飯爲主故曰食也然亦有二焉大行人云食禮九舉及公食大夫之類謂之禮食其臣下自與賓客旦夕共食則謂之燕食也饗食禮之正故行之於廟燕以示慈惠故行之於寢也○食音嗣禮食共食燕食如字周人脩而兼用之春夏則用虞之燕夏之饗秋冬則用殷之食周尚文故兼用三代之禮也

五十養於鄉六十養於國七十養於學達於諸侯鄉鄉學也國國中小學也學大學也達於諸侯者天子養老之禮諸侯通得行之無降殺也

八十拜君命一坐再至瞽亦如之九十使人受人君有命人臣拜受禮也惟八十之老與無目之人爲難備禮故其拜也足一跪而首再至地以備再拜之數九十則又不必親拜特使人代受此言君致享食之禮於其家而受之之禮如此然他命則亦必然矣

五十異粻六十宿肉七十貳膳八十常珍九十飲食不離寢膳飲從於遊可也粻糧也異者精粗與少者殊也宿肉謂恒隔日備之不使求而不得

也。膳食之善者。每有副貳。不使闕乏也。常珍常食皆珍味也。不離寢言寢處之所恒有庋閣之飲
食也。美善之膳。水漿之飲。隨其常遊之處。而爲之備具可也。○粻音張。離去聲。庋音几。又音詭。
六十歲制。七十時制。八十月制。九十日脩。唯絞紟衾冒。死而后制。此言漸老。則漸近死期。當豫爲送終之備也。歲制謂棺也。不易
可成。故歲制。衣物之難得者。須三月可辦。故云時制。衣物之易得者。則一月可就。故云月制。至九
十則棺衣皆具。無事於制作。但每日脩理之。恐或有不完整也。絞所以收束衣服爲堅急者也。紟
單被也。絞與紟皆用十五升布爲之。凡衾皆五幅。士小斂緇衾赬裏。大斂則二衾。冒所以韜尸。制
如直囊。上曰質。下曰殺。其用之。先以殺韜足而上。次以質韜首而下。齊于手。士緇冒赬殺。象生時
玄衣纁裳也。此四物須死乃制。以其易成故也。○絞音爻。紟其鴆切。殺去聲。五十始衰。六十非肉不飽。七十非帛不煖。八十非人不煖。
九十雖得人不煖矣。五十杖於家。六十杖於鄉。七十杖於國。八十杖於朝。九十者。天子欲有問焉
則就其室。以珍從。杖所以扶衰弱。五十始衰。故杖。未五十者。不得執也。巡守而就見百年者。泛
言衆庶之老也。此就見九十者。專指有爵者也。祭義又言八十君問則就之
者。亦異禮也。珍與常珍之珍同。從之以往。致尊養之義也。○從去聲。守去聲。七十不俟朝。八十月告存。九十日有秩。不俟朝者。謂朝君之時。入至朝
位。君出揖即退。不待朝事畢也。此謂當致仕之年而不得謝者。告猶
問也。君每月使人致膳告問存否也。秩常也。日使人以常膳致之也。五十不從力政。六十不與
服戎。七十不與賓客之事。八十齊喪之事弗及也。方氏曰。力政。力役之政也。服戎。兵戎之事也。力政事之常者。故五十巳不從矣。服戎則事
之變者。必六十然後不與焉。從謂行其事也。與則與之而已。及則旁有所加之
謂以其老甚。非特不能從與於事。而事固不當及於我矣。○與去聲。齊音齋。五十而爵。六十
不親學。七十致政。唯衰麻爲喪。五十而爵命爲大夫也。不親學。以其不能備弟子之禮也。致政事。以其不能勝職任之勞也。或有死喪之事。惟備衰麻之服而
已。其他禮節。皆在所不責也。○衰音催。勝平聲。有虞氏養國老於上庠。養庶老於下庠。行養老之禮必於學。以其爲講明孝弟禮義之所也。國老有爵
有德之老。庶老。庶人及死事者之父祖也。國老尊。故於大學。庶老卑
故於小學。上庠大學在西郊。下庠小學在國中王宮之東。○弟去聲。夏后氏養國老於東序。養
庶老於西序。東序大學。在國中王宮之東。西序小學。在西郊。殷人養國老於右學。養庶老於左學。右學大學。在西郊。左學小學。在國中王宮
之東。周人養國老於東膠。養庶老於虞庠。虞庠在國之西郊。東膠大學。在國中王宮之東。虞庠小學。在西郊。有虞氏皇而
祭。深衣而養老。皇收冔。皆冠冕之名。然制度詳悉。則不可考矣。深衣。白布衣也。夏后氏收而祭。燕衣而養老。燕衣。黑衣也。夏后氏尚黑。君與羣臣
燕飲之服。卽諸侯日視朝之服也。
其冠則玄冠。而緇帶素韠白舄也。殷人冔而祭。縞衣而養老。縞。生絹。亦名素。此縞衣。則謂白布深衣也。○冔火羽切。周人

冕而祭。玄衣而養老。玄衣。亦朝服也。緇衣素裳。十五升布爲之。六入爲玄。七入爲緇。故緇衣亦名玄衣也。又按夏后氏尚黑。衣裳皆黑。殷尚白。則衣裳皆白。周兼用之。故玄衣而素裳。凡諸侯朝服。卽天子燕服。而諸侯之行燕禮。亦此服也。**凡三王養老。皆引年。**四海之內。老者衆矣。安得人人而養之。待國老庶老之禮畢。卽行引戸校年之令。而恩賜其老者焉。**八十者。一子不從政。九十者。其家不從政。廢疾非人不養者。一人不從政。父母之喪。三年不從政。齊衰大功之喪。三月不從政。將從於諸侯。三月不從政。自諸侯來從家。期不從政。**從政。謂給公家之力役也。○方氏曰。將徙欲去者。來徙。已來者。夫人莫衰於老。莫苦於疾。莫憂於喪。莫勞於徙。此王政之所宜恤者。故皆不使之從政焉。○舊說將徙於諸侯者。謂大夫采地之民。徙於諸侯爲民。自諸侯來徙者。謂諸侯之民。來徙於大夫之邑。以其新徙當復除。諸侯地寬役少。故惟三月不從政。大夫役多地狹。欲令人貪慕。故期不從政。一說謂從大夫家出仕諸侯。從諸侯退仕大夫。未知孰是。○采去聲。令平聲。

少而無父者謂之孤。老而無子者謂之獨。老而無妻者謂之矜。老而無夫者謂之寡。此四者。天民之窮而無告者也。皆有常餼。左傳。崔杼生成及彊而寡。是無妻者亦可言寡也。皆有常餼。謂君上養以餼廩。有常制也。○少去聲。矜音鰥。

瘖聾跛躃斷者侏儒百工。各以其器食之。瘖者不能言。聾者不能聽。跛者一足廢。躃者兩足俱廢。斷者支節脫絕。侏儒身體短小者也。百工。衆雜技藝也。器。猶能也。此六類者。因其各有技藝之能。足以供官之役使。故遂因其能而以廩給食養之。疏引國語戚施直鎛等六者爲證。○瘖音音。跛彼我切。躃音璧。斷音段。食音嗣。

道路。男子由右。婦人由左。車從中央。凡男子婦人同出一塗者。則男子常由婦人之右。婦人常由男子之左。爲遠別也。

父之齒隨行。兄之齒鴈行。朋友不相踰。父之齒。兄之齒。謂其人年與父等。或與兄等也。隨行。隨其後也。鴈行。竝行而稍後也。朋友年相若。則彼此不可相踰越而有先後。言竝行而齊也。

輕任并。重任分。斑白者不提挈。并。己獨任之也。分。析而二之也。○并去聲。**君子耆老不徒行。庶人耆老不徒食。**方氏曰。徒行。謂無乘而行也。徒食。謂無羞而食也。○應氏曰。非人皆好德而士不失職。安能使在路無徒行之賢。非人各有養而俗尚孝敬。安能使在家無徒食之老。

方一里者爲田九百畝。步百爲畝。是長一百步。闊一步。畝百爲夫。是一頃長闊一百步。夫三爲屋。是三頃闊三百步。長一百步。屋三爲井。則是九百畝也。長闊一里。孟子曰。方里而井。井九百畝。

方十里者。爲方一里者百。爲田九萬畝。方百里者。爲方十里者百。爲田九十億畝。一箇十里之方。既爲田九萬畝。則十箇十里之方。爲田九十萬畝。一百箇十里之方。爲田九百萬畝。今云九十億畝。是一億有十萬。十億有一百萬。九十億。乃九百萬畝也。

方千里者。爲方百里者百。爲田九萬億畝。計千里之方。爲方百里者百。一箇百里之方。既爲九十億畝。則十箇百里之方。爲九百億畝。百箇百里之方。爲九千億畝。

今乃云九萬億畝。與數不同者。若以億言之。當云九千億畝。若以萬言之。當云九萬萬畝。經文誤也。○應氏曰。自此至篇末。皆覆解篇首及中間井田封建地里之界。自恆山至於南河。千里而近。自南河至於江。千里而近。自江至於衡山。千里而遙。自東河至於東海。千里而遙。自東河至於西河。千里而近。自西河至於流沙。千里而遙。西不盡流沙。南不盡衡山。東不盡東海。北不盡恆山。方氏曰。不足謂之近。有餘謂之遙。○應氏曰。此獨言東海者。東海在中國封疆之內。而西南北則夷徼之外也。南以江與衡山爲限。百越未盡開也。河舉東西南北者。河流縈帶周遶。雖流沙分際。亦與河接也。自秦而上。西北袤而東南蹙。秦而下。東南展而西北縮。先王盛時。四方各有不盡之地。不勞中國以事外也。禹貢東漸西被朔南咸暨。特聲教所及。非貢賦所限也。○分音問。袤音茂。漸平聲。凡四海之內。斷長補短。方三千里。爲田八十萬億一萬億畝。方百里者。爲田九十億畝。山陵林麓川澤溝瀆城郭宮室塗巷。三分去一。其餘六十億畝。爲田八十萬億一萬億畝者。以一州方千里。九州方三千里。三三爲九。爲方千里者九。一箇千里。有九萬億畝。九箇千里。九九八十一。故有八十一萬億畝。於八十整數之下云萬億。是八十箇萬億。又云一萬億。言八十箇萬億之外。更有一萬億。是共爲八十一萬億畝。先儒以萬億二字爲衍。非也。此竝疏義。然愚按方百里爲田九十億畝。則方三千里當云八萬一千億畝。如疏義亦承誤釋之也。○斷音短。去上聲。古者以周尺八尺爲步。今以周尺六尺四寸爲步。古者百畝。當今東田百四十六畝三十步。古者百里。當今百二十一里六十步四尺二寸二分。疏曰。古者八寸爲尺。以周尺八尺爲步。則一步有六尺四寸。今以周尺六尺四寸爲步。則一步有五千二寸。是今步比古步每步剩出一十二寸。以此計之。則古者百畝。當今東田百五十二畝七十一步有餘。與此百四十六畝三十步不相應。又今步每步剩古步十二寸。以此計之。則古之百里。當今百二十三里一百一十五步二十寸。與此百二十一里六十步四尺二寸二分又不相應。經文錯亂。不可用也。○愚按疏義所算亦誤。當云古者八寸爲尺。以周尺八尺爲步。則一步有六尺四寸。今以周尺六尺四寸爲步。則一步有五尺一寸二分。是今步比古步每步剩出一尺二寸八分。以此計之。則古者百畝。當今東田百五十六畝二十五步一寸六分十分寸之四。與此百四十六畝三十步不相應。里亦倣此推之。○方氏曰。東田者。卽詩言南東其畝也。言南則以盧在其北而向南。言東則以盧在其西而向東。○嚴氏說南東其畝。云或南其畝。或東其畝。順地勢及水之所趨也。方千里者。爲方百里者百。天下九州。王畿居中。外八州。每州各方千里。是一百箇百里。以開方之法推之。合萬里也。封方百里者三十國。其餘方百里者七十。公侯皆方百里。封三十箇百里。剩七十箇百里。又封方七十里者六十。爲方百里者二十九。方十里者四十。伯七十里。封六十箇七十里。是占二十九箇百里。四十箇十里。於三十箇百里內。剩六十箇十里。其餘方百里者四十。方十里者六十。又封方五十里者百二十。爲方百里者三十。其餘方百里者十。
方十里者六十。除上封二等國。共占六十箇百里。外止剩四十箇百里。及六十箇十里。於此地內封子男五十里之國者百二十箇。每一百里封四箇。實占三十箇百里。通三
等封。止剩十箇百里。六十箇十里。○伯國方七十里。七七四十九。是四十九箇十里。○子男方五十里。五五二十五。是二十五箇十里。名山大澤不以封。其餘以
爲附庸閒田。諸侯之有功者。取於閒田以祿之。其有削地者。歸之閒田。除名山大澤之外。皆爲附庸之國及閒田。○閒。
音閑。天子之縣內方千里者。爲方百里者百。封方百里者九。○其餘方百里者九十一。又封方七
十里者二十一。爲方百里者十。方十里者二十九。○其餘方百里者八十。方十里者七十一。又
封方五十里者六十三。爲方百里者十五。方十里者七十五。○其餘方百里者六十四。方十里
者九十六。此做上章畿外之法。推之可見。畿外封國多而餘地少。廣封建之制於天下也。畿內封國少而餘地多。備采邑之分於王朝也。○采。分。並去聲。諸侯之下士
祿食九人。中士食十八人。上士食三十六人。下大夫食七十二人。卿食二百八十八人。君食二
千八百八十八人。此言大國之數。次國之卿食二百一十六人。君食二千一百六十人。次國大夫亦食七十二人。卿三大夫
祿。故食二百一十六人。小國之卿食百四十四人。君食千四百四十人。小國大夫亦食七十二人。卿倍大夫祿。故食百四十四人。次國
之卿命於其君者。如小國之卿。降於天子所命也。天子之大夫爲三監。監於諸侯之國者。其祿視諸侯
之卿。其爵視次國之君。其祿取之於方伯之地。祿視諸侯之卿。可食二百八十八人者也。○上監。如字。下監。平聲方伯爲朝天
子。皆有湯沐之邑於天子之縣內。視元士。謂之湯沐者。言入至畿內。即暫止頓於此。齊絜而往也。春秋傳謂之朝宿之邑。惟方伯有之。其餘否。許慎
云。周千八百諸侯若皆有之。則盡京師地亦不能容。○爲去聲。諸侯世子世國。大夫不世爵。使以德。爵以功。未賜爵。視天子之
元士以君其國。諸侯之大夫不世爵祿。世子世國。畿外之制也。天子大夫不世爵而世祿。先王使人爵人。必取其有德有功者。列國之君薨。其子未得
爵賜。則其衣服禮數視天子之元士。賜爵而後得如先君之舊也。諸侯之大夫不世爵祿。而有大功德者亦世之。左傳言官有世功。則有官族。六禮冠。昏。喪。祭。鄉。相見。
今所存者士冠。士昏。士喪。特牲。少牢。饋食。鄉飲酒。士相見。○冠。去聲。少。去聲。七敎父子。兄弟。夫婦。君臣。長幼。朋友。賓客。八政飲。食。衣

服事爲異別度量數制。六禮七教八政皆司徒所掌禮節民性教興民德脩則不壞明則不渝然非齊八政以防淫則亦禮教之害也事爲者百工之技藝有正有邪異別者五方之械器有同有異度量則不使有長短小大之殊數制則不使有多寡廣狹之異若夫飲食衣服尤民生日用之不可闕者所以居八政之首齊之則不使有僭偽詭異之端矣此篇先儒謂雜舉歷代之典雖一一分別而不能皆有明證又且多祖緯書豈可謂決然無疑哉朱子有言漢儒說制度有不合者多推從殷禮去此亦疑其無徵矣然只據大綱而言與學以上脩六禮以下其坦明者亦可爲後王之法也○長上聲別必列切量去聲

月令第六

呂不韋集諸儒著十二月紀名曰呂氏春秋篇首皆有月令言十二月政令所行也月用夏正令則雜舉三代及秦事禮家記事者抄合爲此篇

孟春之月日在營室昏參中旦尾中。孟春夏正建寅之月也營室在亥娵訾之次也昏時參星在南方之中旦則尾星在南方之中○疏曰月令昏明中星皆大畧而言不與歷同但一月之內有中者即得載之二十八宿星體有廣狹相去有遠近或月節月中之日昏明之時前星已過於午後星未至正南又星有明暗見有早晚所以昏明之星不可正依歷法但舉大畧耳○參如字俗讀森過平聲見音現

其日甲乙。春於四時屬木日之所繫十干循環獨言甲乙者木之屬也四時皆然

其帝大皞其神句芒。大皞伏羲木德之君句芒少皞氏之子曰重木官之臣聖神繼天立極生有功德於民故後王於春祀之四時之帝與神皆此義○句芒音勾亡少去聲重平聲

其蟲鱗其音角律中太蔟其數八其味酸其臭羶其祀戶祭先脾。鱗蟲木之屬五聲角爲木單出曰聲雜比曰音調樂於春以角爲主也律者候氣之管以銅爲之或云竹爲之中猶應也太蔟寅律長八寸陰陽之氣距地面各有淺深故律之長短如其數律管入地以葭灰實其端其月氣至則灰飛而管通是氣之應也天三生木地八成之其數八成數也通於鼻者謂之臭臭即氣也在口者謂之味酸羶皆木之屬戶者人所出入司之有神此神是陽氣在戶之內春陽氣出故祀之祭先脾者木克土也○蔡邕獨斷曰戶春爲少陽其氣始出生養祀之於戶祀戶之禮南面設主於門內之西○中去聲篇內並同蔟七寇切北音畀應去聲斷丁玩切少去聲

東風解凍蟄蟲始振魚上冰獺祭魚鴻鴈來。此記寅月之候振動也來自南而北也○上上聲

天子居青陽左个。青陽左个註云太寢東堂北偏也疏云是明堂北偏而云太寢者明堂與太廟太寢制同北偏者近北也四面旁室謂之个○朱子曰論明堂之制者非一竊意當有九室如井田之制東之中爲青陽太廟東之南爲青陽右个東之北爲青陽左个南之中爲明堂太廟南之東即東之南爲明堂左个南之西即西之南爲明堂右个西之中爲總章太廟西之南即南之西爲總章左个西之北即北之西爲總章右个北之中爲玄堂太廟北之東即東之北爲玄堂右个北之西即西之北爲玄堂左个中爲太廟太室凡四方之太廟異方所其左右个則青陽左个即玄堂之右个青陽右个即明堂之左个明堂右个

卽總章之左个。總章之右个乃玄堂之左个也。但隨其時之方位開門耳。太廟太室。則每季十八日天子居正歟。古人制事多用井田遺意。此恐然也。乘鸞路。駕倉龍。載青旂。衣青衣。服倉玉。食麥與羊。其器疏以達。鸞路有虞氏之車。有鸞鈴也。春言鸞。則夏秋冬皆鸞也。夏云朱。冬云玄。則春青秋白可知。倉與蒼同。馬八尺以上爲龍。服玉。冠冕之飾及佩也。麥以金王而生。火王而死。當屬金。而鄭云屬木。兌爲羊。當屬金。而鄭云火畜。皆不可曉。疏云。鄭本五行傳言之。然陰陽多塗。不可一定。故今於四時所食。及彘嘗麥。雛嘗黍之類。皆畧之。以俟知者。疏以達者。春物將貫土而出。故器之刻鏤者。使文理麤疏。直而通達也。○載音戴。上衣。去聲。下衣。如字。篇內並同。王去聲。是月也。以立春。先立春三日。太史謁之天子曰。某日立春。盛德在木。天子乃齊。立春之日。天子親帥三公九卿諸侯大夫。以迎春於東郊。還反賞公卿大夫於朝。命相布德和令。行慶施惠。下及兆民。慶賜遂行。毋有不當。謁告也。春爲生。天地生育之盛德在於木位也。迎春東郊。祭太皡句芒也。後倣此推之。○疏曰。節氣有早晚。是月者。謂是月之氣。不謂是月之日也。○先去聲。齊音齋。帥入聲。篇內並同。還音旋。相去聲。當去聲。乃命太史守典奉法。司天日月星辰之行。宿離不貸。毋失經紀。以初爲常。宿猶止也。離猶行也。言占候躔次不可差貸。貸與忒同。經紀者。天文進退遲速之度數也。初者。歷家推步之舊法。以此爲占候之常也。○離去聲。貸音忒。後又音二。二音通用。是月也。天子乃以元日祈穀于上帝。乃擇元辰。天子親載耒耜。措之于參保介之御閒。帥三公九卿諸侯大夫。躬耕帝籍。天子三推。三公五推。卿諸侯九推。反執爵于大寢。三公九卿諸侯大夫皆御。命曰勞酒。元日。上辛也。郊祭天而配以后稷。爲祈穀也。元辰。郊後吉日也。日以干言。辰以支言。互文也。參參乘之人也。保介。衣甲也。以勇士爲車右而衣甲。御者御車之人也。車右及御人皆是參乘。天子在左。御者居中。車右在右。以三人故曰參也。置此耕器於參乘保介及御者之閒。天子籍田千畝。收其穀爲祭祀之粢盛。故曰帝籍。九推之後。庶人終之。反而行燕禮。羣臣皆侍。士賤不與耕。故亦不與勞酒之賜也。○帥入聲。推吐回切。勞去聲。爲祈爲去聲。乘衣並去聲。盛平聲。與去聲。是月也。天氣下降。地氣上騰。天地和同。草木萌動。王命布農事。命田舍東郊。皆脩封疆。審端徑術。善相丘陵阪險原隰。土地所宜。五穀所殖。以教道民。必躬親之。田事既飭。先定準直。農乃不惑。田田畯也。舍居也。天子命田畯居東郊。以督耕者。皆使脩理其封疆。謂井田之限域也。步道曰徑。術與遂同。田之溝洫也。審而端之。使無迂𨓐。封疆有界限。徑術有闊狹。土地有高下。五種有宜否。皆須田畯躬親教飭之。以定其準直。則農民無所疑惑也。○上上聲。術音遂。相去聲。阪音反。隰音習。道去聲。畯音俊。種上聲。是月也。命樂正入學習舞。教學者以習舞之事。乃脩祭典。命祀山林川澤。犧牲毋用牝。不欲傷其生育。禁止伐木以盛德在木也。毋覆巢。毋殺孩蟲胎夭飛鳥。毋麛毋卵。毋聚大眾。毋置城郭。掩骼埋胔。孩蟲蟲之稚者。胎未生者。夭方生者。飛鳥初學飛之鳥。麛獸子之通稱。胔骨之尚有肉者。○夭烏老切。骼音格。胔音漬。是月也。不可以稱兵。稱兵必天殃。兵戎不起。不可從我始。毋變天之道。毋絕地之理。毋亂人之紀。天地大德曰生。春者。生德之盛時也。兵。凶器。戰。危事。不得已而禦寇猶可也。兵自我起。以殺戮之心。逆生育之氣。是變易天之生道。斷絕地之生理。而紊亂生人之紀敘矣。其殃也宜哉。○斷上聲。孟春行夏令。則雨水不時。草木蚤落。國時有恐。此巳火之氣所泄也。言人君於孟春之月。而行孟夏之政令。則感召咎證如此。後皆倣此。○疏曰。孟月失令。則三時孟月之氣乘之。仲月失令。則仲月之氣乘之。季月失令。則季月之氣乘之。所以然者。以同爲孟仲季。氣情相通。如其不和。則迭相乘之。行秋令。謂孟秋之令。則其民大疫。猋風暴雨總至。藜莠蓬蒿並興。此申金之氣所傷也。爾雅。扶搖謂之猋風。謂風之回轉也。藜莠蓬蒿並興者。以生氣逆亂。故惡物乘之而茂也。○猋音標。莠音有。行冬令。謂孟冬之令。則水潦爲敗。雪霜大摯。首種不入。此亥水之氣所淫也。摯傷折也。與摯獸鷙蟲之義同。百穀惟稷先種。故云首種。○摯音至。種上聲。

仲春之月。日在奎。昏弧中。旦建星中。奎宿在戌。降婁之次。○疏曰。餘月昏旦中星皆舉二十八宿。此云弧與建星者。以弧星近井。建星近斗。井斗度多。星體廣。不可的指。故舉弧建以定昏旦之中。其日甲乙。其帝太皞。其神句芒。其蟲鱗。其音角。律中夾鍾。其數八。其味酸。其臭羶。其祀戶。祭先脾。夾鍾。卯律。長七寸二千一百八十七分寸之千七十五。始雨水。桃始華。倉庚鳴。鷹化爲鳩。此記卯月之候。倉庚。鸝黃也。鳩。布穀也。王制言鳩化爲鷹。秋時也。此言鷹化爲鳩。以生育氣盛。故鷙鳥感之而變耳。孔氏云。化者反歸舊形之謂。故鷹化爲鳩。鳩復化爲鷹。如田鼠化爲鴽。則鴽又化爲田鼠。若腐草爲螢。雉爲蜃。爵爲蛤。皆不言化。是不再復本形者也。天子居青陽太廟。乘鸞路。駕倉龍。載青旂。衣青衣。服倉玉。食麥與羊。其器疏以達。青陽太廟。東堂當太室。

是月也。安萌芽。養幼少。存諸孤。生氣之可見者莫先於草木。故首言之。安。謂無所摧折之也。存。亦安也。擇元日命民社。令民祭社也。郊特牲言祭社用甲日。此言擇元日。是又擇甲日之善者歟。召誥社用戊日。命有司省囹圄。去桎梏。毋肆掠。止獄訟。囹牢也。圄止也。疏云。周曰圜土。殷曰羑里。夏曰鈞臺。囹圄。秦獄名也。在手曰梏。在足曰桎。皆木械。肆。陳尸也。掠。捶治也。止。謂諭使息爭也。○省息井切。囹圄音零語。掠音亮。是月也。玄鳥至。至之日。以太牢祠于高禖。天子親往。后妃帥九嬪御。乃禮天子所御。帶以弓韣。授以弓矢。于高禖之前。玄鳥燕也。燕以施生時。巢人堂宇而生乳。故以其至爲祠禖祈嗣之候。高禖。先媒之神也。高者尊之之稱。變媒言禖。神之也。占有禖氏祓除之祀。位在南郊。禋祀上帝。則亦配祭之。故又謂之郊禖。詩天命玄鳥。降而生商。但謂簡狄以玄鳥至之時。祈于郊禖而生契。故本其為天所命。若自天而降下耳。鄭註乃有墮卵吞孕之事。與生民詩註所言姜嫄履巨跡而生棄之事。皆怪妄不經。削之可也。后妃帥九嬪御者。從往而侍奉禮事也。禮天子所御者。祭畢而酌酒以飲其先所御幸而有娠者。顯之以神賜也。韣。弓衣也。弓矢者男子之事也。故以為祥。○禖音梅。帥音率。乳去聲。飲去聲。是月也。日夜分。晝夜各五十刻。雷乃發聲。始電。蟄蟲咸動。啓戶始出。謂始穿其穴而出也。先雷三日。以節氣言。在春分前三日。○先去聲。奮木鐸以令兆民曰。雷將發聲。有不戒其容止者。生子不備。必有凶災。容止猶言動靜。不戒容止。謂房室之事。褻瀆天威也。生子不備。謂形體有損缺。凶災謂父母。日夜分。則同度量。鈞衡石。角斗甬。正權概。丈尺曰度。斗斛曰量。稱上曰衡。百二十斤為石。甬。斛也。權。稱錘也。概。執以平量器者。同則齊其長短小大之制。鈞則平其輕重之差。角則較其同異。正則矯其欺枉。是月也。耕者少舍。乃脩闔扇。寢廟畢備。毋作大事。以妨農之事。少舍。暫息也。門戶之蔽。以木曰闔。以竹葦曰扇。凡廟。前曰廟。後曰寢。寢是衣冠所藏之處。大事。謂軍旅之事。是月也。毋竭川澤。毋漉陂池。毋焚山林。漉亦竭也。三者之禁。皆謂傷生意。○漉音鹿。天子乃鮮羔開冰。先薦寢廟。古者日在虛。則藏冰。至此仲春則獻羔以祭司寒之神而開冰。先薦寢廟者。不敢以人之餘奉神也。○鮮音獻。上丁。此月上旬之丁。日必用丁者。以先庚三日。後甲三日也。命樂正習舞釋菜。天子乃帥三公九卿諸侯大夫親往視之。仲丁又命樂正入學習樂。樂正。樂官之長也。習舞釋菜。謂將教習舞者。則先以釋菜之禮告先師也。是月也。祀不用犧牲。用圭璧。更皮幣。不用牲。謂祈禱小祀耳。如大牢祀高禖。乃大典禮。不在此限。稍重者用圭璧。稍輕者則以皮幣更易之也。○更平聲。大音泰。仲春行秋令。則其國大水。寒氣總至。寇戎來征。酉金之氣所傷也。行冬令。則陽氣不勝。麥乃不熟。民多相掠。子水之氣所淫也。○掠音亮。行夏令。則國乃大旱。煖氣早來。蟲螟為害。午火之氣所泄也。螟食苗心者。季春之月。日在胃。昏七星中。旦牽牛中。胃宿在酉。大梁之次也。七星。二十八宿之星宿也。其日甲乙。其帝太皞。其神句芒。其蟲鱗。其音角。律中姑洗。其數八。其味酸。其臭羶。其祀戶。祭先脾。姑洗。辰律。長七寸九分寸之一。○洗。蘇典切。桐始華。田鼠化為鴽。虹始見。萍始生。此記辰月之候。鴽。鵪鶉之屬。○鴽音如。見音現。天子居青陽右个。乘鸞路。駕倉龍。載青旂。衣青衣。服倉玉。食麥與羊。其器疏以達。青陽右个。東堂南偏。是月也。天子乃薦鞠衣于先帝。鞠衣。衣色如鞠花之黃也。註云。黃桑之服者。色如鞠塵。象桑葉始生之色也。鞠字。一音去六反。先帝。先代木德之君。薦此衣于神坐。以祈蠶事。命舟牧覆舟。五覆五反。乃告舟備具于天子焉。天子始乘舟。薦鮪于寢廟。乃為麥祈實。舟牧，主乘舟之官。五覆五反，所以詳視其罅漏傾側之處也。因薦鮪，并祈麥實。○鮪音偉。為，去聲。

是月也。生氣方盛。陽氣發泄。句者畢出。萌者盡達。不可以內。句，屈生者。萌，直生者。不可以內，言當施散恩惠，以順生道之宜泄，不宜吝嗇閉藏也。○句音勾。

天子布德行惠。命有司發倉廩。賜貧窮。振乏絕。開府庫。出幣帛。周天下。勉諸侯。聘名士。禮賢者。長無謂之貧窮，暫無謂之乏絕。振猶救也，周濟其不足也。在內則命有司奉行，在外則勉諸侯奉行，皆天子之德惠也。

是月也。命司空曰。時雨將降。下水上騰。循行國邑。周視原野。脩利隄防。道達溝瀆。開通道路。毋有障塞。司空掌邦土。此皆其職也。○上，上聲。行，去聲。道，去聲。塞，入聲。

田獵罝罘羅網畢翳餧獸之藥。毋出九門。罝罘皆捕獸之罟，羅網皆捕鳥之罟。小網長柄謂之畢，以其似畢星之形，故名。用以掩兔也。翳，射者用以自隱也。餧，啗之也。藥，毒藥也。七物皆不得施用於外，以其逆生道也。路門、應門、雉門、庫門、皐門、城門、近郊門、遠郊門、關門，凡九門也。○罝音嗟。罘音浮。翳音曀。餧音偽。應，去聲。

是月也。命野虞毋伐桑柘。鳴鳩拂其羽。戴勝降于桑。具曲植籧筐。野虞，主田及山林之官。拂羽，飛而翼拍身也。戴勝，織紝之鳥。一名戴鵀，鵀即頭上勝也。此時恒在桑，言降者，重之若自天而下也。曲，薄也。植，槌也。所以架曲與籧筐者。籧圓而筐方。○植音治。籧音舉。槌，直類切。

后妃齊戒。親東鄉躬桑。禁婦女毋觀。省婦使。以勸蠶事。東鄉，迎時氣也。躬桑，親自采桑也。禁婦女毋觀者，禁止婦女，使不得為容觀之飾也。省婦使者，減省其箴線縫製之事也。此二者，皆為勸勉之，使盡力於蠶事也。○齊音齋。鄉，去聲。觀，去聲。

蠶事既登。分繭稱絲效功。以共郊廟之服。毋有敢惰。登，成也。分繭，分布於眾婦之繅者。稱絲效功，以多寡為功之上下。○共音供。

是月也。命工師令百工審五庫之量。金鐵皮革筋角齒羽箭幹脂膠丹漆。毋或不良。工師，百工之長也。五庫者，金鐵為一庫，皮革筋為一庫，角齒為一庫，羽箭幹為一庫，脂膠丹漆為一庫。視諸物之善惡，皆有舊法，謂之量。一說，多寡之數也。審而察之，故云審五庫之量也。幹者，諸器所用之木材也。○量，去聲。

百工咸理。監工日號。毋悖于時。毋或作為淫巧以蕩上心。此時百工皆各理治其造作之事。工師監臨之，每日號令，必以二事為戒。一是造作器物，不得悖逆時序，如為弓，必春液角，夏治筋，秋合三材，寒定體之類是也。二是不得為淫過奇巧之器，以搖動君心，使生奢侈也。○監，平聲。

是月之末。擇吉日大合樂。天子乃帥三公九卿諸侯大夫。親往視之。鄭氏曰，其禮亡。

是月也。乃合累牛騰馬。遊牝于牧。犧牲駒犢。舉書其數。春陽既盛，物皆產育。故合其累繫之牛，騰躍之馬，而遊縱之，使牡者就牝者于芻牧之地，欲其孳生之蕃也。若其中犧牲之用者，及馬之駒，牛之犢，皆書其數者，以備稽校多寡也。○累，平聲。中，去聲。

命國難。九門磔

攘。以畢春氣。難之事。在周官。則方相氏掌之。裂牲謂之磔。除禍謂之攘。春者陰氣之終。故磔攘以終畢厲氣也。舊說。大陵八星在胃北。主死喪。昴中有大陵積尸之氣。氣佚則厲鬼隨之而行。此月初日在胃。從胃歷昴。故敺疫之事。當於此時行之也。九門。說見上章。○難音那。磔音責。篇內並同。季春行冬令。則寒氣時發。草木皆肅。國有大恐。丑土之氣所應也。肅者枝葉減縮而急栗也。大恐。訛言相驚動也。舊說。孟春有恐是火訛。以其行夏令也。此行冬令。當致水訛。漢王商嘗止之矣。行夏令。則民多疾疫。時雨不降。山林不收。未土之氣所應也。行秋令。則天多沈陰。淫雨蚤降。兵革並起。戌土之氣所應也。不收。謂無所成遂也。

孟夏之月。日在畢。昏翼中。旦婺女中。畢宿在申。實沈之次。其日丙丁。其帝炎帝。炎帝。大庭氏。即神農也。赤精之君。其神祝融。顓頊氏之子名黎。火官之臣。其蟲羽。其音徵。律中中呂。其數七。其味苦。其臭焦。其祀竈。祭先肺。羽蟲。飛鳥之屬。徵音屬火。中呂。巳律。長六寸萬九千六百八十二分寸之萬二千九百七十四。地二生火。天七成之。七者火之成數也。苦焦皆火屬。夏祭竈。火之養人者也。祭先肺。火克金也。○蔡邕獨斷曰。竈夏爲太陽。其氣長養。祀竈之禮。在廟門外之東。先席于門奧。面東。設主于竈陘也。○徵音止。篇內並同。上中音衆。下中音仲。螻蟈鳴。蚯蚓出。王瓜生。苦菜秀。此記巳月之候。王瓜。注云草挈。本草作菝葜。音同。謂之瓜者。以根之似也。亦可釀酒。○朱氏曰。王瓜色赤。感火之色而生。苦菜味苦。感火之味而成。○萆扶歷切。菝步末切。天子居明堂左个。太寢南堂東偏。乘朱路。駕赤駵。載赤旂。衣朱衣。服赤玉。食菽與雞。其器高以粗。駵馬名。色淺者赤。色深者朱。用器高而粗。大象物之盛長也。○駵音留。衣音見孟春。是月也。以立夏。先立夏三日。太史謁之天子曰。某日立夏。盛德在火。天子乃齊。立夏之日。天子親帥三公九卿大夫。以迎夏於南郊。還反。行賞。封諸侯。慶賜遂行。無不欣說。立春言諸侯大夫。而此不言諸侯者。或在或否。不可必同。故畧之也。迎夏南郊。祭炎帝祝融也。○先去聲。齊音齋。還音旋。說音悅。乃命樂師習合禮樂。以將飲酧故也。命太尉贊桀俊。遂賢良。舉長大。行爵出祿。必當其位。大尉秦官也。桀俊。以才言。贊。則引而升之之謂。賢良。以德言。遂。謂使之得行其志也。長大。以力言。王制言執技論力。舉。謂選而用之也。當其位者。爵必當有德之位。祿必當有功之位也。○當去聲。是月也。繼長增高。毋有壞墮。毋起土功。毋發大衆。毋伐大樹。長者繼之而使益長。高者增之而使益高。壞墮則傷巳成之氣。起土功。發大衆。皆妨蠶農之事。故禁止之。伐樹則傷條達之氣。故亦在所禁。一說。伐大木謂營宮室。○壞音怪。墮許規切。是月也。天子始絺。絺葛布之細者。命野虞出行田原。爲天子勞農勸民。毋或失時。失時。謂失農時。○行爲勞並去聲。命司徒循行縣鄙。命農勉作。毋休于都。勉其興作於田野之內。禁其休息于都邑。

之閒。告恐其失農時也。○行，去聲。**是月也，驅獸毋害五穀。毋大田獵。**夏獵曰苗。正爲驅獸之害禾苗者耳。與三時之大獵自不同。**農乃登麥。天子乃以彘嘗麥，先薦寢廟。**登，升之於場也。**是月也，聚畜百藥。靡草死。麥秋至。**聚藥爲供醫事也。靡草之枝葉靡細者。陰類。陽盛則死。秋者，百穀成熟之期。此於時雖夏，於麥則秋，故云麥秋也。**斷薄刑，決小罪，出輕繫。**刑者，上之所施。罪者，下之所犯。斷者，定其輕重而施刑也。決，如決水之決，謂人以小罪相告者，即決遣之。不收繫也。其有輕罪而在繫者，則直縱出之也。○斷，丁玩切。**蠶事畢，后妃獻繭，乃收繭稅，以桑爲均，貴賤長幼如一，以給郊廟之服。**后妃獻繭，謂后妃受內命婦之獻繭也。收繭稅者，外命婦養蠶亦用國北近郊之公桑。近郊之稅十一，故亦稅其繭十之一。其餘入已而爲其夫造祭服。一說，再命受服。服者公家所給，故稅其十一者，爲給其夫祭服也。受桑多則稅繭多，少則稅亦少，皆以桑爲均齊也。貴，謂卿大夫之妻。賤，謂士妻。長幼，婦之老少也。如一，皆稅十一也。郊廟之服，天子祭服也。**是月也，天子飲酎，用禮樂。**重釀之酒名之曰酎。稠醲之義也。春而造至此始成。用禮樂而飲之，蓋盛會也。○酎，直又切。重，平聲。**孟夏行秋令，則苦雨數來，五穀不滋，四鄙入保。**申金之氣所泄也。○數，音朔。**行冬令，則草木蚤枯，後乃大水，敗其城郭。**亥水之氣所傷也。**行春令，則蝗蟲爲災，暴風來格，秀草不實。**寅木之氣所淫也。以孟夏之月而行孟秋、孟冬、孟春之令，故感名災異如此。四鄙，四面邊鄙之邑也。保，與堡同。小城也。入保，入而依以爲安也。格，至也。

仲夏之月，日在東井，昏亢中，旦危中。東井在未，鶉首之次。○亢，音剛。**其日丙丁。其帝炎帝。其神祝融。其蟲羽。其音徵。律中蕤賓。其數七。其味苦。其臭焦。其祀竈，祭先肺。**蕤賓，午律，長六寸八十一分寸之二十六。**小暑至，螳蜋生，鵙始鳴，反舌無聲。**此記午月之候。小暑，暑氣未盛也。螳蜋，一名蚚父，一名天馬，言其飛捷如馬也。鵙，博勞也。反舌，百舌鳥。凡物皆稟陰陽之氣而成質，其陰類者宜陰時，陽類者宜陽時，得時則興，背時則廢。疏又以反舌爲蝦蟇，未知是否。○鵙，古役切。蚚，巨衣切。背，音佩。**天子居明堂太廟，**明堂太廟，南堂當太室也。**乘朱路，駕赤騮，載赤旂，衣朱衣，服赤玉。食菽與雞。其器高以粗。養壯佼。**壯，謂容體碩大者。佼，謂形容佼好者。擇此類而養之，亦順長養之令。○佼，音絞。**是月也，命樂師脩鞀鞞鼓，均琴瑟管簫，執干戚戈羽，調竽笙箎簧，飭鐘磬柷敔。**凡十九物，皆樂器也。鞀鞞鼓三者，皆革音。鞀，即鼗也。鞞，所以裨助鼓節。琴瑟皆絲音。管簫皆竹音。管，如篴而小。干戚戈羽，皆舞器。干，盾。戚，斧也。竽笙箎皆竹音。竽三十六簧，笙十三簧。箎，即篪也，長尺四寸。簧，笙之舌，蓋管中之金薄鍱也。竽笙箎三者，皆有簧也。鐘，金音。磬，石音。柷敔，皆木音。柷如漆桶，敔狀如伏虎。柷以合樂之始，敔以節樂之終。脩者，理其弊。均者，平其聲。執者，操持習學。調者，調和音曲。飭者，整治之也。以將用盛樂雩祀，故謹備之。○鞀，音逃。鞞，駢迷切。箎，音池。柷，昌六切。敔，音語。操、治並平聲。**命有**

司爲民祈祀山川百源。大雩帝。用盛樂。山者水之源。將欲禱雨。故先祭其本源。三王祭川。先河後海。示重本也。雩者吁嗟其聲以求雨之祭。周禮女巫凡邦之大烖。歌哭而請。亦其義也。帝者天之主宰。盛樂卽鞀鞞以下十九物並奏之也。○爲去聲。乃命百縣雩祀百辟卿士有益於民者。以祈穀實。百縣畿內之邑也。百辟卿士謂古者上公句龍后稷之類。○句音勾。是月也。農乃登黍。天子乃以雛嘗黍。羞以含桃。先薦寢廟。今用登麥穀例移農乃登黍四字在是月也之下。舊註。以內則之雛爲小鳥。此雛爲雞。未詳孰是。含桃。櫻桃也。令民毋艾藍以染。藍之色青。青者赤之母。刈之亦是傷時氣。○艾音刈。毋燒灰。火之滅者爲灰。禁之亦爲傷火氣也。毋暴布。暴。暴之於日也。布者陰功所成。不可以小功干盛陽也。○暴入聲。門閭毋閉。一則順時氣之宣通。一則使暑氣之宣散。關市毋索。索者搜索商旅匿稅之物。蓋當時氣盛大之際。人君亦當體之而行寬大之政也。○索音色。挺重四。益其食。挺者拔出之義。重四禁繫嚴密。故特加寬假輕四則不如是。益其食者。加其養也。游牝別羣。則縶騰駒。班馬政。季春游牝于牧。至此妊孕已遂。故不使同羣。拘縶騰躍之駒者。止其踶齧也。班。布也。馬政。養馬之政令也。周禮圉人圉師所掌。○別必列切。縶音執。踶音遞。是月也。日長至。陰陽爭。死生分。至猶極也。夏至日長之極。陽盡午中。而微陰眇重淵矣。此陰陽爭辨之際也。物之感陽氣而方長者生。感陰氣而已成者死。此死生分判之際也。○重平聲。君子齊戒。處必掩身。毋躁。止聲色。毋或進。薄滋味。毋致和。節耆欲。定心氣。齊戒以定其心。掩蔽以防其身。毋或輕躁於舉動。毋或御進於聲色。薄其調和之滋味。節其諸事之愛欲。凡以定心氣而備陰疾也。○齊音齋。處上聲。和去聲。耆音嗜。百官靜事毋刑。以定晏陰之所成。刑。陰事也。舉陰事。則是助陰抑陽。故百官府刑罰之事。皆止靜而不行也。凡天地之氣。順則和。競則逆。故能致災咎。此陰陽相爭之時。故須如此謹備。晏。安也。陰道靜。故云晏陰。及其定而至於成。則循序而往。不爲災矣。是以未定之前。諸事皆不可忽也。○晏伊見切。鹿角解。蟬始鳴。半夏生。木菫榮。此又言五月之候。解。脫也。○解音駭。菫音謹。是月也。毋用火南方。南方火位。又因其位而盛其用。則爲微陰之害。故戒之。可以居高明。可以遠眺望。可以升山林。可以處臺榭。凡此皆順陽明之時。○處上聲。仲夏行冬令。則雹凍傷穀。道路不通。暴兵來至。子水之氣所傷也。行春令。則五穀晚熟。百螣時起。其國乃饑。卯木之氣所泄也。○螣音特。行秋令。則草木零落。果實早成。民殃於疫。酉金之氣所泄也。螣食苗葉之蟲也。百螣者。言害稼之蟲非一類。

季夏之月。日在柳。昏火中。旦奎中。柳宿在午。鶉火之次也。火。大火心宿。其日丙丁。其帝炎帝。其神祝融。其蟲羽。其音徵。律中林鍾。其數七。其味苦。其臭焦。其祀竈。祭先肺。林鍾未律。長六寸。溫風始至。蟋蟀居壁鷹乃學習腐草爲螢此記未月之候至極也蟋蟀生於土中此時羽翼猶未能遠飛但居其穴之壁至七月則能遠飛而在野矣學習雛學數飛也腐草得暑濕之

氣故變而爲螢○朱氏曰溫風溫厚之極涼風嚴凝之始腐草爲螢離明之極故幽類化爲明類也○數音朔天子居明堂右个乘朱路駕赤騮載赤旂

衣朱衣服赤玉食菽與雞其器高以粗明堂右个南堂西偏也命漁師伐蛟取鼉登龜取黿蛟言伐以其暴惡不易攻取也

龜言登尊異之也黿鼉言取易而賤之也命澤人納材葦蒲葦之屬生於澤中而可爲用器故曰材澤人納之職也此皆煩細之事非專一月所爲故不以是月起之是月

也命四監大合百縣之秩芻以養犧牲令民無不咸出其力以共皇天上帝名山大川四方之神

以祠宗廟社稷之靈以爲民祈福四監即周官山虞澤虞林衡川衡之官也前言百縣兼內外而言此百縣鄉遂之地也秩常也斂此芻爲養犧牲之用各有常

數故云秩芻也○共音供爲去聲是月也命婦官染采黼黻文章必以法故無或差貸黑黃倉赤莫不質良毋敢

詐僞以給郊廟祭祀之服以爲旗章以別貴賤等給之度周禮典婦功典枲染人等皆婦官此指染人也白與黑謂之黼黑與青謂之黻

青與赤謂之文赤與白謂之章染造必用舊法故事毋得有參差貸變皆欲質正良善也旗旌旂也章者畫其象以別名位也詳見春官司常○石梁王氏曰給當爲級○貸音二是月也

樹木方盛命虞人入山行木毋有斬伐以其方盛故也○行去聲不可以興土功不可以合諸侯不可以起兵

動衆毋舉大事以搖養氣毋發令而待以妨神農之事也水潦盛昌神農將持功舉大事則有

天殃大事即興土功合諸侯起兵動衆之事搖養氣謂動散長養之氣也發令而待謂未及徭役之期而豫發名役之令使民廢己事而待上之會期也神農農之神也季夏屬中央土

土神得位用事之時謂之神農者土神主成就農事也東井主水在未故未月爲水潦盛昌之月此時神農將主持稼穡之功舉大事而傷其功則是干造化施生之道矣故有天殃也是

月也土潤溽暑大雨時行燒薙行水利以殺草如以熱湯可以糞田疇可以美土疆溽濕也土之氣潤故

蒸鬱而爲濕暑大雨亦以之而時行皆東井之所主也除草之法先芟薙之俟乾則燒之燒薙者燒所薙之草也大雨既行於所燒之地則草不復生矣故云利以殺草時暑日烈其水之熱

如湯草之燒爛者可以爲田疇之糞可以使土彊之美凡土之磊磈難耕者謂之彊○薙音替彊音其兩切季夏行春令則穀實解落鮮潔而墮落也○鮮音仙國

多風欬風欬因風而致欬疾也○欬苦代切民乃遷徙辰土之氣所應也行秋令則丘隰水潦禾稼不熟乃多女災妊孕多敗

戌土之氣所應也行冬令則風寒不時鷹隼蚤鷙四鄙入保丑土之氣所應也○隼音筍中央土土寄旺四時各十八日共七十二日

除此則木火金水亦各七十二日矣土於四時無乎不在故無定位無專氣而寄旺於辰戌丑未之末未月在火金之閒又居一歲之中故特揭中央土一令於此以成五行之序焉其日戊己戊己十干之中其帝黃帝黃精之君軒轅氏也其神后土土官之臣顓頊氏之子黎也句龍初爲后土後祀以爲社后土官闕黎雖火官實兼后土也舊說如此其蟲倮人爲倮蟲之長鄭氏以爲虎豹之屬○倮力果切其音宮律中黃鍾之宮宮音屬土又爲君故配之中央黃鍾本十一月律諸律皆有宮音而黃鍾之宮乃八十四調之首其聲最尊而大餘音皆自此起如土爲木火金水之根本故以配中央之土土寄旺於四時宮音亦冠於十二律非如十二月以候氣言也○調冠並去聲其數五天五生土地十成之四時皆舉成數此獨舉生數者四時之物無土不成而土之成數又積水一火二木三金四以成十也四者成則土無不成矣其味甘其臭香甘香皆屬土其祀中霤祭先心古者陶復陶穴皆開其上以漏光明故雨霤之後因名室中爲中霤亦土神也祭先心者心居中君之象又火生土也○蔡邕獨斷曰季夏土氣始盛其祀中霤霤神在室祀中霤設主于牖下天子居太廟太室中央之室也乘大路駕黃駵載黃旂衣黃衣服黃玉食稷與牛其器圜以閎圜者象土之周帀四時閎者寬廣之義象土之容物也○圜音圓

孟秋之月日在翼昏建星中旦畢中翼宿在巳鶉尾之次建星說見仲春其日庚辛其帝少皞其神蓐收其蟲毛其音商律中夷則其數九其味辛其臭腥其祀門祭先肝少皞白精之君金天氏也蓐收金官之臣少皞氏之子該也夷則申律長五寸七百二十九分寸之四百五十一九金之成數也辛腥皆屬金秋陰氣出故祀門祭先肝金克木也○蔡邕獨斷曰門秋爲少陰其氣收成祀之於門祀門之禮北面設主于門左樞涼風至白露降寒蟬鳴鷹乃祭鳥用始行戮此記申月之候鷹欲食鳥之時先殺鳥而不食似人之食而祭先代爲食之人也用始行戮順時令也天子居總章左个太寢西堂南偏乘戎路兵車也駕白駱白馬黑鬣曰駱載白旂衣白衣服白玉食麻與犬其器廉以深廉稜角也亦矩之義深則收藏之意是月也以立秋先立秋三日太史謁之天子曰某日立秋盛德在金天子乃齊立秋之日天子親帥三公九卿諸侯大夫以迎秋於西郊還反賞軍帥武人於朝天子乃命將帥選士厲兵簡練桀俊專任有功以征不義詰誅暴慢以明好惡順彼遠方簡練簡擇而練習之也專任有功謂大將有已試之功乃使之專主其事也詰者問其罪誅者戮其人殘下謂之暴慢上謂之慢順服也好惡明則遠方順服○先去聲齊音齋帥上入聲下二如字還音旋朝音潮將去聲好惡並去聲是月也命有司脩法制繕囹圄具桎梏禁止姦慎罪邪務搏執繕治也姦在人心故當有以禁止之邪見於行故慎以罪之務事也搏戮也執拘也命理

瞻傷。察創。視折。審斷決獄訟。必端平。戮有罪。嚴斷刑。理治獄之官也。傷者損皮膚。創者損血肉。折者損筋骨也。嚴者謹重之意。非峻急之謂也。○創平聲。折音折。斷丁玩切。天地始肅。不可以贏。朱氏曰。陽道常饒。陰道常乏。故贊化者不可使陰氣之贏也。是月也。農乃登穀。天子嘗新。先薦寢廟。命百官始收斂。完隄坊。謹壅塞。以備水潦。脩宮室。坏垣牆。補城郭。所以爲水潦之備者。以月建在酉。酉中有畢星。好雨也。○坊音防。塞入聲。坏音培。是月也。毋以封諸侯。立大官。記者但知賞以春夏。刑以秋冬之義。不知古者嘗祭之時。則有出田邑之制。故注謂禁封諸侯及割地爲失其義也。毋以割地。行大使。出大幣。以其違收斂之令也。○使去聲。孟秋行冬令。則陰氣大勝。介蟲敗穀。戎兵乃來。此亥水之氣所泄也。○大音泰。行春令。則其國乃旱。蟹有食稻者。謂之稻蟹。亦介蟲敗穀之類。寅中箕星好風。能散雲雨。故致旱。陽氣復還。五穀無實。寅木之氣所損也。○復扶又反。行夏令。則國多火災。寒熱不節。民多瘧疾。巳火之氣所傷也。

仲秋之月。日在角。昏牽牛中。旦觜觿中。角在辰。壽星之次也。○觜音茲。觿音攜。其日庚辛。其帝少皞。其神蓐收。其蟲毛。其音商。律中南呂。其數九。其味辛。其臭腥。其祀門。祭先肝。南呂。酉律。長五寸三分寸之一。盲風至。鴻鴈來。玄鳥歸。羣鳥養羞。此記酉月之候。盲風。疾風也。孟春言鴻鴈來。自南而來北也。此言來。自北而來南也。仲春言玄鳥至。此言歸。明春來而秋去也。羞者。所美之食。養羞者。藏之以備冬月之養也。天子居總章太廟。乘戎路。駕白駱。載白旂。衣白衣。服白玉。食麻與犬。其器廉以深。總章太室。西堂當太室也。是月也。養衰老。授几杖。行糜粥飲食。月至四陰。陰已盛矣。時以陽衰陰盛爲秋。人以陽衰陰盛爲老。養衰老。順時令也。几杖所以安其身。飲食所以養其體。行猶賜也。糜。卽粥也。乃命司服具飭衣裳。文繡有恒。制有小大。度有長短。衣服有量。必循其故。冠帶有常。司服。官名。具飭。具而飭正之也。上曰衣。下曰裳。衣繪而裳繡。祭服之制也。有恒。有定制也。小大。小則玄冕之一章。大則袞冕之九章也。長短。謂衣長而裳短也。衣服。謂朝服燕服及他服之當爲寒備者也。各有劑量。必率循故法。不得更爲新異也。冠與帶亦各有常制。因造衣并作之。乃命有司申嚴百刑。斬殺必當。毋或枉橈。枉橈不當。反受其殃。刑罰之令。前月已行。此月又申戒之也。枉橈皆屈曲之義。謂不申正理而違法斷之。以逆理故。必反受殃禍也。○當去聲。橈女教切。是月也。乃命宰祝循行犧牲。視全具。按芻豢。瞻肥瘠。察物色。必比類。量小大。視長短。皆中度。五者備當。上帝其饗。宰主牲者。祝告神者。全謂色不雜。具謂體無損也。養牛羊曰芻。養犬豕曰豢。得其養則肥。失其養則瘠。物色或騂或黝。陽祀用騂牲。陰祀用黝牲。比類者。比附陰陽之類而用之也。小大以體言。長短以角言。皆欲中法度也。所視所案所瞻所察所量。五者悉備而當於事。上帝且歆饗之矣。況羣神乎。○行中當並去聲。天子乃難。以達秋氣。以犬嘗麻。先薦寢廟。季春命國難以畢春氣。此獨言天子難者。此為除過時之陽暑。陽者君象。故諸侯以下不得難也。暑氣退。則秋之涼氣通達。故云以達秋氣也。○為去聲。是月也。可以築城郭。建都邑。穿竇窖。脩囷倉。四者皆為斂藏之備。穿地四日竇。方曰窖。○窖音教。乃命有司趣民收斂。務畜菜。多積聚。孟秋已有收斂之命矣。此又趣之以時不可緩故也。菜所以助穀之不足。故蓄之為備。多積聚者。凡可為歲備者。無不貯儲也。○趣音促。畜音蓄。積音恣。乃勸種麥。毋或失時。其有失時。行罪無疑。麥所以續舊穀之盡。而及新穀之登。尤利於民。故特勸種而罰其惰者。是日也。日夜分。雷始收聲。蟄蟲坏戶。殺氣浸盛。陽氣日衰。水始涸。坏益其蟄穴之戶。使通明處稍小。至寒甚乃墐塞之也。水本氣之所為。春夏氣至故長。秋冬氣返故涸也。日夜分。則同度量。平權衡。正鈞石。角斗甬。此與仲春同。是月也。易關市。來商旅。納貨賄。以便民事。四方來集。遠鄉皆至。則財不匱。上無乏用。百事乃遂。朱氏曰。關者貨之所入。市者貨之所聚。易謂無重征以致其難也。易關市。所以來商旅。貨謂化之以為利。賄謂有之以為利。來商旅所以納貨賄也。凡此皆以便民用也。四方散而不一。故言來集。遠鄉邈而在外。故言皆至。此言貢賦職脩也。財所以待用。財不匱則無乏用也。用所以作事。無乏用則事皆遂也。○易去聲。凡舉大事。毋逆大數。必順其時。慎因其類。大事如土功役合諸侯舉兵眾之事。皆不可悖陰陽之大數。因猶依也。如慶賞者乃發生之類。刑罰者乃肅殺之類。必順時令而謹依其類以行之也。仲秋行春令。則秋雨不降。草木生榮。國乃有恐。卯木之氣所應也。卯中有房心。心為大火。故不雨。且有火訛之驚恐也。行夏令。則其國乃旱。蟄蟲不藏。五穀復生。午火之氣所傷也。○復扶又切。行冬令。則風災數起。收雷先行。草木蚤死。子水之氣所泄也。收雷收聲之雷也。先行。先期而動也。○數音朔。

季秋之月。日在房。昏虛中。旦柳中。房在卯。大火之次也。其日庚辛。其帝少皞。其神蓐收。其蟲毛。其音商。律中無射。其數九。其味辛。其臭腥。其祀門。祭先肝。無射戌律。長四寸六千五百六十一分寸之六千五百二十四。○射音亦。鴻鴈來賓。爵入大水為蛤。鞠有黃華。豺乃祭獸戮禽。此記戌月之候。鴈以仲秋先至者為主。季秋後至者為賓。如先登者為主人。從之以登者為客也。爵為蛤。飛物化為潛物也。鞠色不一。而專言黃者。秋令在金。金自有五色。而黃為貴。故鞠色以黃為正也。祭獸者。祭之於天。戮禽者。殺之以食也。禽者鳥獸之總名。鳥不可曰獸。獸亦可曰禽。故鸚鵡不曰獸。而猩猩通曰禽也。○蛤古答切。華音花。天子居總章右个。乘戎路。駕白駱。載白旂。衣白衣。服白玉。食麻與犬。其器廉以深。總章右个。西堂北偏也。是月也。申嚴號令。命百官貴賤無不務內。以會天地之藏。無有宣出。務內。謂事務收斂諸物於內。會合也。合天地閉藏之令也。宣出則悖時令。乃命冢宰。農事備收。舉五穀之要。藏帝籍之收於神倉。祗敬必飭。農事備收。百穀皆斂也。要者。租賦所入之數。籍田所收。歸之神倉。將以供粢盛也。祗謂謹其事。敬謂一其心。飭謂致其力也。是月也。霜始降。則百工休。乃命有司曰。寒氣總至。民力不堪。其皆入室。總至。凝聚而至也。上丁。命樂正入學習吹。吹。主樂聲而言。吹。去聲。篇內並同。是月也。大饗帝。句嘗。句犧牲告備于天子。仲夏大雩。祈也。此月大饗。報也。饗嘗皆用犧牲。仲秋已視全具。至此則告備而後用焉。合諸侯。制百縣。爲來歲受朔日。與諸侯所稅於民輕重之法。貢職之數。以遠近土地所宜爲度。以給郊廟之事。無有所私。石梁王氏日。合諸侯制百縣。注云。合諸侯制絕句。不可從。○劉氏曰。合諸侯者。總命諸侯之國也。制。猶教也。百縣。諸侯所統之縣也。天子總命諸侯。各教百縣。爲來歲受朔日與稅法貢數。各以道路遠近土地所宜爲度。以給上之事。而不可有私也。言郊廟者。舉其重也。蓋朔日與稅貢等事。皆天子總命之諸侯。而諸侯須之百縣。使奉行也。舊說秦建亥。此月爲歲終。故行此數事者得之。或疑是時秦未幷天下。未有諸侯百縣。此仍是古制。愚按呂不韋相秦十餘年。此時已有必得天下之勢。故大集羣儒。損益先王之禮而作此書。名曰春秋。將欲爲一代興王之典禮也。故其間亦多有未見與禮經合者。又按昭襄王之時。封魏冉穰侯。公子市宛侯。悝鄧侯。則分封諸侯行王者事久矣。不韋作相時。已滅東周君。六國削甚。秦已得天下大半。故其立制欲如此也。其後從死。始皇幷天下。李斯作相。盡廢先王之制。而呂氏春秋亦無用矣。然其書也。亦當時儒生學士有志者所爲。猶能彷彿古制。故記禮者有取焉。○爲來爲去聲。是月也。天子乃教於田獵。以習五戎。班馬政。教於田獵。謂因獵而教之以戰陳之事。習用弓矢殳矛戈戟之五兵。班。布。乘馬之政令。其毛色之同異。力之强弱。各以類相從也。○陳、去聲。命僕及七騶咸駕。載旌旐。授車以級。整設于屏外。司徒搢扑。北面誓之。僕。戎僕也。天子馬有六種。各一騶主之。幷總主六騶者爲七騶也。皆以馬駕車。又載祈羽之旌。龜蛇之旐。既畢而授車于乘者。以尊卑爲等級。各使正其行列向背。而設于軍門之屏外。於是司徒插扑于帶。於陳前北面誓戒之。此時六軍皆向南而陳也。扑。即夏楚二物也。周禮。戎僕中大夫二人。○種上聲。行音杭。背音佩。天子乃厲飾。執弓挾矢以獵。命主祠祭禽于四方。天子戎服而嚴厲其威武之飾。親用弓矢以殺禽獸。蓋奉祭祀之物當親殺也。獵竟則命典祀之官。取獵地所獲之獸。祭於郊。以報四方之神。禽者。獸之通名也。○挾子協切。是月也。草木黃落。乃伐薪爲炭。備禦寒也。蟄蟲咸俯在內。皆墐其戶。俯垂頭也。內穴之深處也。墐塞也。○墐音覲。乃趣獄刑。毋留有罪。刑於罪相得即決之。留而不決。亦悖時令也。○趣音促。收祿秩之不當。供養之不宜者。收。如漢法收印綬之收。謂索之使還。各依本等祿秩不當謂不應得而恩命濫賜之者也供養膳服之具也貴賤各有宜用不宜謂侈僭踰制者此亦順秋令之嚴肅也○當養並去聲索音色是月也天子乃以犬嘗稻先薦寢廟季秋行夏令則其國大水未中東井主之冬藏殃敗竇窖之藏爲水所侵民多鼽嚏未土之氣所應也鼽者氣窒於鼻嚏者聲發於口皆肺疾以夏火克金故病此也○鼽嚏音求帝行冬令則國多盜賊邊竟不寧土地分裂丑土之氣所應也裂坼也○竟音境篇內並同行春令則煖風來至民氣解惰師興不居辰土之氣所應也不居不得止息也○解音懈孟冬之月日在尾昏危中旦七星中尾在寅析木之次也七星見季春其日壬癸其帝顓頊其神玄冥其蟲介其音羽律中應鍾其數六其味鹹其臭朽其祀行祭先腎顓頊黑精之君玄冥水官之臣少皞氏之子曰脩曰熙相代爲水官左傳云脩及熙爲玄冥是也介甲也介蟲龜爲長水物也羽音屬水應鍾亥律長四寸二十七分寸之二十水成數六鹹朽皆水屬水受惡穢故有朽腐之氣也行者道路往來之處冬陰往而陽來故祀行也春夏秋皆祭先所勝冬當先心以中央祭心故但祭所屬又以冬主靜不尚克制故也○蔡邕獨斷曰行冬爲太陰盛寒爲水祀之於行在廟門外之西軷壤厚二尺廣五尺輪四尺北面設主於軷上○應去聲軷音鈸水始冰地始凍雉入大水爲蜃虹藏不見此記亥月之候蜃蛟屬此亦飛物化潛物也晉武庫中忽有雉雛張華曰此必蛇化爲雉也開視雉側果有蛇蛻類書有言雉與蛇交而生子子必爲蜄不皆然也然則雉之爲蜃理或有之陰陽氣交而爲虹此時陰陽極乎辨故虹伏虹非有質而曰藏亦言其氣之下伏耳○見音現蛻音退又音稅蜄音梟天子居玄堂左个北堂之西偏也乘玄路駕鐵驪鐵色之馬載玄旂衣黑衣黑深而玄淺如朱深而赤淺也服玄玉食黍與彘其器閎以奄閎者中寬奄者上窄是月也以立冬先立冬三日太史謁之天子曰某日立冬盛德在水天子乃齊立冬之日天子親帥三公九卿大夫以迎冬於北郊還反賞死事恤孤寡死事爲國事而死也孤寡卽死事者之妻子不言諸侯與夏同是月也命太史釁龜筴句占兆句審卦吉凶馮氏曰釁龜筴者殺牲取血而塗龜與著筴也古者器成而釁以血所以攘卻不祥也占兆者玩龜書之繇文審卦者審易書之休咎皆所以豫明其理而待用也釁龜而占兆釁筴而審卦吉凶太史之職也○繇直又切是察阿黨則罪無有掩蔽獄吏治獄寧無阿私必是正而省察之庶幾犯罪者不至掩蔽其曲直也是月也天子始裘周禮季秋獻功裘至此月乃衣之也○衣去聲命有司曰天氣上騰地氣下降天地不通閉塞而成冬不交則不通不通則閉塞○上上聲塞入聲命百官謹蓋藏命有司循行積聚無有不斂申嚴仲秋積聚之令○行去聲積音責坏城郭戒門閭脩鍵閉愼管籥坏補其缺薄處

也城郭欲其厚實故言坏門閭備禦非常故言戒鍵鎖須也閉鎖筒也管籥鎖匙也鍵閉或有破壞故云脩管籥不可妄開故云愼○鍵音蹇固封疆備邊竟完要塞
謹關梁塞徯徑要塞邊城要害處也關境上門梁橋也徯徑野獸往來之路也○下塞入聲飭喪紀辨衣裳審棺槨之厚薄塋丘壟
之大小高卑句厚薄之度貴賤之等級飭喪紀者飭正喪事之紀律也即辨衣裳以下諸事是已上衰下裳以布之精麤爲親疏故曰辨亦謂襲斂之
衣數多寡也棺槨厚薄有貴賤之等塋有大小丘壟有高卑皆不可踰越厚薄之度主禮而言貴賤之等級主人而言故總曰審○朱氏曰喪者人之終冬者歲之終故於此時而飭喪紀焉
是月也命工師效功陳祭器按度程毋或作爲淫巧以蕩上心必功致爲上物勒工名以考其
誠功有不當必行其罪以窮其情工師百工之長效呈也諸器皆成獨主祭器祭器尊也度法也程式也淫巧指諸器而言致讀爲緻謂功力密緻也一讀
如字亦通勒刻也刻名於器以考工人之誠僞也行猶治也窮其情者究詰其詐僞之情也○致按洪武正韻引此文音治當去聲是月也大飲烝因烝祭而與羣臣大爲燕
飲也舊說烝升也此乃饗禮升牲體於俎上謂之房烝未知是否天子乃祈來年于天宗大割祠于公社及門閭臘先祖五祀
勞農以休息之天宗日月星辰也割祠割牲以祭也社以上公配祭故云公社又祭及門閭之神也臘之言獵以田獵所獲之物而祭先祖及五祀之神故曰臘也又蔡邕云
夏曰清祀殷曰嘉平周曰蜡秦曰臘然左傳言虞不臘是周亦名臘也勞農即周禮黨正屬民飲酒之禮也天子乃命將帥講武習射御角力以仲冬大
閱也○將去聲是月也乃命水虞漁師收水泉池澤之賦毋或敢侵削眾庶兆民以爲天子取怨于下
其有若此者行罪無赦水虞澤虞也漁師漁人也見周禮水冬涸故以冬時收賦○爲去聲孟冬行春令則凍閉不密地氣上泄
民多流亡寅木之氣所泄也○上上聲行夏令則國多暴風方冬不寒蟄蟲復出巳火之氣所損也○復扶又切行秋令則雪
霜不時小兵時起土地侵削申金之氣所淫也仲冬之月日在斗昏東辟中旦軫中斗在丑星紀之次也○辟音壁其日
壬癸其帝顓頊其神玄冥其蟲介其音羽律中黃鍾其數六其味鹹其臭朽其祀行祭先腎黃鍾子律
長九寸冰益壯地始坼鶡旦不鳴虎始交此記子月之候鶡旦夜鳴求旦之鳥也○坼俗作拆誤天子居玄堂太廟乘玄路駕
鐵驪載玄旂衣黑衣服玄玉食黍與彘其器閎以奄玄堂太廟北堂當太室也飭死事誓戒六軍之士以戰陳當厲必死之志也命
有司曰土事毋作愼毋發蓋毋發室屋及起大眾以固而閉順閉藏之令以安伏蟄之性也固堅也而猶其也周禮仲冬教大閱此言

毋起大衆。是誠呂氏之書矣。地氣沮泄。是謂發天地之房。諸蟄則死。民必疾疫。又隨以喪。命之曰暢月。沮者壞散之義。因破壞而宣泄。故云沮泄也。天地之閉固氣類。猶房室之安藏人也。若發散天地之所藏。則諸蟄皆死。是干犯陰陽之令。疾疫必爲民災。喪禍隨之而見。一說。喪讀去聲。謂民因避疾疫而逃亡也。暢月未詳。舊說。暢充也。言所以不可發泄者。以此月萬物皆充實於內故也。朱氏謂陽久屈而後伸。故云暢月也。未知孰是。○沮上聲。

是月也。令奄尹申宮令。審門閭。謹房室。必重閉。省婦事。毋得淫。雖有貴戚近習。毋有不禁。奄尹。羣奄之長也。以其精氣奄閉。故名閽人。宮令。宮中之政令也。重閉。內外皆閉也。減省婦人之事。務順陰靜也。淫謂女功之過巧者。貴戚。天子之族姻。近習。其嬖幸者。

乃命大酋。秫稻必齊。麴蘖必時。湛熾必潔。水泉必香。陶器必良。火齊必得。兼用六物。大酋監之。毋有差貸。大酋。酒官之長也。秫稻。酒材也。必齊。多寡中度也。必時。制造及時也。湛漬而滌之也。熾。蒸炊也。必潔。無所汚也。必香。無穢惡之氣也。必良。無罅漏之失也。必得。適生熟之宜也。物。事也。六物。謂必齊以下六事。差貸。不中法式也。○酋音揫。齊上如字。下去聲。湛音尖。監平聲。貸音二。坊本音忒。按正韻二音通用。中去聲。

天子命有司祈祀四海大川名源淵澤井泉。冬令方中。水德至盛。故爲民祈而祀之也。

是月也。農有不收藏積聚者。馬牛畜獸有放佚者。取之不詰。取之不詰。罪在不收斂也。○積音漬。詰起吉切。山林藪澤有能取蔬食田獵禽獸者。野虞教道之。其有相侵奪者。罪之不赦。罪之不赦。惡其不相共利也。○道去聲。惡去聲。

是月也。日短至。陰陽爭。諸生蕩。短至。短之極也。陰陽之爭。與夏至同。諸生者。萬物之生機也。蕩者動也。君子齊戒。處必掩身。身欲寧。去聲色。禁耆欲。安形性。事欲靜。以待陰陽之所定。此皆與夏至同。而有謹之至者。彼言止聲色。而此言去。彼言節耆欲。而此言禁。蓋仲夏之陰猶微。而此時之陰猶盛。陰微則盛陽未至於甚傷。陰盛則微陽當在於善保故也。芸始生。荔挺出。蚯蚓結。麋角解。水泉動。此又言子月之候。芸與荔挺皆香草。結。猶屈也。解。脫也。水者天一之陽所生。陽生而動。言枯涸者漸滋發也。十二月惟子午之月。皆再記其候者。詳於陰陽之萌也。日短至。則伐木取竹箭。陰盛則材成。故伐而取之。大曰竹。小曰箭。

是月也。可以罷官之無事。去器之無用者。官以權宜而設。器以權宜而造。皆暫焉之事。此閉藏休息之時。故可罷去。塗闕廷門閭。築囹圄。此以助天地之閉藏也。

仲冬行夏令。則其國乃旱。火氣乘之。應於來年。氛霧冥冥。亦火氣所蒸。雷乃發聲。陰不能固陽也。午火之氣所克也。行秋令。則天時雨汁。瓜瓠不成。雨雪雜下曰汁。雨去聲。汁音執。○國有大兵。酉金之氣所淫也。行春令。則蝗蟲爲敗。水泉咸竭。卯中大火之所主也。民多疥癘。卯木之氣所泄也。

季冬之月。日在婺女。

昏婁中。旦氐中。女在子。玄枵之次也。○枵音囂。其日壬癸。其帝顓頊。其神玄冥。其蟲介。其音羽。律中大呂。其數六。其味鹹。其臭朽。其祀行。祭先腎。大呂。丑律。長八寸二百四十三分寸之百四。鴈北鄉。鵲始巢。雉雊。雞乳。此記丑月之候。○鄉去聲。雊古侯切。乳去聲。天子居玄堂右个。乘玄路。駕鐵驪。載玄旂。衣黑衣。服玄玉。食黍與彘。其器閎以奄。玄堂右个。北堂東偏也。命有司大難。旁磔。出土牛。以送寒氣。季春惟國家之難。仲秋惟天子之難。此則下及庶人。又以陰氣極盛。故云大難也。旁磔謂四方之門皆披磔其牲。以攘除陰氣。不但如季春之九門磔攘而已。舊說。此月日經虛危。司命二星在虛北。司祿二星在司命北。司危二星在司祿北。司中二星在司危北。此四司者。鬼官之長。又墳四星在危東南。墳墓四司之氣。能爲厲鬼。將來或爲災厲。故難磔以攘除之。事或然也。出猶作也。月建丑。丑爲牛。土能制水。故特作土牛以畢送寒氣也。征鳥厲疾。征鳥。鷹隼之屬。以其善擊。故曰征。厲疾者。猛厲而迅疾也。乃畢山川之祀。及帝之大臣。天之神祇。帝之大臣。謂五帝之佐。句芒祝融之屬也。孟冬言祈天宗。此或司中司命風師雨師之屬歟。是月也。命漁師始漁。天子親往。乃嘗魚。先薦寢廟。獵而親殺。爲奉祭也。則漁而親往。亦爲薦先歟。冰方盛。水澤腹堅。命取冰。冰以入。冰之初凝。惟水面而已。至此則徹上下皆凝。故云腹堅。腹猶內也。藏冰正在此時。故命取冰。冰入則陰事之終也。令告民出五種。命農計耦耕事。脩耒耜。具田器。冰入之後。大寒將退。令典農之官。告民出其所藏五穀之種。計度耦耕之事。耦謂二人相偶也。採木爲耒。斲木爲耜。今之耜以鐵爲之。田器。鎡基之屬。凡治田所用者也。此皆豫備東作之事。陽事之始也。○種上聲。度入聲。命樂師大合吹而罷。鄭氏曰。歲將終。與族人大飲。作樂於大寢。以綴恩也。王居明堂禮。季冬命國爲酒。以合三族。○疏曰。此用禮樂於族人最盛。後年季冬乃復如此作樂。以一年頓停。故云罷。○吹去聲。乃命四監收秩薪柴。以共郊廟及百祀之薪燎。四監說見季夏。秩常也。謂有常數也。大而可析者謂之薪。小而束者謂之柴。薪燎。炊爨及夜燎之用也。○共音供。是月也。日窮于次。月窮于紀。星回于天。數將幾終。歲且更始。日窮于次者。去年季冬次玄枵。至此窮盡。還次玄枵也。紀。會也。去年季冬月與日相會於玄枵。至此窮盡。還復會於玄枵也。二十八宿隨天而行。每日雖周天一匝。而早晚不同。至此月而復其故處。與去年季冬早晚相似。故云回于天也。幾。近也。以去年季冬至今年季冬三百五十四日。未滿三百六十五日。不爲正終。故云幾於終也。歲且更始者。所謂終則有始也。○幾更並平聲。專而農民。毋有所使。而。汝也。在上者當專壹汝農之事。毋得徭役使之也。天子乃與公卿大夫共飭國典。論時令。以待來歲之宜。朱氏曰。國典有常。飭之以應來歲之變。時令有序。論之以防來歲之差。歲既更始。故事亦有異宜者。○共如字。論去聲。應去聲。乃命太史次諸侯之列。賦之犧牲。以共皇天上帝社稷之饗。列謂大小之等差也。○共音供。下並同。差，楚宜切。乃命同姓之邦，共寢廟之芻豢。人本乎祖，故祖廟之牲，使同姓諸侯供之。命宰歷卿大夫至于庶民土田之數，而賦犧牲，以共山林名川之祀。歷者，序次其多寡之數也。凡在天下九州之民者，無不咸獻其力，以共皇天上帝社稷寢廟山林名川之祀。禮有五經，莫重於祭故也。季冬行秋令，則白露蚤降，介蟲為妖，四鄙入保。畏介蟲為兵之象也。戌土之氣所應。行春令，則胎夭多傷，胎未生者，夭方生者。國多固疾。固謂久而不差。辰土之氣所應。○差，楚懈切。命之曰逆。以歲終而行歲始之令也。行夏令，則水潦敗國，時雪不降，冰凍消釋。火奪水之令也。未土之氣所應。

禮記卷之四

曾子問第七

曾子問曰。君薨而世子生。如之何。孔子曰。卿大夫士從攝主北面於西階南。大祝裨冕。執束帛。升自西階盡等。不升堂。命毋哭。攝主上卿之代主國事者也。裨冕者天子諸侯六服。大裘為上。其餘為裨服。裨衣而著冕。故云裨冕也。等即階也。○裨音皮。毋音無。著入聲。祝聲三。告曰。某之子生。敢告。升奠幣于殯東几上。哭降。眾主人。卿大夫士。房中皆哭不踊。盡一哀。反位。遂朝奠。小宰升舉幣。祝為噫歆之聲者三。以警動神聽。乃告之也。噫是歎恨之聲。歆者欲其歆饗之義也。某夫人之氏也。房中婦人也。升舉幣。舉而埋之兩階之間也。○三去聲。三日。眾主人。卿大夫士。如初位。北面。大宰大宗大祝皆裨冕。少師奉子以衰。祝先子從。宰宗人從。入門哭者止。子升自西階殯前北面。祝立于殯東南隅。祝聲三。曰。某之子某。從執事。敢見。子拜稽顙哭。祝宰宗人。眾主人。卿大夫士。哭踊三者三。降東反位。皆袒。子踊。房中亦踊。三者三。襲衰杖。奠出。大宰命祝史以名徧告于五祀山川。如初位者。如初告子生之位次也。少師主養子之官。奉子以衰。以衰服承藉而捧之也。告曰。夫人某氏之子某。從執事宰宗人等敢見。子名則大宰所立也。告訖。捧子之人。拜而稽顙且哭。凡踊三度為一節。如此者三。故云三者三。降東反位者。堂上人皆從西階降而反東。在下者亦皆東而反其朝夕之哭位也。踊而襲衰杖。成其為子之禮也。奠出。朝奠畢而出也。○大宰大宗大祝大音泰。少去聲。奉上聲。衰音催。從去聲。三去聲。見音現。

曾子問曰。如已葬而世子生。則如之何。孔子曰。大宰大宗從大祝而告于禰。三月乃名于禰。以名徧告及社稷宗廟山川。告于禰。告其主也。此時神主在殯宮。因見禰而立其名。故云乃名于禰也。孔子曰。諸侯適天子。必告于祖。奠于禰。冕而出視朝。命祝史告于社稷宗廟山川。乃命國家五官而后行。道而出。告者五日而徧。過是非禮也。凡告用牲幣。反亦如之。告于祖亦告于禰。奠于禰亦奠于祖也。奠者奠幣為禮而告之也。視朝聽事之後。即徧告羣祀。戒命五大夫之職事。使無廢弛也。諸侯有三卿五大夫。道而出者。祖祭道神而后出行也。五祀之行神則在宮內。月令冬祀行是也。喪禮毀宗躐行。則行神之位在廟門外西方。若祭道路之行神謂之軷。於城外委土為山之形。伏牲其上。祭告禮畢。乘車轢之而遂行也。其神曰纍。其牲天子犬。諸侯羊。卿大夫酒脯而已。長一丈八尺為制幣。○牲音制。

諸侯相見。必告于

禰。朝服而出視朝。命祝史告于五廟。所過山川。亦命國家五官。道而出。反必親告于祖禰。乃命祝史告至于前所告者。而后聽朝而入。上章言冕而出視朝。此言朝服而出視朝者。按覲禮侯氏裨冕。今敬君欲豫習其禮。故冕服以視朝。諸侯相朝非君臣也。故但朝服而已。諸侯朝服玄冠緇衣素裳。而聘禮云。諸侯相聘。皮弁服。則相朝亦皮弁服矣。天子以皮弁服視朝。故謂之朝服也。

曾子問曰。並有喪。如之何。何先何後。孔子曰。葬先輕而後重。其奠也先重而後輕。禮也。自啓及葬不奠。行葬不哀次。反葬奠而后辭於殯。遂脩葬事。其虞也。先重而後輕。禮也。曾子問同時有父母或祖父母之喪。先後之次如何。孔子言葬則先母而後父。奠則先父而後母。自從也。從啓母殯之後及至葬柩欲出之前。惟設母啓殯之奠。朝廟之奠。及祖奠遣奠而已。不於殯宮爲父設奠。故云自啓及葬不奠。謂不奠父也。次者大門外之右。平生待賓客之處。柩至此。則孝子悲哀。柩車暫停。今爲父喪在殯。故行葬母之時。孝子不得爲母伸哀於所次之處。故柩車不暫停也。及葬母而反。卽於父殯設奠。告語於賓以明日啓父殯之期。賓出之後。孝子遂脩營葬父之事也。葬是奪情之事。故先輕。奠是奉養之事。故先重也。虞祭亦奠之類。故亦先重。○殯音賓。朝音潮。遣爲養並去聲。孔子曰。宗子雖七十。無無主婦。非宗子。雖無主婦可也。宗子領宗男於外。宗婦領宗女於內。禮不可缺。故雖七十之年。猶必再娶。然此謂大宗之無子或子幼者。若有子有婦可傳繼者。則七十可不娶矣。

曾子問曰。將冠子。冠者至。揖讓而入。聞齊衰大功之喪。如之何。孔子曰。內喪則廢。外喪則冠而不醴。徹饌而埽。卽位而哭。如冠者未至。則廢。冠者。賓與贊禮之人也。此人已及門而與主人揖讓以入矣。主人忽聞齊衰大功之喪。何以處之。夫子言若是大門內之喪。則廢而不行。以冠禮行之於廟。廟在大門之內。吉凶不可同處也。若是大門外之喪。喪在他處。可以加冠。但冠禮三加之後。設醴以禮新冠之人。今値凶事。止三加而止。不醴之也。初欲迎賓之時。醴及饌具皆陳設。今悉徹去。又埽除冠之舊位。使淨潔更新。乃卽位而哭。如賓與贊者未至。則廢也。○冠埽並去聲。

如將冠子而未及期日。而有齊衰大功小功之喪。則因喪服而冠。除喪不改冠乎。孔子曰。天子賜諸侯大夫冕弁服於大廟。歸設奠服賜服。於斯乎有冠醮。無冠醴。父沒而冠。則已冠埽地而祭於禰。已祭而見伯父叔父。而后饗冠者。未及期日。在期日之前也。因喪服而冠者。因著喪之成服。而加喪冠也。此是孔子之言。曾子又問他日除喪之後。不更改易而行吉冠之禮乎。孔子答云。諸侯及大夫有幼弱未冠。總角從事。至當冠之年。因朝天子。天子於大廟中賜冕服弁服。其受賜者榮君之命。歸卽設奠告廟。服所賜之服矣。於此之時。惟有冠之醮。無冠之醴。醮是以酒爲燕飲。醴則獨禮受服之人也。其禮如此。安得有除喪改冠之禮乎。父沒而冠。謂除喪之後。以吉禮禮冠者。蓋齊衰以下。可因喪服而冠。斬衰不可。○疏曰。吉冠是吉時成人之服。喪冠是喪時成人之服。謂之醮者。酌而無酬酢曰醮。醮重而醮輕者。醮是古之酒。故爲重。醮之所以異於醴者。三加之後總一醴之。醮則每一加而行一醮也。○大廟大音泰。埽去聲。見音現。

曾子問曰。祭如之何則不行旅酬之事矣。孔子曰。聞之小祥者。主人練祭而不旅。奠酬於賓。賓弗舉。禮也。昔者魯昭公練而舉酬行旅。非禮也。孝公大祥奠酬弗舉。亦非禮也。曾子問祭而不行旅酬之禮。何祭爲然。孔子言惟小祥練祭爲然。不旅者。不旅酬也。奠酬於賓。奠其酬爵於賓前也。賓弗舉者。賓不舉以旅也。言此祭主人得致爵於賓。賓不可舉此爵而行旅酬。此禮也。大祥則可旅酬矣。孝公隱公之祖。○朱子曰。旅。衆也。酬。導飲也。旅酬之禮。賓弟子兄弟之子。各舉觶於其長而衆相酬。蓋宗廟之中。以有事爲榮。故逮及賤者。使亦得以伸其敬也。又曰。主人酌以獻賓。賓酢主人曰酢。主人又自飲而復飲賓曰酬。主人自飲者。是導賓使飲也。但賓受之却不飲。奠於席前。至旅時亦不舉。又自別舉爵。

曾子問曰。大功之喪可以與於饋奠之事乎。孔子曰。豈大功耳。自斬衰以下皆可。禮也。曾子曰。不以輕服而重相爲乎。孔子曰。非此之謂也。天子諸侯之喪斬衰者奠。大夫齊衰者奠。士則朋友奠。不足則取於大功以下者。不足則反之。饋奠。奠於殯也。大夫朔望皆有殷奠。士惟月朔。其禮盛。故執事者衆。曾子問已有大功之喪。可與他人饋奠之事乎。孔子將謂曾子問已有大功之喪。得爲大功者饋奠否。故答云。豈但大功。自斬衰以下皆可禮也。言身有斬衰所爲者斬衰。身有齊衰所爲者齊衰。皆可與其饋奠。孔子是據所服者言之。曾子又不悟此旨。將謂言他人。乃曰。不太輕已之服而重於相爲乎。孔子又答云。非此爲他人之謂也。謂於所爲服者也。凡喪奠。主人以悲哀不暇執事。故不親奠。天子諸侯之喪。諸臣皆斬衰。故云斬衰者奠。大夫則兄弟之服齊衰者奠。士不以齊衰者奠。避大夫也。故朋友奠。人不充數。則取大功以下。又不足。則反取大功以上也。○疏曰。反之者。反取前人執事者充之。○與爲並去聲。

曾子問曰。小功可以與於祭乎。孔子曰。何必小功耳。自斬衰以下與祭。禮也。曾子曰。不以輕喪而重祭乎。孔子曰。天子諸侯之喪祭也。不斬衰者不與祭。大夫齊衰者與祭。士祭不足。則取於兄弟大功以下者。大旨與上章同。但此問與於祭。則是虞與卒哭之祭。

曾子問曰。相識有喪服。可以與於祭乎。孔子曰。緦不祭。又何助於人。所知識之人有祭事。而已有喪服。可以助爲之執事否。夫子言已有緦麻之服。服之輕者也。尚不得自祭已之宗廟。何得助他人之祭乎。

曾子問曰。廢喪服。可以與於饋奠之事乎。孔子曰。說衰與奠。非禮也。以擯相可也。廢猶除也。饋奠在殯之奠也。不問吉祭而問喪奠。曾子之意。謂方除喪服。決不可與吉禮。疑可與饋奠也。夫子言方說衰卽與奠。是忘哀太速。故言非禮也。擯相事輕。亦或可耳。○說音脫。相去聲。

曾子問曰。昏禮既納幣有吉日。女之父母死。則如之何。孔子

曰壻使人弔如壻之父母死則女之家亦使人弔父喪稱父母喪稱母父母不在則稱伯父世母
壻已葬壻之伯父致命女氏曰某之子有父母之喪不得嗣爲兄弟使某致命女氏許諾而弗敢
嫁禮也壻免喪女之父母使人請壻弗取而后嫁之禮也有吉日者期日已定也彼是父喪則此稱父之名弔之彼是母喪則此稱母之
名弔之父母或在他所則稱伯父伯母名如無伯父母則用叔父母名可知壻雖已葬其親而喪
期尚遠不欲使彼女失嘉禮之時故使人致命使之別嫁他人某之子此某字是伯父之名不得
嗣爲兄弟者言繼此不得爲夫婦也夫婦同等有兄弟之義亦親之之辭不曰夫婦者未成昏嫌
也使某致命此某字是使者之名致如致仕之致謂致還其許昏之命也女氏雖許諾而不敢以
女嫁於他人禮也及壻祥禫之後女之父母使人請壻成昏
壻終守前說而不取而后此女嫁於他族禮也○取如字女之父母死壻亦如之女之父母死女之伯父致
命於男氏曰某之子有父母之喪不得嗣爲兄弟使某致命男氏許
諾而不敢娶女免喪壻之父母使人請女家不許壻然後別娶也曾子問曰親迎女在塗而壻
之父母死如之何孔子曰女改服布深衣縞總以趨喪女在塗而女之父母死則女反嫁服士妻褖衣大夫
妻展衣卿妻鞠衣改服更其嫁服也衣與裳相連而前後深邃故曰深衣縞生白絹也總束髮也
長八寸布爲深衣縞爲總婦人始喪未成服之服也故服此以奔舅姑之喪女子在室爲父三年
父卒亦爲母三年已嫁則期今既在塗非在室矣則止用奔喪
之禮而服期改服亦布深衣縞總也○迎去聲褖音彖更平聲如壻親迎女未至而有齊衰大功
之喪則如之何孔子曰男不入改服於外次女入改服於內次然後即位而哭曾子問曰除喪則
不復昏禮乎孔子曰祭過時不祭禮也又何反於初此齊衰大功之喪謂壻家也改服改其親迎之服而服深衣於門外之次也女謂婦也入
門內之次而以深衣更其嫁服也此特問齊衰大功之喪者以小功及緦輕不廢昏禮禮畢乃哭
耳若女家有齊衰大功之喪女亦不反歸也曾子又問除喪之後豈不復更爲昏禮乎孔子言祭
重而昏輕重者過時尚廢輕者豈可復行乎然
此亦止謂四時常祭耳禘祫大祭過時猶追也孔子曰嫁女之家三夜不息燭思相離也取婦之
家三日不舉樂思嗣親也三月而廟見稱來婦也擇日而祭於禰成婦之義也思相離則不能寢寐故不滅燭思嗣
親則不無感傷故不舉樂此昏禮所以不賀也成昏而舅姑存者明日婦見舅姑若舅姑已歿則
成昏三月乃見於廟祝辭告神曰某氏來婦來婦言來爲婦也蓋選擇吉日而行此禮廟見祭禰
即是一事非見廟之後更擇日而祭也成婦之義
者成盥饋之禮之義也○離取並去聲見音現曾子問曰女未廟見而死則如之何孔子曰不
遷於祖不祔於皇姑壻不杖不菲不次歸葬于女氏之黨示未成婦也不遷於祖不遷柩而朝於壻之祖廟也不附於皇姑

以未廟見。故主不得祔姑之廟也。壻齊衰期。但不杖。不菲屨。不別處哀次耳。女之父母自降服大功。○非。扶畏切。

曾子問曰。取女有吉日而女死。如之何。孔子曰。壻齊衰而弔。既葬而除之。夫死亦如之。若夫死。女以斬衰往弔。既葬而除也。○取。去聲。

曾子問曰。喪有二孤。廟有二主。禮與。孔子曰。天無二日。土無二王。嘗禘郊社。尊無二上。未知其為禮也。二孤。二主。當時有之。曾子疑其非禮。故問。夫子言天猶不得有二日。土猶不得有二王。嘗禘郊社。祭之重者。各有所尊。不可混并而祭之。喪可得有二孤。廟可得有二主乎。非禮明矣。○與。平聲。并。去聲。昔者齊桓公亟舉兵。作偽主以行。及反。藏諸祖廟。廟有二主。自桓公始也。師行而載遷廟之主于齊車。示有所尊奉也。既作偽主。又藏於廟。是二主矣。喪之二孤。則昔者衛靈公適魯。遭季桓子之喪。衛君請弔。哀公辭不得命。公為主。客入弔。康子立於門右北面。公揖讓升自東階西鄉。客升自西階弔。公拜興哭。康子拜稽顙於位。有司弗辯也。今之二孤。自季康子之過也。國君弔鄰國之臣。尊卑不等。衛君弔而哀公為主。禮也。禮。大夫既殯而君來弔。主人門右北面哭拜稽顙。今既哀公為主。主則拜賓。康子但當哭踊而已。乃拜而稽顙於位。是二孤矣。當時有司不能論而正之。遂至循襲為常。變禮之失。由於康子。上章言自桓公始。此不言始而言過者。孔子康子同時也。靈公先桓子卒。經訛為靈公。實出公也。

曾子問曰。古者師行。必以遷廟主行乎。孔子曰。天子巡守。以遷廟主行。載于齊車。言必有尊也。今也取七廟之主以行。則失之矣。遷廟主。謂新祧廟之主也。齊車。金路也。又名曰公禰。○守。去聲。齊。側皆切。當七廟五廟無虛主。虛主者。惟天子崩。諸侯薨。與去其國。與祫祭於祖。為無主耳。吾聞諸老聃曰。天子崩。國君薨。則祝取羣廟之主而藏諸祖廟。禮也。卒哭成事而后主各反其廟。崩薨而羣主皆聚祖廟。以喪二年不祭。且象生者為凶事而聚集也。○馮氏曰。鄭注老聃。古壽考者之稱。石梁先生曰。此老聃非作五千言者。○聃。音貪。君去其國。太宰取羣廟之主以從。禮也。去國而羣廟之主皆行。不敢棄其先祖也。○從。去聲。祫祭於祖。則祝迎四廟之主。主出廟入廟必蹕。老聃云。諸侯五廟。祫祭則迎高曾祖禰入太祖之廟。主出入而蹕止行人。不欲其瀆也。

曾子問曰。古者師行無遷主。則何主。孔子曰。主命。問曰。何謂也。孔子曰。天子諸侯將出。必以幣帛皮圭告于祖禰。遂奉以出。載于齊車以行。每舍奠焉而后就舍。反必告。設奠卒。斂幣玉藏諸兩階之間乃出。蓋貴命也。既以幣玉告于祖廟。則奉此幣玉。猶奉祖宗之命也。故曰主命。

每舍必奠神之也反則設奠以告而埋藏之不敢褻也

子游問曰喪慈母如母禮與孔子曰非禮也古者男子外有傅內有慈母君命所使教子也何服之有妾之無子者養妾子之無母者謂之慈母緣天子諸侯不爲庶母服大夫妾子父在爲其母大功士之妾子父在爲其母期是與巳母同也何服之有謂天子諸侯也故下文舉國君之事證之○喪平聲爲去聲昔者魯昭公少喪其母有慈母良及其死也公弗忍也欲喪之有司以聞曰古之禮慈母無服今也君爲之服是逆古之禮而亂國法也若終行之則有司將書之以遺後世無乃不可乎公曰古者天子練冠以燕居公弗忍也遂練冠以喪慈母喪慈母自魯昭公始也良善也古者周以前也天子諸侯之庶子爲天子諸侯者爲其母緦春秋有以小君之禮服之者以子貴而伸也然必適小君沒若適小君在則其母厭屈故練冠也此言練冠以燕居謂庶子之爲王者爲其母耳○少喪並去聲下喪並如字爲如字厭音壓

曾子問曰諸侯旅見天子入門不得終禮廢者幾孔子曰四請問之曰大廟火日食后之喪雨霑服失容則廢如諸侯皆在而日食則從天子救日各以其方色與其兵大廟火則從天子救火不以方色與兵旅眾也色衣之色也東方諸侯衣青南方諸侯衣赤餘倣此東方用戟南方矛西方弩北方楯中央鼓日食是陰侵陽故正五行之方色以厭勝之救火不關此義也○見音現幾如字大音泰厭音壓

曾子問曰諸侯相見揖讓入門不得終禮廢者幾孔子曰六請問之曰天子崩大廟火日食后夫人之喪雨霑服失容則廢大廟本國之大廟也夫人小君也

曾子問曰天子嘗禘郊社五祀之祭簠簋既陳天子崩后之喪如之何孔子曰廢嘗禘宗廟之祭郊社天地之祭此言五祀而祭法言七祀先儒已言祭法不足據矣

曾子問曰當祭而日食大廟火其祭也如之何孔子曰接祭而已矣如牲至未殺則廢接捷也速疾之義此言宗廟之祭遇此變異則減畧節文務在速畢無迎尸於奧及迎尸入坐等禮矣○坊本廢上有日字

天子崩未殯五祀之祭不行既殯而祭其祭也尸入三飯不侑酳不酢而已矣自啓至于反哭五祀之祭不行已葬而祭祝畢獻而已天子諸侯之祭禮亡不可聞其詳矣先儒以大夫士祭禮推之士祭尸九飯大夫祭尸十一飯則知諸侯十三飯天子十五飯也五祀外神不可以已私喪久廢其祭若當祭之時而天子崩則止而不行俟殯訖乃祭然其禮則殺矣侑勸也尸入迎尸而入坐也三飯不侑者尸三飯告飽則止祝更不勸侑其食使滿足當飯之數也酳食畢而以酒漱口也說見曲禮按特牲禮尸九飯畢主人酌酒酳尸尸飲卒爵酢主人主人受酢飲畢酌獻祝祝飲畢主人又酌

獻佐食。今云酳不酢者。無酢主人以下等事也。此是言殯後祭五祀之禮。又言自啓殯往葬及葬畢反哭。其間亦不祭五祀。直待葬後乃祭。其禮又不同。蓋葬後哀稍殺。漸向吉。故祝侑尸食至十五飯。攝主酳尸。尸飲卒爵而酢攝主。攝主飲畢酌而獻祝。祝受而飲畢則止。無獻佐食以下之事。故云祝畢獻而已。已。止也。○酳。以刃切。

曾子問曰。諸侯之祭社稷。俎豆既陳。聞天子崩。后之喪。君薨。夫人之喪。如之何。孔子曰。廢。自薨比至于殯。自啓至于反哭。奉帥天子。比。及也。○曾子所問如此。孔子曰廢。又言自薨至殯。自啓至反哭。皆帥循天子之禮者。謂諸侯既殯而祭社稷或五祀者。亦如天子殯後祭五祀之禮也。其葬後而祭社稷五祀者。亦如天子葬後祭五祀之禮也。○比音畀。帥。入聲。

曾子問曰。大夫之祭。鼎俎既陳。籩豆既設。不得成禮。廢者幾。孔子曰。九。請問之。曰。天子崩。后之喪。君薨。夫人之喪。君之大廟火。日食。三年之喪。齊衰大功皆廢。外喪自齊衰以下行也。其齊衰之祭也。尸入三飯不侑。酳不酢而已矣。大功酢而已矣。小功緦。室中之事而已矣。士之所以異者。緦不祭。所祭於死者無服。則祭。此言大夫宗廟之祭。外喪在大門之外也。三飯不侑酳不酢。說見上章。大功酢而已者。大功服輕。祭禮稍備。十一飯之後。主人酌酒酳尸。尸酢主人。即止也。室中之事者。凡尸在室之奧。祝在室中北廂南面。佐食在室中戶西北面。但主人主婦及賓獻尸及祝佐食等三人畢則止也。若平常之祭。十一飯畢。主人酳尸。尸卒爵酢主人。主人獻祝及佐食畢。次主婦獻尸。尸酢主婦。主婦又獻祝及佐食畢。次賓長獻尸。尸得賓長獻爵則止不舉。蓋奠其爵于薦之左也。待致爵之後。尸乃舉爵。今以喪服殺禮。故止於賓之獻也。士卑於大夫。雖緦服亦不祭。所祭於死者無服。謂如妻之父母。母之兄弟姊妹。已雖有服。而已所祭者與之無服。則可祭也。○今按致爵之禮。賓獻尸三爵而止。尸止爵之後。執事者爲主人設席于戶內。主婦酌爵而致于主人。主人拜受爵。主婦拜送爵。主人卒爵拜。主婦答拜受爵以酌而酢。執爵拜。主人答拜。主人降洗爵以酌。而致于主婦。主婦之席在房中南面。主婦拜受爵。主人西面答拜。而更爵自酌以酢。此所謂致爵也。祭統曰。酢必易爵。詳見特牲饋食禮。

曾子問曰。三年之喪。弔乎。孔子曰。三年之喪。練。不羣立。不旅行。君子禮以飾情。三年之喪而弔哭。不亦虛乎。練。小祥也。旅。衆也。羣立旅行。言及他事。則爲忘哀。況於弔乎。先王因人情而制禮。隨其哀樂之情。皆有以飾之。苴衰絰杖。爲至痛飾也。居重喪而弔哭於人。哀彼則忘吾親。哀在親則弔爲矯僞矣。非虛而何。曾子既聞夫子此言矣。而檀弓篇乃記其以喪母之齊衰而往哭於子張。得非好事者爲之辭歟。

曾子問曰。大夫士有私喪。可以除之矣。而有君服焉。其除之也如之何。孔子曰。有君喪服於身。不敢私服。又何除焉。於是乎有過時而弗除也。君之喪服除而后殷祭。禮也。君重親輕。以義斷恩也。若君服在身。忽遭親喪。則不敢爲親制服。初死尚不得成服。終可行除服之禮乎。此所以雖過時而不除也。殷祭。盛祭也。君服除。乃得爲親行二祥之祭。以伸孝心。以其禮大。故曰殷也。假如此月除君服。即次月行小祥之祭。又次月行大祥之祭。若親喪小祥後方遭君喪。則他時君服除後。惟行大祥祭也。然此皆謂適子主祭而居官者。若庶子居官而行君服。適子在家。自依時行親喪之禮。他日庶子雖除君服。無追祭矣。**曾子問曰。父母之喪。弗除可乎。孔子曰。先王制禮。過時弗舉。禮也。非弗能勿除也。患其過於制也。故君子過時不祭。禮也。**曾子之意。以爲適子仕者。除君服後。猶得追祭二祥。庶子仕者。雖除君服。不復追祭。是終身不除父母之喪矣。可乎。孔子言先王制禮。各有時節。過時不復追舉。禮也。今不追除服者。不是不能除也。患其踰越聖人之禮制也。且如四時之祭。當春祭時或以事故阻廢。至夏則惟行夏時之祭。不復追補春祭矣。故過時不祭。禮之常也。惟禘祫大事則不然。

曾子問曰。君薨既殯。而臣有父母之喪。則如之何。孔子曰。歸居于家。有殷事則之君所。朝夕否。殷盛之事。謂朔望及薦新之奠也。君有此事。則往適君所。朝夕則不往哭。**曰。君既啓。而臣有父母之喪。則如之何。孔子曰。歸哭而反送君。**啓。啓殯也。歸哭。哭親喪也。反送君。復往送君之葬也。此二節皆對言君親之喪。若臣有父母之喪。既殯而後有君喪。則歸君所。父母喪有殷事。則來歸家。朝夕亦恒在君所也。若父母之喪既啓而有君之喪。則亦往哭於君所。而反送父母之葬也。下文君未殯而臣有父母之喪。亦與父母之喪未殯而有君喪互推之。**曰。君未殯而臣有父母之喪。則如之何。孔子曰。歸殯。反于君所。有殷事則歸。朝夕否。大夫室老行事。士則子孫行事。大夫內子有殷事。亦之君所。朝夕否。**室老。家相之長也。室老子孫行事者。以大夫士在君所。殷事之時。或朝夕恒在君所。則親喪朝夕之奠有缺。然奠不可廢也。大夫尊。故使室老攝行其事。士卑。則子孫攝也。內子。卿大夫之適妻也。爲夫之君。如爲舅姑服齊衰。故殷事亦之君所。○爲。去聲。**賤不誄貴。幼不誄長。禮也。唯天子稱天以誄之。諸侯相誄。非禮也。**誄之爲言累也。累舉其平生實行。爲誄而定其謚。以稱之也。稱天以誄之者。天子之尊無二。惟天在其上。故假天以稱之也。人君之事多稱天。不獨誄也。○長。上聲。**曾子問曰。君出疆。以三年之戒。以椑從。君薨。其入如之何。孔子曰。共殯服。則子麻弁絰。疏衰。菲。杖。入自闕。升自西階。如小斂。則子免而從柩。入自門。升自阼階。君大夫士一節也。**曾子問國君以事出疆。必爲三年之戒備。恐未得即返也。於是以親身之棺隨行。慮或死於外也。若死於外。則入之禮如何。孔子言於時大斂之後。主人從柩而歸。則其國有司供主人殯時所著之服。謂布深衣苴絰散帶垂也。此時主人從柩在路未成服。惟著麻弁絰疏衰而菲屨且杖也。麻弁。布弁也。布弁之上加環絰也。柩入之時。毀殯宮門西邊牆而入。其處空缺。故謂之闕。非門闕之闕也。升自西階者。以柩從外來。有似賓客。故就客階而升也。如小斂而歸。則子首不麻弁。身不疏衰。惟首著免布。身著布深衣也。入自門。升自阼階者。以親未在棺猶以事生之禮事之也。凡君與大夫及士之卒於外者。其禮皆一等無異制。故云一節也。○㮕音攢。從去聲。下同。共音供。菲。扶畏切。免音問。

曾子問曰。君之喪既引。聞父母之喪如之何。孔子曰。遂既封而歸。不俟子。遂。遂送君柩也。既窆而歸。下棺而歸也。不俟子。不待孝子返而已先返也。○引去聲。封音窆。

曾子問曰。父母之喪既引及塗。聞君薨如之何。孔子曰。遂既封改服而往。遂。遂送親柩也。既窆之後改服而往者。雜記云。非從柩與反哭。無免於堩。此時孝子首著免。乃去免而括髮徒跣。布深衣而往。不敢以私喪之服喪君也。○從去聲。堩古鄧切。

曾子問曰。宗子為士。庶子為大夫。其祭也如之何。孔子曰。以上牲祭於宗子之家。祝曰。孝子某為介子某薦其常事。士特牲。大夫少牢。上牲。少牢也。庶子既為大夫。當用上牲。然必往就宗子家而祭者。以廟在宗子家也。孝子。宗子也。介子。庶子也。不曰庶而曰介者。庶子卑賤之稱。介則副貳之義。亦貴貴之道也。薦其常事者。薦其歲之常事也。○為介為去聲。少去聲。

若宗子有罪居於他國。庶子為大夫。其祭也。祝曰。孝子某使介子某執其常事。攝主不厭祭。不旅。不假。不綏祭。不配。介子非當主祭者。故謂之攝主。其禮略於宗子者有五焉。若以祭禮先後之次言之。當云不配。不綏祭。不假。不旅。不厭祭。今倒言之者。舊說。攝主非正。故逆陳以見義。亦或記者之誤歟。今依次釋之。不配者。祭禮初行尸未入之時。祝告神曰。孝孫某來日丁亥用薦歲事于皇祖伯某。以某妃配某氏。如姜氏子氏之類。今攝主不敢備禮。但言薦歲事于皇祖伯某。不言以某妃配也。不綏祭者。綏字當從周禮作隋。減毀之名也。尸與主人俱有隋祭。主人減黍稷牢肉而祭之於豆間。尸則取菹及黍稷肺而祭於豆間。所謂隋祭也。今尸自隋祭。主人是攝主。故不隋祭也。不假者。假字當作嘏。嘏福慶之辭也。尸十一飯訖。主人酳尸。尸酢主人。畢。命祝嘏于主人曰。皇尸命工祝承致多福無疆于女孝孫。來女孝孫。使女受祿于天。宜稼于田。眉壽萬年。勿替引之。主人再拜稽首。今亦以避正主。故不嘏也。不旅。不旅酬也。詳見前章。不厭祭者。厭是饜飫之義。謂神之歆享也。厭有陰有陽。陰厭者。迎尸之前。祝酌奠訖。為主人釋辭於神。勉其歆享。此時在室奧陰靜之處。故云陰厭也。陽厭者尸謖之後。佐食徹尸之薦俎。設於西北隅。得戶明白之處。故曰陽厭。制禮之意。不知神之所在於彼乎。於此乎。皆庶幾其享之而厭飫也。此言不厭祭。不為陽厭也。以先後之次知之。○綏虛規切。見音現。隋音灰。女音汝。為主為去聲。謖音速。

布奠於賓。賓奠而不舉。不歸肉。其辭於賓曰。宗兄宗弟宗子在他國。使某辭。主人酬賓之時。賓在西廂東面。主人布此奠爵於賓俎之北。賓坐取此爵而奠於俎之南。不舉之以酬兄弟。此即不旅之事。若宗子主祭。則凡助祭之賓。各歸之以俎肉。今攝主。故不歸俎肉於賓也。非但祭不備禮。其將祭之初。告賓之辭亦異。曰。宗兄宗弟宗子在他國。不得親祭。故使某執其常事。使某告也。故云使某辭。宗兄宗弟者。於此攝主為兄或為弟也。若尊卑不等。或是祖父之列。或是子孫之列。則但謂之宗子矣。

曾子問曰。宗子去在他國。庶子無爵而居者。可以祭乎。孔子曰。祭哉。請問其祭如之何。孔子曰。望墓而為壇以時祭。若宗子死。告於墓而後祭於家。宗子死。稱名不言孝。身沒而巳。子游之徒有庶子祭者以此。若義也。今之祭者不首其義。故誣於祭也。宗子無罪而去國則廟主隨行矣。若有罪去國廟雖存。庶子卑賤無爵。不得於廟行祭禮。但當祭之時。卽望墓爲壇以祭也。若宗子死。則庶子告於墓而後祭於其家。亦不敢稱孝子某。但稱子某而已。又非有爵者稱介子某之比也。身沒而巳者。庶子身死。其子則庶子之適子。祭禰之時可稱孝也。子游之門人有庶子祭者。皆用此禮。是順古義也。今世俗庶子之祭者。不能先求古人制禮之義。而率意行之。祇見其誣罔而已。曾子問曰。祭必有尸乎。若厭祭亦可乎。孔子曰。祭成喪者必有尸。尸必以孫。孫幼則使人抱之。無孫則取於同姓可也。祭殤必厭。蓋弗成也。祭成喪而無尸。是殤之也。曾子之意。疑立尸而祭。無益死者。故問祭時必合有尸乎。若厭祭亦可乎。蓋祭初陰厭。尸猶未入。祭終而陽厭。在尸既起之後。是厭祭無尸也。孔子言成人威儀具備。必有尸以象神之威儀。所以祭成人之喪者。必有尸也。尸必以孫。以昭穆之位同也。取於同姓。亦謂孫之等列也。祭殤者不立尸而厭祭。以其年幼少。未能有成人之威儀。不足可象。故不立尸也。若祭成人而無尸。是以殤待之矣。孔子曰。有陰厭。有陽厭。曾子問曰。殤不祔祭。何謂陰厭陽厭。孔子曰。宗子爲殤而死。庶子弗爲後也。其吉祭特牲。祭殤不舉。無肵俎。無玄酒。不告利成。是謂陰厭。孔子言祭殤之禮。有厭於幽陰者。有厭於陽明者。蓋適殤則陰厭於祭之始。庶殤則陽厭於祭之終。非兼之也。曾子不悟其指。乃問云祭殤之禮。略而不備。何以始末一祭之閒。有此兩厭也。孔子言雖是宗子。死在殤之年。無爲人父之道。庶子不得代爲之後。其族人中有與之爲兄弟者。代之而主其祭。之之禮。其卒哭成事以後爲吉祭。祭殤本用特豚。今亦從成人之禮用特牲者。以其爲宗子故也。祭有尸。則佐食舉肺脊以授尸。祭而食之。今無尸。故不舉肺脊也。凡尸食之餘。歸之肵俎。肵敬也。主人敬尸而設此俎。今無肵俎。以無尸故也。玄酒。水也。太古無酒之時。以水行禮。後王祭則設之。重古道也。今祭殤禮略。故無玄酒也。不告利成者。利猶養也。謂共養之禮已成也。常祭。主人事尸禮畢。出立戸外。則祝東面告利成。遂導尸以出。今亦以無尸廢此禮。是謂陰厭云者。以其在祖廟之奧陰暗之處厭之也。○祔音備。肵音祈。共音供。凡殤與無後者。祭於宗子之家。當室之白。尊于東房。是謂陽厭。凡殤。幷宗子之殤也。無後者。謂庶子之無子孫者也。此二者若是宗子大功內親。則於宗子家祖廟祭之。必當室中西北隅。得戸之明白處。其尊則設于東房。是謂陽厭也。曾子問曰。葬引至于堩。日有食之。則有變乎。且不乎。孔子曰。昔者吾從老聃助葬於巷黨。及堩。日有食之。老聃曰。丘。止柩就道右。止哭以聽變。既明反。而後行。曰禮也。反葬而丘問之曰。夫柩不可以反者也。日有食之。不知其已之遲數。則豈如行哉。老聃曰。諸侯朝天子。見日而行。逮日而舍奠。大夫使見日而行。逮日而舍。夫柩不蚤出。不莫宿。見星而行者。唯罪人與奔父母之喪者乎。日有食之。安知其不見星也。且君子行禮。不以人之親痁患。吾聞諸老聃云。堩道也。有變。變常禮乎。且不乎。不變常禮乎。柩北向而出。道右則道之東也。聽變。聽日食之變動也。明反。日光復常也。舍奠。晚止舍而設奠於行主也。安知其不見星。謂日食既而星見。則昏暗中恐有姦慝也。痁。病也。不以人之親痁患。謂不可使人之親病於危亡之患也。○堩古鄧切。不音否。數音速。舍如字。去聲。使去聲。莫音暮。痁尸占切。曾子問曰。爲君使而卒於舍。禮曰。公館復。私館不復。凡所使之國。有司所授舍則公館已。何謂私館不復也。孔子曰。善乎問之也。自卿大夫士之家曰私館。公館與公所爲曰公館。公館復。此之謂也。復。死而招魂復魄也。公館。公家所造之館也。與。及也。公所爲。謂公所命停客之處。卽是卿大夫之館。但有公命。故謂之公館也。一說公所爲。謂君所作離宮別館也。○爲君爲。去聲。使。去聲。曾子問曰。下殤土周葬于園。遂輿機而往。塗邇故也。今墓遠。則其葬也如之何。八歲至十一爲下殤。土周塈周也。說見檀弓。成人則葬於墓。此葬於園圃之中。輿。猶抗也。機者。輿尸之具。木爲之。狀如牀而無腳。以繩橫直維繫之。抗舉而往塈周之所。棺斂而葬之。塗近故也。曾子言今世禮變。皆棺斂下殤於家而葬之於墓。則塗遠矣。其葬也如之何。問既不用輿機。則當用人舉棺以往乎。爲當用車載棺而往乎。然此謂大夫之下殤。及士庶人之中下殤耳。若大夫之適長殤中殤有遣車者。亦不輿機而葬也。孔子曰。吾聞諸老聃曰。昔者史佚有子而死。下殤也。墓遠。召公謂之曰。何以不棺斂於宮中。史佚曰。吾敢乎哉。召公言於周公。周公曰。豈不可。史佚行之。下殤用棺衣棺。自史佚始也。史佚。周初良史也。墓遠不葬於園也。言於周公。言猶問也。周公曰豈不可者。謂何爲不可也。召公述周公之言告佚。佚於是用棺衣而棺斂於宮中。是此禮之變。始於史佚也。舊註以豈爲句者非。○召音邵。棺斂並去聲。衣棺之棺同。曾子問曰。卿大夫將爲尸於公。受宿矣。而有齊衰內喪。則如之何。孔子曰。出舍於公館以待事。禮也。受宿。受君命而宿齊戒也。齊衰內喪。大門內齊衰服之喪也。待事。待祭事。事畢。然後歸哭也。孔子曰。尸弁冕而出。卿大夫士皆下之。尸必式。必有前驅。尸服死者之上服。今爲君尸而弁冕者。弁。士之爵弁也。以君之先世或有爲大夫士者。故尸亦當弁或冕也。出而卿大夫士遇之。則下車。尸式以答之。必有前驅者。尸出則先驅辟開行人也。○辟音闢。子夏問曰。三年之喪卒哭。金革之事無辟也者。禮與。初有司與。孔子曰。夏后氏三年之喪。既殯而致事。殷人既葬而致事。記曰。君子不奪人之親。

亦不可奪親也。此之謂乎。無辟。謂君使則行。無敢辭辟也。此禮當然歟。抑當初有司遏遣之歟。夏之禮。親喪既殯。即致還其事於君。殷禮則葬後乃致其事。君子指人君也。臣遭父母之喪。而君許其致事。是不奪人喪親之心也。雖君有命。而不忍違離喪次。是不可奪其喪親之孝也。○辟音避。與平聲。子夏曰。金革之事無辟也者非與。孔子曰。吾聞諸老聃曰。昔者魯公伯禽有爲爲之也。今以三年之喪從其利者。吾弗知也。魯公卒哭而從金革之事。以徐戎之難。東郊不開。不得已而征之。是有爲爲之也。今人居三年之喪。而用兵以逐攻取之利者。吾不知其爲何禮也。蓋甚非之之辭。一說利爲例。言無故而以三年之喪從伯禽之例以用兵者。甚非也。○上爲去聲。

文王世子第八

文王之爲世子。朝於王季日三。雞初鳴而衣服。至於寢門外。問內豎之御者曰。今日安否何如。內豎曰。安。文王乃喜。及日中又至。亦如之。及莫又至。亦如之。內豎。內庭之小臣。御。是直日者。世子朝父母。惟朝夕二禮。今文王日三。聖人過人之行也。○朝音潮。衣去聲。豎音樹。莫音暮。朝夕朝如字。行去聲。其有不安節。則內豎以告文王。文王色憂。行不能正履。王季復膳。然後亦復初。食上。必在視寒煖之節。食下。問所膳。命膳宰曰。末有原。應曰。諾。然後退。不安節。謂有疾不能循其起居飲食之常時也。食上。進膳於親也。在。察也。食下。食畢而徹也。問所膳。問所食之多寡也。末。猶勿也。原。再也。謂所食之餘。不可再進也。○上。上聲。應。去聲。武王帥而行之。不敢有加焉。文王有疾。武王不說冠帶而養。文王一飯。亦一飯。文王再飯。亦再飯。旬有二日乃閒。不敢有加。不可踰越父之所行也。○疏曰。病重之時。病恒在身。無少閒空隙。病今既損。不恒在身。其閒有空隙。故謂病瘳爲閒也。○帥音率。說音脫。養去聲。飯上聲。空去聲。文王謂武王曰。女何夢矣。武王對曰。夢帝與我九齡。文王曰。女以爲何也。武王曰。西方有九國焉。君王其終撫諸。文王曰。非也。古者謂年齡。齒亦齡也。我百爾九十。吾與爾三焉。文王九十七乃終。武王九十三而終。文王疾瘳之後。武王乃得安寢。故問其何夢。武王對云。夢天帝言與我九齡。齡字從齒。齒之異名也。故言年齡。又言年齒。其義一也。大戴禮云。男八月生齒。八歲而齔。齒是人壽之數也。然數之脩短。稟氣於有生之初。文王雖愛其子。豈能減已之年而益之哉。好事者爲之辭而不究其理。讀記者信其說而莫之敢議也。○女音汝。齔。初謹切。成王幼。不能涖阼。周公相。踐阼而治。抗世子法於伯禽。欲令成王之知父子君臣

長幼之道也。成王有過。則撻伯禽。所以示成王世子之道也。文王之爲世子也。石梁王氏曰。文王之爲世子也
一句衍文。○劉氏曰。成王幼弱。雖已涖阼爲天子。而未能行涖阼之事。書曰。小子同未在位。以丕
言其雖已在位。與未在位同也。故周公以冢宰攝政。相助成王。踐履其臨阼之事而治天下。以
幼年卽尊位。而不知父子君臣長幼之道。何以治天下哉。故周公舉世子事君親長上之法以
敎伯禽。使日夕與成王遊處。俾其有所覜效也。其或成王出入起居之閒有愆於禮法者。則撻
伯禽以責其不能盡事君之道。所以警戒成王。而示之以爲世子之道也。然伯禽所行。卽文王
所行世子之道。文王所行。乃諸侯世子之禮。故曰文王之爲世子也。言伯禽所行。非王世子之
禮也。○相去聲。令平聲。凡學世子及學士必時。春夏學干戈。秋冬學羽籥。皆於東序。學。敎也。士。卽王制所謂司徒論俊選而升
於學之士也。必時。四時各有所敎也。干。盾也。捍兵難之器。戈。句子戟也。羽。翟雉之羽也。籥。笛之
屬也。四物皆舞者所執。干戈爲武舞。故於陽氣發動之時敎之。示有事也。羽籥爲文舞。故於陰
氣凝寂之時敎之。示安靜也。東序。大學也。○四學字皆音效。於學大學。如字。難。去聲。句。音句。大音泰。小樂正學干。大胥贊之。籥師學戈。籥師丞贊
之。胥鼓南。四人皆樂官之屬。贊。相助之也。胥。卽大胥也。南。南夷之樂也。東夷之樂曰昧。南夷之樂曰南。西夷之樂曰朱離。北夷之樂曰禁。明堂位又云。任。南蠻之樂也。周禮。旄人敎
國子南夷樂之時。大胥則擊鼓以節其音曲。故云胥鼓南也。先王作樂。至矣盛矣。而猶以遠方
蠻夷之樂敎人者。所以示輿圖之無外。異類之咸賓。奏之宗廟之中。侈其盛也。獨舉南樂。則餘
三方皆敎習可知。○二學字皆音效。相去聲。春誦夏弦。大師詔之瞽宗。秋學禮。執禮者詔之。冬讀書。典書者詔之。禮
在瞽宗。書在上庠。誦。口誦歌樂之篇章也。弦。以琴瑟播被詩章之音節也。皆太師詔敎之。瞽宗。殷學名。上庠。虞學名。周有天下。兼立虞夏殷周之學也。○太音泰。學。如字。
凡祭與養老乞言合語之禮。皆小樂正詔之於東序。祭是一事。養老乞言是一事。合語是一事。故以凡言之。養老乞言。謂行養老之禮。至旅酬之
時。因乞善言之可行者於此老人也。合語。謂祭及養老。與鄉射鄉飲大射燕射之禮。至旅酬之
時。皆得言說先王之法。合會義理而相告語也。其閒各有威儀容節。皆須小樂正詔敎之於東
序之中。大樂正學舞干戚。語說命乞言。皆大樂正授數。大司成論說在東序。戚。斧也。大樂正敎世子及士以舞干戚之
容節。及合語之說。與乞言之禮。此三者。皆大樂正授之以篇章之數。於是大司成
之官。於東序而論說此受敎者義理之淺深。才能之優劣也。○學音效。說如字。凡侍坐於大
司成者。遠近閒三席。可以問。終則負牆。列事未盡不問。席。廣三尺三寸三分寸之一。三席。所謂函丈也。相對遠近如此。取其便於咨問。
問終則卻就後席。背負牆壁而生。以避後來問事之人。其問事之時。尊者有敎。而已猶未
達。則必待其言盡。然後更問。若陳列未竟。則不敢先問。以參錯尊者之言也。○閒。去聲。凡學。
春官釋奠于其先師。秋冬亦如之。官。掌敎詩書禮樂之官也。若春誦夏弦。則太師釋奠。敎干戈。則小樂正及樂師釋奠也。秋學禮。冬讀書。則其官亦如之。釋

奠者。但奠置所祭之物而已。無尸無食飲酬酢等事。所以若此者。以其主於行禮。非報功也。先師。謂前代明習此事之師也。凡始立學者。必設奠于先聖先師。及行事。必以幣。諸侯初受封。天子命之教。於是立學。所謂始立學也。立學事重。故釋奠于先聖先師。四時之教。常事耳。故惟釋奠于先師。而不及先聖也。行事。謂行釋奠之事。必以幣。必奠幣爲禮也。始立學而行釋奠之禮。則用幣。四時常奠不用幣也。凡釋奠者。必有合也。有國故則否。凡大合樂。必遂養老。凡行釋奠之禮。必有合樂之事。若國有凶喪之故。則雖釋奠不合樂也。常事合樂。不行養老之禮。惟大合樂之時。人君視學。必養老也。舊說。合者。謂若本國無先聖先師。則合祭鄰國之先聖先師。本國故有先聖先師。如魯有孔顏之類。則不合祭鄰國之先聖先師也。未知是否。凡語于郊者。必取賢斂才焉。或以德進。或以事舉。或以言揚。曲藝皆誓之。以待又語。三而一有焉。乃進其等。以其序。謂之郊人。遠之。於成均以及取爵於上尊也。語于郊者。論辨學士才能於郊學之中也。有賢德者則錄取之。有才能者則收斂之。道德爲先。事功次之。言語又次之。曲藝。一曲之藝。小小技能。若醫卜之屬。誓。戒謹也。學士中或無德無事無言之可取。而有此曲藝之人。欲投試考課者。皆卻之使退。而謹習所能。以待後次再語之時。乃考評之也。三而一有者。謂此曲藝之人。舉說三事而一事有可善者。乃進其等。即於其同等之中。拔而升進之也。然猶必使之於同輩中以所能高下爲次序。使不混其優劣也。如此之人。但止目之曰郊人。非俊選之比也。以非士類。故疏遠之。成均。五帝大學之名。天子設四代之學。上尊。堂上之酒尊也。若天子飲酒於成均之學宮。此郊人雖賤。亦得取爵於堂上之尊。以相旅勸焉。所以榮之也。人字之字均字皆句絕。○遠去聲。大音泰。始立學者。既興器用幣。然後釋菜。不舞。不授器。乃退儐于東序。一獻。無介語可也。教世子。立學之初。未有禮樂之器。及其制作之成。塗釁既畢。即用幣于先聖先師。以告此器之成。繼又釋菜。以告此器之將用也。凡祭祀用樂舞者。則授舞者以所執之器。如干戈羽籥之類。今此釋菜禮輕。既不用舞。故不授舞器也。諸侯有功德者。亦得立異代之學。東序。夏制也。與虞庠相對。東序在東。虞庠在西。乃退儐于東序者。謂釋菜在虞庠之中。禮畢。乃從虞庠而退。儐禮其賓於東序之中。其禮既殺。惟行一獻。無介無語。於禮亦可也。此以士。雖不專是教世子之事。然以教世子爲主。故以此句總結上文。○石梁王氏曰。三字亦行文。○興音釁。殺去聲。凡三王教世子必以禮樂。樂所以脩內也。禮所以脩外也。禮樂交錯於中。發形於外。是故其成也懌。恭敬而溫文。脩內者。消融其邪慝之蘊。脩外者。陶成其恭肅之儀。禮之脩達於中。樂之脩達於外。所謂交錯於中也。有諸中。必形諸外。故其成也懌。此懌字。與魯論不亦說乎之說相似。既有恭敬之實德。又有溫潤文雅之氣象。禮樂之教大矣。○說音悅。立太傅少傅以養之。欲其知父子君臣之道也。太傅審父子君臣之道以示之。少傅奉世子以觀太傅之德行而審喻之。

太傅在前。少傅在後。入則有保。出則有師。是以教喻而德成也。師也者。教之以事而喻諸德者也。保也者。慎其身以輔翼之而歸諸道者也。記曰。虞夏商周有師保。有疑丞。設四輔及三公。不必備。唯其人。語使能也。養者。長而成之之謂。審喻。詳審言之使通曉也。前後。以行步言。出入。以居處言。慎其身。使之謹守其身也。師保疑丞。四輔也。一說。前疑後丞左輔右弼爲四輔。四輔與三公不必其全備。惟擇其可稱職者。惟其人以上皆記文。語。言也。語使能也一句。是記者釋之之辭。○朱子曰。師保疑丞。疑字曉不得。想止是有疑即問他之意。○少行。並去聲。君子曰德。德成而教尊。教尊而官正。官正而國治。君之謂也。君子曰德。此德是指世子之德。世子之德有成。則教道尊嚴而無敢慢易者。故凡居官守者。皆以正自處。官正而國治。世子爲君之謂也。仲尼曰。昔者周公攝政踐阼而治。抗世子法於伯禽。所以善成王也。聞之曰。爲人臣者。殺其身有益於君則爲之。況于其身以善其君乎。周公優爲之。前言周公相踐阼而治。此缺相字。而下文又有周公踐阼之言。皆記者之失也。以世子之法教世子。直道也。今舉世子法於伯禽而教成王。是迂曲其事也。人臣殺身爲國。猶尚爲之。今周公舉不過迂曲其身之所行。以成君之善。宜乎優爲之也。○劉氏曰。書蔡仲之命曰。惟周公位冢宰正百工。此言攝政踐阼而治。是以冢宰攝行踐阼之政。非謂攝居天子之位也。孔子言周公世子法於伯禽者。非自教其子。蓋示法以善成王也。吾聞古人言。爲人臣者。殺身而有益於君猶且爲之。況止迂其身以善其君乎。此大人正己而物正之事。周公大聖人也。故優爲之。○于讀作迂。爲國爲。去聲。是故知爲人子。然後可以爲人父。知爲人臣。然後可以爲人君。知事人。然後能使人。成王幼不能涖阼。以爲世子。則無爲也。是故抗世子法於伯禽。使之與成王居。欲令成王之知父子君臣長幼之義也。君之於世子也。親則父也。尊則君也。有父之親。有君之尊。然後兼天下而有之。是故養世子不可不慎也。武王既崩。則成王無父。雖年幼未知君道。若以之爲世子。則無爲子之處矣。故云以爲世子則無爲也。君於世子。以統言則是父。以尊言則是君。能盡君父之道。以敎其子。然後可以保有天下之大。不然。則他日爲子者不克負荷矣。可不慎乎。○令。平聲。荷。上聲。行一物而三善皆得者。唯世子而已。其齒於學之謂也。故世子齒於學。國人觀之曰。將君我而與我齒讓。何也。曰。有父在則禮然。然而衆知父子之道矣。其二曰。將君我而與我齒讓。何也。曰。有君在則禮然。然而衆著於君臣之義也。其三曰。將君我而與我齒讓。何也。曰。長長也。然而衆知長幼之節矣。故父在

斯爲子。君在斯謂之臣。居子與臣之節。所以尊君親親也。故學之爲父子焉。學之爲君臣焉。學之爲長幼焉。父子君臣長幼之道得而國治。語曰。樂正司業。父師司成。一有元良。萬國以貞。世子之謂也。一物。一事也。與國人齒讓之一事也。三善。謂衆人知父子君臣長幼之道也。君我君臨乎我也。世子與同學之人讓齒。其不知禮者見之而疑。其知禮者從而曉之。曰。父在之時。常執謙卑。不敢居人之前。其禮當如此也。如此而衆知父子之道矣。其二其三皆此意。學之。敎之也。語。古語也。樂正。主世子詩書之業。父師。主於成就其德行。一有書作一人。謂世子也。世子有大善。則萬邦皆正矣。○長。並上聲。學。並音效。行。去聲。**周公踐阼。**石梁王氏曰。此當爲衍文。○劉氏曰。此四字。說者以下文更端。故著此以結上文周公相踐阼之事。然因其缺一相字。遂啓明堂位周公踐天子位之說。其後劉致新莽居攝篡漢之禍。實此語基之。○更。平聲。**庶子之正於公族者。敎之以孝弟睦友子愛。明父子之義。長幼之序。**庶子。司馬之屬官。正於公族。爲正於公族也。周禮。庶子掌國子之倅。倅。副貳也。國子。是公卿大夫士之子。則貳其父者也。○弟。音悌。倅。音卒。士卒之卒同音。**其朝于公。內朝則東面北上。臣有貴者以齒。**內朝。路寢之庭也。言公族之人若朝見於公之內朝。則立於西方而面向東。尊者在北。以次而南。然既均爲同姓之臣。則一以昭穆之長幼爲序。父兄雖賤。必居上。子弟雖貴。必處下也。○朝。音潮。見。音現。**其在外朝。則以官。司士爲之。**外朝。路寢門外之朝也。若公族朝見於外朝。與異姓之臣雜列。則以官之高卑爲次序。不序年齒也。司士亦司馬之屬。主爲朝見之位次者。**其在宗廟之中。則如外朝之位。宗人授事。以爵以官。**宗人之官。掌禮及宗廟中授百官以職事者。以爵隨其爵之尊卑。以官隨其官之職掌也。貴者在前。賤者在後。使各供其事也。**其登餕獻受爵則以上嗣。**登。自堂下而升堂上也。餕食尸之餘也。尸出。宗人使嗣子及長兄弟升堂相對而餕也。以特牲禮次序言之。先時祝酌爵觶奠于鉶南。俟主人獻內兄弟畢。長兄弟及衆賓長爲加爵之後。宗人使嗣子飲鉶南之奠爵。嗣子盥而入拜。尸執此奠爵。嗣子進受。復位而拜。尸答拜。嗣子飲畢拜尸。尸又答拜。所謂受爵也。嗣子又舉所奠爵洗而酌之。以入獻尸。尸拜而受。嗣子答拜。所謂獻也。無算爵之後。禮畢尸出。乃餕。此三事者。受爵在先。獻次之。餕最在後。今言餕獻受爵。以重在餕。故逆言之與。上嗣。適子之長者爲最上也。此謂士禮。大夫之嗣無此禮者。避君也。故少牢禮無嗣子舉奠之文。**庶子治之。雖有三命。不踰父兄。**庶子治公族朝內朝之禮。雖有三命之貴。而其位次亦不敢踰越無爵之父兄而居其上。即上章所言臣有貴者以齒也。○疏曰。若非內朝。其餘會聚。則一命齒于鄉里。謂一命尚卑。若與鄉里長宿燕食。則猶計年也。再命齒于父族。謂再命漸尊。不復與鄉里計年。唯官高在上。但父族爲重。猶計年爲列也。三命不齒。謂三命大貴。則亦不復與父族計年。燕會則別席獨坐在賓之東矣。**其公大事。則以其喪服之精麤爲序。雖於公族之喪亦如之。以次主人。**此謂君喪而庶子治其禮事。大事。喪事也。臣爲君皆斬衰。然衰制雖同。而升數之多寡。則各依本親。庶子序列位次。則辨其本服之精麤。使衰麤者在前。衰精者在後。非但公喪如此。公族之內有相爲服者亦然。蓋亦是庶子序其精麤先後之次也。以次主人者。謂雖有庶長父兄尊於主人。亦必次於主人之下。使主人在上爲喪主也。若公與族燕。則異姓爲賓。膳宰爲主人。公與父兄齒。族食世降一等。公與族人燕食。亦庶子掌其禮。族人雖衆。其初一人之身也。豈可以賓客之道外之。故以異姓一人爲賓。而使膳宰爲主。與之抗禮酬酢。君尊而賓不敢敵也。君雖尊而與父兄列位序尊卑之齒者。篤親親之道也。族食。與族人燕食也。世降一等。謂族人既有親疏。則燕食亦隨世降殺也。○疏曰。假令本是齊衰。一年四會食。若大功則一年三會食。小功則一年再會食。緦麻則一年一會食。是世降一等也。其在軍。則守於公禰。禰當讀作祧。○公禰。謂遷主載在齊車。隨公出行者也。庶子官既從在軍。故守衛此齊車之行主也。○齊音齋。公若有出疆之政。庶子以公族之無事者守於公宮。正室守大廟。諸父守貴宮貴室。諸子諸孫守下宮下室。上章專言出軍。則此出疆之政。蓋朝覲會同之事也。無事者。謂不從行及無職守之人也。公宮。總言公之宗廟宮室也。正室。公族之爲卿大夫士者之適子也。大廟。太祖之廟也。諸父。公之伯父叔父也。宮以廟言。室以居言。貴宮。尊廟也。貴室。路寢也。下宮下室。則是親廟與燕寢也。○大音泰。五廟之孫。祖廟未毀。雖爲庶人。冠取妻必告。死必赴。練祥則告。諸侯五廟。始封之君爲太祖。百世不遷。此下親盡則遞遷。此言五廟之孫。是始封之君。即五世祖。故云祖廟未毀。未毀未遞遷也。此孫雖無祿仕。然冠昏必告于君。死必赴。練祥之祭。必告者。以其親未盡也。○冠。取。並去聲。族之相爲也。宜弔不弔。宜免不免。有司罰之。至于賵賻承含。皆有正焉。四世而緦。服之窮也。五世親盡。袒免而已。袒免。說見前篇。六世以往。弔而已矣。當弔而不弔。當免而不免。皆爲廢禮。故有司者罰之。所以肅禮敎也。賵以車馬。賻以貨財。含以珠玉。襚以衣服。四者總謂之贈。隨其親疏。各有正禮。庶子官治之。有司。即庶子也。○爲。去聲。免音問。承讀作贈。含。去聲。公族其有死罪。則磬于甸人。其刑罪。則纖剸。亦告于甸人。公族無宮刑。磬。懸縊殺之也。左傳室如縣磬。皇氏曰。如縣樂器之磬也。甸人。掌郊野之官。爲之隱。故不於市朝。其刑罪之當纖剸割之時。亦鞫讀刑法之書於甸人之官也。漢書每云鞫獄。鞫。盡也。推審罪狀。令無餘蘊。然後讀其所犯罪狀之書而刑之。無宮刑者。不絕其類也。○纖音箴。剸之兗切。告音鞫。縣平聲。爲去聲。令平聲。獄成。有司讞于公。其死罪。則曰某之罪在大辟。其刑罪。則曰某之罪在小辟。公曰。宥之。有司又曰。在辟。公又曰。宥之。有司又曰。在辟。及三宥。不對走出。致刑于甸人。公又使人追之曰。雖然。必赦之。有司對曰。無及也。反命于公。公素服不舉。爲之變。如其倫之喪。無服。親哭之。獄成。謂所犯之事。訊問已得情實也。讞。議刑也。殺牲盛饌曰舉。素服不舉。爲之變其常禮。是憫惻也。如其親疏之倫而不爲弔服者。以不親往故也。但居外不聽樂。及賻贈之類。仍依親疏之等耳。親哭之者。爲位于異姓之廟而素服以哭之也天子諸侯絕旁親故知此言無服是不爲弔服○繇魚列切辟婢亦切爲去聲公族朝于內朝內親也雖有貴者以齒明父子也外朝以官體異姓也宗廟之中以爵爲位崇德也宗人授事以官尊賢也登餕受爵以上嗣尊祖之道也喪紀以服之輕重爲序不奪人親也公與族燕則以齒而孝弟之道達矣其族食世降一等親親之殺也戰則守於公禰孝愛之深也正室守大廟尊宗室而君臣之道著矣諸父諸兄守貴室子弟守下室而讓道達矣此以下覆解前章庶子正公族以下諸事內親謂親之故進之於內也明父子昭穆不可紊也體異姓體貌異姓之臣也崇德德之尊者爵必尊也尊賢惟賢者能任事也上嗣繼祖者也故爲尊祖之道服之輕重本於屬之親疏親疏之倫不可易奪也燕食主於親親以齒相序所以達孝弟之道也親親施於生者宜有降殺之等孝愛施於死者宜有深遠之思君臣之道以輕重言讓道則以貴賤言也○孝弟弟音悌殺去聲禰音禰大音泰五廟之孫祖廟未毀雖及庶人冠取妻必告死必赴不忘親也親未絕而列於庶人賤無能也敬弔臨賻賵睦友之道也古者庶子之官治而邦國有倫邦國有倫而衆鄉方矣人君任官本無親疏之間顧賢否何如耳親盡而賢亦必仕之今親未盡而已在庶人之列是以其無能故賤之也族人有喪君必敬謹其弔臨賻賵之禮者是皆和睦友愛族人之道也鄉方所向之方謂皆知趨禮教也○臨如字鄉去聲公族之罪雖親不以犯有司正術也所以體百姓也刑于隱者不與國人慮兄弟也弗弔弗爲服哭于異姓之廟爲忝祖遠之也素服居外不聽樂私喪之也骨肉之親無絕也公族無宮刑不翦其類也正術猶言常法也公族之有罪者雖是君之親然亦必在五刑之例而不赦者是不以私親而干犯有司之正法也所以然者以立法無二制當與百姓一體斷決也與猶許也刑于甸師隱僻之處者是不許國人見而謀度吾兄弟之過惡也刑已當罪而猶私喪之者以骨肉之親雖陷刑戮無斷絕之理也受宮刑者絕生理故謂之腐刑如木之朽腐無發生也此刑不及公族不忍翦絕其生生之類耳○爲忝爲去聲遠去聲斷決斷丁玩切度入聲當去聲斷絕斷徒管切天子視學大昕鼓徵所以警衆也衆至然後天子至乃命有司行事興秩節祭先師先聖焉有司卒事反命天子視學之日初明之時學中擊鼓以徵名學士蓋警動衆聽使早至也凡物以初爲大末爲小故以大昕爲初明也有司教詩書禮樂之官也與舉秩常節禮也卒事反命謂釋奠事畢復命于天子也○昕音欣始之養也適東序釋奠於先老遂設三老五更羣老之席位焉天子視學在虞庠之中事畢反國明日乃之東序而養老始謂始初立學之時也若非始立學則無釋奠先老之禮先老先世之爲三老五更者也三老五更各一人羣

老無定數。蔡邕曰。更當爲叟。三老三人。五更五人。未知是否。然皆年老更事致仕者。舊說取象三辰五星。○更。平聲。適饌省醴養老之珍具。遂發咏焉。退。脩之以孝養也。設席位畢。天子親至陳饌之處。省視醴酒及養老珍羞之具。省具畢。出迎三老五更。將入門。遂作樂聲。發其歌咏以延進之。老更既入。即西階下之位。天子乃退而酌醴以獻之。是脩行孝養之道也。○適。如字。省。息井切。孝養。養。去聲。反登歌清廟。既歌而語以成之也。言父子君臣長幼之道。合德音之致。禮之大者也。反。反席也。老更受獻畢。皆立於西階下東面。今皆反升就席。乃使樂工登堂歌清廟之詩以樂之。歌畢至旅酬時。談說善道。以成就天子養老之禮也。其所言說者。皆是講明父子君臣長幼之道理。集合清廟詩中所咏文王道德之音聲。皆德之極致。禮之大者也。下管象。舞大武。大合衆以事。達有神。興有德也。正君臣之位。貴賤之等焉。而上下之義行矣。下管象者。堂下以管奏象舞之曲也。舞大武者。庭中舞大武之舞也。象是文王之舞。周頌維清乃象舞之樂歌。武則大武之樂歌也。武頌言勝殷遏劉。維清不言征伐。則象武決非武舞矣。註疏以文王武王之舞。皆名爲象。維清象舞爲文王。下管象爲武王。其意蓋謂清廟與管象。若皆爲文王。亦不應有上下之別。殊不知古樂歌者在上。匏竹在下。凡以人歌者皆曰升歌。亦曰登歌。以管奏者皆曰下管。周禮大師帥瞽登歌。下管奏樂器。書言下管鼗鼓是也。清廟以人歌之自宜升。象以管奏之自宜下。凡樂皆有堂上堂下之奏也。此嚴氏之說。足以正舊說之非。故今從之。大合衆以事。謂大會衆學士。以行此養老之事。而樂之所感。足以通達神明。興起德性也。一說。周道之四達。以有神明相之。周家之興起。以世世脩德。皆可於樂中見之。上言父子君臣長幼之道。此言正君臣之位。貴賤之等。而上下之義行。則先王養老之禮。豈苟爲虛文而已哉。○別。必列切。太音泰。帥。入聲。相。去聲。有司告以樂闋。王乃命公侯伯子男及羣吏曰。反養老幼于東序。終之以仁也。闋。終也。此畿內之諸侯及鄉遂之吏。皆與禮席。天子使其反國。各行養老之禮。是天子之仁恩。始于一處而終皆偏及也。○馮氏曰。石梁先生於此經塗去幼字。今按疏有其義。而鄭註無養幼之文。疑是訛本擴入一字。是故聖人之記事也。慮之以大。愛之以敬。行之以禮。脩之以孝養。紀之以義。終之以仁。是故古之人一舉事而衆皆知其德之備也。古之君子舉大事。必慎其終始。而衆安得不喻焉。兌命曰。念終始典于學。虞夏商周皆有養老之禮。後王養老。亦皆記序前代之事也。人道莫大於孝弟。慮之以大者。謂謀慮此孝弟之大道而推行之也。愛敬必自具之事。行禮。親迎肅之也。孝養。獻醴也。紀義。既歌而語也。終仁。令侯國行之也。一事之中。人皆知其衆德之全備者。以其慎終如始也。如此則衆安得不喻曉乎。養老之禮行於學。又因終始之義。故引說命以結之也。○養。去聲。兌音悅。令。平聲。說。音悅。世子之記曰。朝夕至于大寢之門外。問於內豎曰。今日安否何如。內豎曰。今日安。世子乃有喜色。其有不安節。則內豎以告世子。世子色憂不滿容。內豎言復初。然後亦復初。世子之記古者教世子之禮篇也。不滿容。不能充其儀觀之美也。此節約言之。以見文王武王爲世子之異於常人也。文王朝王季日三。此朝夕而已。文王行不能正履。此色憂而已。○石梁王氏曰。古世子之禮亡。此餘其記之一節。小戴以附篇末。○觀。去聲。朝夕之食上。世子必在視寒煖之節。食下。問所膳羞。必知所進。以命膳宰。然後退。若內豎言疾。則世子親齊玄而養。羞。品味也。必知所進。必知親所食也。命膳宰。即篇首所命之言也。養疾者衣齊玄之服。即齊時所著玄冠緇布衣裳。則貴賤異制謂之玄端服也。○上。上聲。齊。側皆切。養。去聲。膳宰之饌。必敬視之。疾之藥。必親嘗之。嘗饌善。則世子亦能食。嘗饌寡。世子亦不能飽。以至于復初。然後亦復初。善。猶多也。不能飽。以視武王之亦一亦再又異矣。此篇首言文王武王爲世子之事。故篇終舉記之言以終之。文王世子云。

禮運第九

此篇記帝王禮樂之因革。及陰陽造化流通之理。疑出於子游門人之所記。間有格言。而篇首大同小康之說。則非夫子之言也。○閒。去聲。

昔者仲尼與於蜡賓。事畢。出遊於觀之上。喟然而嘆。仲尼之嘆。蓋嘆魯也。言偃在側曰。君子何嘆。孔子曰。大道之行也。與三代之英。丘未之逮也。而有志焉。蜡。禮。詳見郊特牲篇。孔子在魯與爲魯國蜡祭之賓。畢事而遊息於觀上。觀。門闕也。兩觀在門之兩旁。懸國家典章之言於上以示人也。喟然。嘆聲也。所以嘆魯者或祭事之失禮。或因睹舊章而思古也。言偃。孔子弟子子游也。問所以嘆之故。夫子言我思古昔大道之行於天下。與夫三代英賢之臣。所以得時行道之盛。我今雖未得及見此世之盛。而有志於三代英賢之所爲也。○石梁王氏曰。以五帝之世爲大同。以禹湯文武成王周公爲小康。有老氏意。而註又引以實之。且謂禮爲忠信之薄。皆非儒者語。所謂孔子曰。記者爲之辭也。○與。去聲。蜡。音乍。觀。去聲。喟。去媿切。大道之行也。天下爲公。選賢與能。講信脩睦。故人不獨親其親。不獨子其子。使老有所終。壯有所用。幼有所長。矜寡孤獨廢疾者。皆有所養。男有分。女有歸。貨惡其棄於地也。不必藏於己。力惡其不出於身也。不必爲己。是故謀閉而不興。盜竊亂賊而不作。故外戶而不閉。是謂大同。天下爲公。言不以天下之大私其子孫。而與天下之賢聖公共之。如堯授舜。舜授禹。但有賢能可選。即授之矣。當時之人。所講習者誠信。所脩爲者和睦。是以親其親以及人之親。子其子以及人之子。使老者壯者幼者各得其所。困窮之民。無不有以養之。男則各有士農工商之職分。女則得歸于良奧之家。貨財。民生所資以爲用者。若棄捐於地而不以時收貯。則廢壞而無用。所以惡其棄於地也。今但得有能收貯以賁世用者足矣。不必其善利而私藏於已也。世間之事。未有不勞力而能成者。但人情多詐。共事則欲逸已而勞人。不肯盡力。此所以惡其不出於身也。今但得各竭其力以共成天下之事足矣。不必其用力而獨營已事也。風俗如此。是以姦邪之謀。閉塞而不興。盜竊亂賊之事絕滅而不起。暮夜無虞。外戶可以不閉。豈非公道大同之世乎。一說。外戶者。戶設於外而閉之向內也。○選去聲。矜音鰥。分。扶問切。惡。去聲。爲已爲。去聲。

今大道既隱。天下爲家。各親其親。各子其子。貨力爲已。大人世及以爲禮。城郭溝池以爲固。禮義以爲紀。以正君臣。以篤父子。以睦兄弟。以和夫婦。以設制度。以立田里。以賢勇知。以功爲已。故謀用是作。而兵由此起。禹湯文武成王周公由此其選也。此六君子者。未有不謹於禮者也。以著其義。以考其信。著有過。刑仁講讓。示民有常。如有不由此者。在埶者去。眾以爲殃。是謂小康。天下爲家。以天下爲私家之物而傳子孫也。大人。天子諸侯也。父子相傳爲世。兄弟相傳爲及。紀。綱紀也。賢勇知。以勇知爲賢也。涿鹿之戰。有苗之征。兵非由後王起也。謂兵由此起。舉湯武之事言之耳。著。明也。考。成也。刑仁。謂法則仁愛之道。講讓。講說遜讓之道。示民有常。言六君子謹禮而行。著義以下五事。示民爲常法也。在埶。居王者之勢位也。言爲天下之君。而不以禮行此五事。則天下之人以爲殃民之主而共廢黜之也。此謂小小安康之世。不如大道大同之世也。○陳氏曰。禮家謂太上之世貴德。其次務施報。往來。故言大道爲公之世。不規規於禮。禮乃道德之衰。忠信之薄。大約出於老莊之見。非先聖格言也。○爲已爲。去聲。知。去聲。埶。音勢。去。上聲。施。去聲。

言偃復問曰。如此乎禮之急也。孔子曰。夫禮先王以承天之道。以治人之情。故失之者死。得之者生。詩曰。相鼠有體。人而無禮。人而無禮。胡不遄死。是故夫禮。必本於天。殽於地。列於鬼神。達於喪祭射御冠昏朝聘。故聖人以禮示之。故天下國家可得而正也。禮本於天。天理之節文也。殽。效也。效於地者。效山澤高卑之勢爲上下之等也。後章殽以降命以下乃詳言之。列於鬼神。禮有五經。莫重於祭也。喪祭以下八事。人事之儀則也。○復。扶又切。治。平聲。相。去聲。殽。音效。冠。去聲。朝。音潮。

言偃復問曰。夫子之極言禮也。可得而聞與。孔子曰。我欲觀夏道。是故之杞而不足徵也。吾得夏時焉。我欲觀殷道。是故之宋而不足徵也。吾得坤乾焉。坤乾之義。夏時之等。吾以是觀之。杞。夏之後。宋。殷之後。徵。證也。孔子言我欲觀考夏殷之道。故適二國而求之。意其先代舊典。故家遺俗。猶有存者。乃皆無可徵驗者。僅於杞得夏時之書。於宋得坤乾之易耳。夏時。或謂即今夏小正。坤乾。謂歸藏。商易首坤次乾也。所謂坤乾之義理夏時之等列。吾但以此二書觀之而已。二代治天下之道。豈可悉得而聞乎。論語曰。文獻不足故也。○石梁王氏曰。以坤乾合周禮之歸藏。且有魯論所不言者。恐漢儒依倣爲之。誠如其說則夏小正之書與坤乾。何足以證禮。註訓徵爲成。尤非。近儒有反引此以解魯論者。謬甚。中庸亦無是說。大槩此段倣魯論爲之者。

夫禮之初。始諸飲食。其燔黍捭豚。汙尊而抔飲。蕢桴而土鼓。猶若可以致其敬於鬼神。

燔黍。以黍米加於燒石之上燔之使熟也。捭豚。擘析豚肉加於燒石之上而熟之也。汙尊。掘地爲汙坎以盛水也。抔飲。以手掬而飲之也。蕢桴。摶土塊爲擊鼓之椎也。土鼓。築土爲鼓也。上古人心無僞。雖簡陋如此。亦自可以致敬於鬼神也。○捭音百。汙。烏花切。抔音掊。桴音浮。盛。平聲。

及其死也。升屋而號。告曰。皋某復。然後飯腥而苴孰。故天望而地藏也。體魄則降。知氣在上。故死者北首。生者南鄉。皆從其初。

所以升屋者。以魂氣之在上也。皋者。引聲之言。某。死者之名也。欲招此魂令其復合體魄。如是而不生。乃行死事。飯腥者。用上古未有火化之法。以生稻米爲含也。苴孰者。用中古火化之利。包裹孰肉爲遣送之奠也。天望地藏。謂始死望天而招魂。體魄則葬藏于地也。所以然者。以體魄則降而下。知氣則升而上也。死者之頭向北。生者之居向南。及以上送死諸事。非後世創爲之。皆是從古初所有之禮也。○號。平聲。飯。上聲。苴。茲於切。知。去聲。首。鄉。並去聲。令。平聲。含。遣。並去聲。下。去聲。上。上聲。

昔者先王未有宮室。冬則居營窟。夏則居橧巢。未有火化。食草木之實。鳥獸之肉。飲其血。茹其毛。未有麻絲。衣其羽皮。

營窟者。營累其土以爲窟穴也。地高則穴於地中。地卑則於地上累土爲窟也。橧巢者。橧聚薪柴以爲巢居也。茹其毛者。以未有火化。故去毛不能盡而并食之也。○橧音曾。茹音汝。衣。去聲。累。上聲。去。上聲。并。去聲。

後聖有作。然後脩火之利。范金合土。以爲臺榭宮室牖戶。以炮以燔。以亨以炙。以爲醴酪。治其麻絲。以爲布帛。以養生送死。以事鬼神上帝。皆從其朔。

范字當從竹。韻註云。以木曰模。以竹曰範。皆鑄器之式也。范金。爲形範以鑄金器也。合土。和合泥土爲陶器也。裹而燒之曰炮。加於火上曰燔。煑於鑊曰亨。貫串而置之火上曰炙。酪。醋也。治。湅染之類也。此以上諸事。皆火之利。今世承用而爲之。皆是取法往聖。故云皆從其朔。朔。亦初也。○亨音烹。炙音隻。酪音洛。治。平聲。和。去聲。

故玄酒在室。醴醆在戶。粢醍在堂。澄酒在下。陳其犧牲。備其鼎俎。列其琴瑟管磬鐘鼓。脩其祝嘏。以降上神與其先祖。以正君臣。以篤父子。以睦兄弟。以齊上下。夫婦有所。是謂承天之祜。

太古無酒。用水行禮。後王重古。故尊之名爲玄酒。祭則設於室內而近北也。醴。猶體也。酒之一宿者。周禮謂之醴齊。醆。即周禮盎齊。盎。猶翁也。成而翁翁然。蔥白色也。此二者以後世所爲。賤之。陳列雖在室內。而稍南近戶。故云醴醆在戶也。粢醍。即周禮醍齊。酒成而紅赤色也。又卑之。列於堂。澄酒。即周禮沈齊。成而滓沈也。又在堂之下矣。此五者。各以等降設之。祝。爲主人告神之辭。嘏。爲尸致福於主人之辭。說見曾子問。上神。在天之神也。祭統云。君迎牲而不迎尸。別嫌也。是正君臣之義。父北面而事之。所以明子事父之道。是篤父子也。睦兄弟者。主人獻長兄弟及衆兄弟之禮。齊上下者。獻與餕各有次序。無遺缺也。夫婦有所者。君在酢。夫人在房。及致爵之類也。行禮如此。神格鬼享。豈不承上天之福祜乎。○醆。側眼切。粢。才細切。醍。音體。嘏。古雅切。祜。音戶。醴齊盎齊醍齊沈齊。齊。去聲。爲主爲尸。爲。去聲。別。必列切。

作其祝號。玄酒以祭。薦其血毛。腥其俎。孰其殽。與其越席。疏布以冪。衣其澣帛。醴醆以獻。薦其燔炙。君與夫人交獻。以嘉魂魄。是謂合莫。然後退而合亨。體其犬豕牛羊。實其簠簋籩豆鉶羹。祝以孝告。嘏以慈告。是謂大祥。此禮之大成也。

周禮祝號有六。一神號。二鬼號。三祇號。四牲號。五齍號。六幣號。作其祝號者。造爲鬼神及牲玉美號之辭。神號。如昊天上帝。鬼號。如皇祖伯某。祇號。若后土地祇。牲號。若一元大武。齍號。若稷曰明粢。幣號。若幣曰量幣。祝史稱之以告鬼神也。每祭必設玄酒。其實不用之以酌。薦其血毛。謂殺牲之時。取血及毛。入以告神於室也。腥其俎。謂牲既殺。以俎盛肉進於尸前也。祭玄酒。薦血毛。腥俎。此三者是法上古之禮。孰其殽以下。是中古之禮。殽。骨體也。以湯爓爲熟。越席。蒲席也。疏布。麤布也。冪。覆尊也。周禮越席疏布。祭天用之。此以爲宗廟之用。記者雜陳之也。澣帛。謂祭服以湅染之帛制之也。醴醆以獻者。朝踐薦血腥時用醴。饋食薦熟時用醆也。薦其燔炙者。燔肉炙肝也。特牲禮。主人獻尸。賓長以肝從。主婦獻尸。賓長以燔從也。第一君獻。第二夫人獻。第三君獻。第四夫人獻。故云君與夫人交獻也。此以上至孰其殽。是法中古之禮。皆所以嘉善於死者之魂魄。而求以契合於冥漠之中也。然後退而合亨。謂先薦爓。未是熟物。今乃退取向爓肉更合而亨煑之。使熟而可食也。又尸俎惟載右體。其餘不載者。及左體等。亦於鑊中亨煑之。故云合亨也。體其犬豕牛羊者。體其牲之大小。亨熟乃體別骨之貴賤。以爲眾俎。用供尸及待賓客兄弟等也。此是祭末饗燕之眾俎。非尸前之正俎也。簠內圓而外方。盛稻粱之器。簋外圓而內方。盛黍稷之器。籩豆形制同。竹曰籩。木曰豆。鉶如鼎而小。盛和羹之器也。祝嘏說見前。孝。事祖宗之道也。慈。愛子孫之道也。合亨以下。當世之禮也。祥猶善也。○越。音活。疏。平聲。冪。莫力切。衣。去聲。澣。戶管切。亨。音烹。鉶。音形。齍。音咨。從。去聲。別。必列切。

孔子曰。嗚呼哀哉。我觀周道。幽厲傷之。吾舍魯何適矣。魯之郊禘。非禮也。周公其衰矣。杞之郊也。禹也。宋之郊也。契也。是天子之事守也。故天子祭天地。諸侯祭社稷。

幽厲之前。周道已微。其大壞則在幽厲也。魯。周公之國。夫子嘗言其可一變至道。則舍魯何往哉。然魯之郊禘。則非禮矣。禹爲三代之盛王。故杞得以郊。契爲殷之始祖。故宋得以郊。惟此二國。可世守天子之事以事其祖。周公雖聖。人臣也。成王之賜固非。伯禽之受尤非。周公制禮作樂。爲萬世不易之典。而子孫若此。是周公之教。因子孫之僭禮而衰矣。天地社稷之祭。君臣之分。凜不可踰。魯謂人臣而可僭天子之禮哉。○石梁王氏曰。此一章真孔子之言。註不能明其旨。天子祭天地。諸侯但可祭社稷。杞宋之郊。是王者之後。天子之事。守禮之所許者。魯而有郊。是背周公所制之禮。與杞宋不同也。○舍。上聲。契。音屑。

祝嘏莫敢易其常古。是謂大假。

祭禮祝於始。嘏於終。禮之成也。常古。常事古法也。不敢變易。謂貴賤行禮。一依古制也。假。亦當作嘏。猶上章大祥之意。言行當然之禮。則有自然之福。其福大矣。

祝嘏辭說。藏於宗祝巫史。非禮也。是謂

幽國。祝嘏辭說。禮之文也。無文不行。周禮。大宗伯掌詔六號。重其事耳。衰世君臣慢禮。惟宗祝巫史習而記之。故謂幽昏之國。言其昧於禮無以昭明政治也。醆斝及尸君。非禮也。是謂僭君。醆。夏之爵。斝。殷之爵。尸君。君之尸也。杞宋二王之後。得用以獻尸。其餘列國惟用時王之器。今國君皆用醆斝以及於尸君。非禮也。是僭上之君耳。○斝。古雅切。

冕弁兵革藏於私家。非禮也。是謂脅君。冕。祭服之冠。弁。皮弁也。大夫稱家。大夫以朝廷之尊服。國家之武衛。而藏於私家。可見其強横。則此國君者。乃見脅於強臣之君也。○横。去聲。大夫具官。祭器不假。聲樂皆具。非禮也。是謂亂國。家臣不能具官。一人常兼數事。具官。是僭擬也。祭器惟公孤以上得全備。大夫無田祿者不設祭器。以其可假也。有田祿者祭器亦不得全具。須有所假。不假亦僭擬也。周禮。大夫有判縣之樂。少牢饋食。無奏樂之文。是大夫祭不用樂也。或君賜乃有之耳。聲樂皆具。亦僭擬也。尊卑無等。非亂國而何。

故仕於公曰臣。仕於家曰僕。三年之喪與新有昏者。期不使。以衰裳入朝與家僕雜居齊齒。非禮也。是謂君與臣同國。臣者。對君之稱。僕者。服役之名。仕於大夫者自稱曰僕。則益賤矣。人臣有三年之喪。或新昏。則一期之內。君不使之。所以體人情也。就二者而論。喪尤重於昏也。今乃不居喪於家。而以衰裳入朝。是視君之朝如己之家矣。是君與其臣共此國也。就卿大夫而言。僕又其臣也。今卿大夫乃與其家之僕雜居齊列。無貴賤之分。亦是君與臣共此國也。○期。音基。衰。音催。論。去聲。

故天子有田以處其子孫。諸侯有國以處其子孫。大夫有采以處其子孫。是謂制度。王之子弟有功德者封爲諸侯。其餘則分以畿內之田。諸侯子孫命爲卿大夫。其有功德者亦賜采地。所謂官有世功。則有官族。邑亦如之也。大夫位卑。不當割采地以與子孫。但養之以采地之祿耳。此先王之制度也。○處。上聲。采。去聲。

故天子適諸侯。必舍其祖廟。而不以禮籍入。是謂天子壞法亂紀。廟。尊於朝。故天子舍之。然必太史執簡記奉諱惡者。不敢以天子之尊而慢人之宗廟也。不如此。則是壞法度。亂紀綱矣。○舍。去聲。壞。音怪。惡。去聲。諸侯非問疾弔喪而入諸臣之家。是謂君臣爲謔。諸侯於其臣有問疾弔喪之禮。非此而往。是戲謔也。敗禮之禍。恒必由之。

是故禮者。君之大柄也。所以別嫌明微。儐鬼神。考制度。別仁義。所以治政安君也。國之有禮。如器之有柄。能執此柄。則國可治矣。接賓以禮曰儐。接鬼神亦然。故曰儐。制度。如禮樂衣服度量權衡之類。考而正之。不使有異。仁主於愛。義主於斷。別而用之。必當其宜。○別。必列切。儐。音擯。治。平聲。量。去聲。斷。丁玩切。當。去聲。

故政不正則君位危。君位危則大臣倍。小臣竊。刑肅而俗敝。則法無常。法無常。而禮無列。禮無列。則士不事也。刑肅而俗敝。則民弗歸也。是謂疵國。倍。違上行私也。或亦倍而去之之謂。小臣竊。所謂盜臣也。肅。峻急也。俗敝。人無廉恥。風俗敝敗也。治國無禮。故至於刑肅而俗敝。爲君者但恣己用刑。遂廢常法。法廢而禮無上下之列矣。宜乎士不脩職。民心離叛也。豈非疵病之國乎。

故政者。君之所以藏身也。是故夫政必本於天。殽以降命。命降于社之謂殽地。降于祖廟之謂仁義。降于山川之謂興作。降于五祀之謂制度。此聖人所以藏身之固也。藏猶安也。君者政之所自出。故政不正則君位危。書言天工人其代之。典曰天敘。禮曰天秩。是人君之政。必本於天而效法之。以布命於下也。社祭后土也。因祭社而出命。是效地之政。有事於祖廟而出命。是仁義之政。有事於山川而出命。是興作之政。有事於五祀而出命。是制度之政。效地者。效其高下之勢。以定尊卑之位也。仁義者。仁以思慕言。義以親疏言。思慕之心無窮。而親疏之殺有定。又親親仁也。尊尊義也。自仁率親。等而上之。至于祖。而尊尊之義隆。自義率祖。順而祖之。至于禰。而親親之仁篤也。興作之事。非材不成。故於山川。制度之典。始於宮室。故本五祀。夫安上治民。莫善於禮。聖人庸禮之政如此。故身安而國可保也。○殽音效。殽。去聲。故聖人參於天地。並於鬼神。以治政也。處其所存。禮之序也。玩其所樂。民之治也。故天生時而地生財。人其父生而師教之。四者君以正用之。故君者。立於無過之地也。此承上章言政之事。謂聖人所以參贊天地之道。擬並鬼神之事。凡以治政而已。故處天地鬼神之所存。則天高地下。萬物散殊。聖人法之。此禮之所以序也。玩天地鬼神之所樂。則流而不息。合同而化。聖人法之。此民之所以治也。四時本於天。百貨產於地。人生於父。而德成於師。此四者君以正用之。謂人君正身脩德。順天之時。因地之利。而栽成其道。輔相其宜。以左右民。使之養生喪死無憾。然後設為庠序學校之教。申之以孝弟焉。則有以富之教之而治道得矣。然其要在君之自正其身。立於無過之地而後可。不能正其身。如正人何。○治政。治平聲。註同。餘治如字。處。上聲。樂音洛。擬音擬。相。左。右。並去聲。弟音悌。故君者所明也。非明人者也。君者所養也。非養人者也。君者所事也。非事人者也。故君明人則有過。養人則不足。事人則失位。故百姓則君以自治也。養君以自安也。事君以自顯也。故禮達而分定。故人皆愛其死而患其生。此承上章君立於無過之地而言。舊說明猶尊也。故讀則君為明君。今定此章三明字。皆讀為則字。則上下文義坦然相應矣。不必迂其說也。君者正身脩德。而為臣民之所則傚者也。非則傚人者也。臣民之所奉養也。非奉養人者也。臣民之所服事也。非服事人者也。君而則人。則是身不足以為人所取則。而反取則於人。非立於無過之地者矣。君而養人。則一人之身。豈能供億兆人之食。必不足矣。君而事人。則降尊以事卑。為失位矣。惟百姓者。則君以自治其身。所謂文武興則民好善也。養君以自安。謂竭力供賦稅。則有耕食鑿飲之安也。事君以自顯。謂竭忠盡職。則有錫爵之榮也。禮教通達。而名分不踰。故人皆慕守義而死。恥不義而生也。○石梁王氏曰。此處皆非夫子之言。○明讀為則。養。去聲。治。平聲。分。音問。故用人之知去其詐。用人之勇去其怒。用人之仁去其貪。言人君用人。當取其所長。舍其所短。蓋中人之才。有所長必有所短也。去猶弃也。有知謀者易流於欺詐。故用人之知。當棄其詐而不責也。有剛勇者易至於猛暴。故用人之勇。當棄其猛暴之過也。○朱子曰。仁止是愛。愛而無義以制之。便事事都愛。好物事也愛。好官爵也愛。愛錢也愛。事事都愛。所以貪也。故用人之仁。當棄其貪之失也。○知去聲。去上聲。故國有患。君死社稷謂之義。大夫死宗廟謂之變。大夫死宗廟。言衞君之宗廟而致死也。然已之宗廟亦在本國。不棄君之宗廟即是不棄已之宗廟也。舊說。變讀爲辨。辨。猶正也。一說。其死有分辨。非可以無死而死也。故聖人耐以天下爲一家。以中國爲一人者。非意之也。必知其情。辟於其義。明於其利。達於其患。然後能爲之。何謂人情。喜。怒。哀。懼。愛。惡。欲。七者弗學而能。何謂人義。父慈。子孝。兄良。弟弟。夫義。婦聽。長惠。幼順。君仁。臣忠。十者謂之人義。講信脩睦。謂之人利。爭奪相殺。謂之人患。故聖人之所以治人七情。脩十義。講信脩睦。尚辭讓。去爭奪。舍禮何以治之。非意之。謂非以私意臆度而爲之也。必是知其有此七情也。故開辟其十義之途。而使之由之。明達其利與患之所在。而使之知所趨。知所避。然後能使之爲一家。爲一人也。七情弗學而能。有禮以治之。則人義人利由此而生。禮廢。則人患由此而起。○問愛與欲何別。朱子曰。愛是汎愛那物。欲則有意於必得。便要挐將來。○耐。音能。辟。婢亦切。惡。去聲。下弟音悌。長。上聲。治。平聲。去。上聲。舍。上聲。度。入聲。別。必列切。飲食男女。人之大欲存焉。死亡貧苦。人之大惡存焉。故欲惡者。心之大端也。人心雖有七情。總而言之。止是欲惡二者。故曰大端。○惡。去聲。人藏其心。不可測度也。美惡皆在其心。不見其色也。欲一以窮之。舍禮何以哉。欲惡之心藏於內。他人豈能測度之。所欲之善惡。所惡之善惡。豈可於顏色覘之。若要一一窮究而察識。非求之於禮不可。蓋七情中節。十義純熟。則舉動自然合禮。若七情乖僻。人倫有虧。則言動之間。皆失常度矣。有諸中。必形諸外也。若不知禮。則無以察其情義之得失於動作威儀之間矣。○度。入聲。見。音現。舍。上聲。中。去聲。故人者。其天地之德。陰陽之交。鬼神之會。五行之秀氣也。天地。鬼神。五行。皆陰陽也。德。指實理而言。交。指變合而言。會者。妙合而凝也。形生神發。皆其秀而最靈者。故曰五行之秀氣也。○石梁王氏曰。此語最粹。故天秉陽。垂日星。地秉陰。竅於山川。播五行於四時。和而后月生也。是以三五而盈。三五而闕。竅於山川。山澤通氣也。五行。一陰陽也。質具於地。氣行於天。春木夏火秋金冬水。各主其事以成四時。月之盈虧。由於日之近遠。四序順和。日行循軌。而後月之生明如期。望而盈。晦而死。無朓朒之失也。○播。上聲。朓。土了切。朒。音忸。五行之動。迭相竭也。五行四時十二月。還相爲本也。動。運也。竭。盡也。終也。本者。始也。五行之運於四時。迭相終而還相始。終則有始。如環無端也。冬終竭而春始來。則春爲夏之本。春竭而夏來。則夏又爲秋之本。已往者爲見在者所竭。見在者爲方來者所本。五行四時十二月。莫不皆然也。○還。音旋。見。音現。五聲六律十二管。還相爲宮也。

五聲宮商角徵羽也。六律陽聲黃鍾子。太蔟寅。姑洗辰。蕤賓午。夷則申。無射戌也。陰聲謂之六
呂。大呂丑。應鍾亥。南呂酉。林鍾未。仲呂巳。夾鍾卯也。六律六呂皆是候氣管名。律法也。又云述
也。呂助也。言助陽宣氣也。總而言之皆可稱律。故月令十二月皆稱律也。長短之數。各有損益
又有娶妻生子之例。長短損益者。如黃鍾長九寸。下生者三分去一。故下生林鍾長六寸也。上
生者三分益一。如林鍾長六寸。上生太蔟長八寸也。上下之生。五下六上。蓋自林鍾以至應鍾上
亥。皆在子午以東。故謂之下生。自大呂丑至蕤賓午。皆在子午以西。故謂之上生。子午皆屬上
生。當云七上而云六上者。以黃鍾爲諸律之首。故不數也。律娶妻而呂生子者。如黃鍾九以林
鍾六爲妻。太蔟九以南呂六爲妻。隔八而生子。則林鍾生太蔟。夷則生夾鍾之類也。名依此推
之可見。還相爲宮者。宮爲君主之義。十二管更迭爲主。自黃鍾始。當其爲宮。五聲皆備。黃鍾第
一宮。下生林鍾爲徵。上生太蔟爲商。下生南呂爲羽。上生姑洗爲角。餘倣此。林鍾第二宮。太蔟
三。南呂四。姑洗五。應鍾六。蕤賓七。大呂八。夷則九。夾鍾十。無射十一。仲呂十二也。此非十
二月之次序。乃律呂相生之次序也。○徵音止。洗音蘚。射音亦。應去聲。數上聲。更平聲。○五味
六和十二食還相爲質也。酸。苦。辛。鹹。加滑與甘。是五味六和也。十二食。十二月之所食也。還相爲質者。如春三月以酸爲質。夏三月以苦爲質。而六和皆相爲用也。
○和去聲。五色六章十二衣還相爲質也。五色青赤黃白黑也。幷天玄爲六章。十二衣。十二月之衣。如月令春衣青。夏衣朱之類。還相爲質。謂畫繢之事。主其時之一
色。而餘色間雜也。○春衣夏衣。衣去聲。間去聲。故人者。天地之心也。五行之端也。食味別聲被色而生者也。天地之心。以理言。五
行之端。以氣言。食五味。別五聲。被五色。其間皆有五行之配。而性情所不能無者。○問人者天
地之心。朱子曰。謂如天道福善禍淫。乃人所欲也。善者人皆欲福之。淫者人皆欲禍之。又曰。教
化皆是人做。此所謂人者天地之心也。○別。必列切。故聖人作則。必以天地爲本。以陰陽爲端。以四時爲柄。以日星爲紀。
月以爲量。鬼神以爲徒。五行以爲質。禮義以爲器。人情以爲田。四靈以爲畜。以天地爲本。故物可
舉也。以陰陽爲端。故情可睹也。以四時爲柄。故事可勸也。以日星爲紀。故事可列也。月以爲量。故
功有藝也。鬼神以爲徒。故事可守也。五行以爲質。故事可復也。禮義以爲器。故事行有考也。人情
以爲田。故人以爲奧也。四靈以爲畜。故飲食有由也。此章凡十條。自天地至人情九條。皆是覆說前章諸事。萬事萬物之理。不出乎天地之間。
聖人作爲典則。而以天地爲本。則事物之理皆可舉行。○情之善者屬陽。惡者屬陰。求其端於陰
陽。則善惡可得而見。○柄。猶權也。四時各有當爲之事。執當時之權柄。以教民立事。則事可勸勉
而成。○日星爲紀。如日中星鳥。日永星火之類。所以紀時之早晚。列者。以十二月之事。詳列以示
民。而使之作爲也。○量。限量也。謂十二月之分限。分限不踰。則所爲皆得其時。故事功滋長。如樹
藝然也。○徒。如徒侶之相依。郊社宗廟山川五祀之禮。皆與政事相依。即前章殽地以下諸事。如
此行政。則凡事可悠久不失也。○五行之氣。周而復始。質。猶正也。國家歲有常事。必取正於五行

之時令。則其事亦今歲周而來歲復始也。○器必成而後適於用。今用禮義如成器。則事之所行
豈有不成者乎。考。成也。○治人情如治田。不使邪僻害正性。如不使稊稗害嘉穀。則人皆有宿道
向方之所。如室之有奧也。○六畜。人家所豢養。四靈本非可以豢養致者。今皆爲聖世而出。如馴
畜然。皆聖人道化所感耳。飲食有由者。由。用也。謂四靈爲鳥獸魚鼈之長。長至則其屬皆至。有可
用之以供庖廚者矣。○量。去
聲。畜。許六切。分音問。治平聲。何謂四靈。麟鳳龜龍。謂之四靈。故龍以爲畜。故魚鮪不淰。鳳以爲畜。
故鳥不獝。麟以爲畜。故獸不狘。龜以爲畜。故人情不失。鮪。魚之大者。故特言之。淰。羣隊驚散之貌。
獝。驚飛也。狘。驚走也。三靈物既馴擾如畜
則其類皆隨從之。雖見人亦不爲之驚而飛走矣。龜能前知。人有所決以知可否。故不失其情之
正也。上三物皆因飲食有由而言。龜獨不言介蟲之類應者。以其爲決疑之寶。非可以飲食之物
例之也。○石梁王氏曰。四靈以爲畜。衍至此無義味。太
迂疏。何所無龜。○鮪音偉。淰音審。獝況必切。狘許月切。故先王秉蓍龜。列祭祀。瘞繒。宣祝嘏辭說。
設制度。故國有禮。官有御。事有職。禮有序。瘞。埋也。繒。幣帛也。祭法云。瘞埋於泰折。祭地也。繒之言
贈。埋幣告神者。亦以贈神也。宣。揚也。先王重祭事。故定
期日於蓍龜。而陳列祭祀之禮。設爲制度如此。其詳制度一定。國家
有典禮可守。官有所治。事有其職。禮得其序也。○瘞音曀。繒似仍切。故先王患禮之不達於下也。
故祭帝於郊。所以定天位也。祀社於國。所以列地利也。祖廟所以本仁也。山川所以儐鬼神也。
五祀所以本事也。故宗祝在廟。三公在朝。三老在學。王前巫而後史。卜筮瞽侑皆在左右。王中。
句心無爲也。以守至正。天子致尊天之禮。則天下知尊君之禮。故曰定天位。食貨所資。皆出於
地。天子親祀后土。正爲表列地利。使天下知報本之禮也。仁之實。事親
是也。人君以子禮事尸。所以達仁義之教於下也。儐禮鬼神而祭山川。本諸事爲而祭五祀。皆
是使禮教之四達。此亦前章未盡之意。廟有宗祝。朝有三公。學有三老五更。無非明禮教以淑
天下。巫主弔臨之禮而居前。史書言動之實而居後。瞽爲樂師。侑爲四輔。或辨聲樂。或贊威儀
而王居其中。此心何所爲哉。不過守君道之至正而已。此又是人君以禮自防。示教於天下也。
○石梁王氏曰。巫。祭祀方用。卜筮。有
事方問。謂常在左右。非也。○儐音擯。故禮行於郊。而百神受職焉。禮行於社。而百貨可極焉。禮
行於祖廟。而孝慈服焉。禮行於五祀。而正法則焉。故自郊社祖廟山川五祀。義之脩而禮之藏
也。此承上文祭帝於郊等禮而言。百神受職。謂風雨節。寒暑時。而無咎徵也。百貨可極。謂地不
愛寶。物無遺利也。孝慈服。謂天下皆知服行孝慈之道也。正法則。謂貴賤之禮。各有制度。無
敢僭踰也。聖王精禋感格。其效如此。由此觀之。則郊社祖廟山川五祀。皆義之
脩飾而禮之府藏也。前言山川與作。而此不言者。法則之事包之也。○藏。去聲。是故夫禮必本
於大一。分而爲天地。轉而爲陰陽。變而爲四時。列而爲鬼神。其降曰命。其官於天也。極大曰太。
未分曰一。

太極函三爲一之理也。分爲天地。則有高卑貴賤之等。轉爲陰陽。則有吉凶刑賞之事。變爲四時。則有歲月久近之差。列爲鬼神。則有報本反始之情。聖人制禮。皆本於此。以降下其命令者。是皆主於法天也。官者。主之義。○石梁王氏曰。禮家見易有太極字。翻出一箇太一。仍是諸子語。其官於天也一句。結上文。官天地。當如莊子義。○大音泰。差。楚宜切。下其下。去聲。

夫禮必本於天。動而之地。列而之事。變而從時。協於分藝。其居人也曰養。其行之以貨力辭讓飲食冠昏喪祭射御朝聘。

此亦本前章本於天殽於地之意。動而之地。卽殽地也。列而之事。卽五祀所以本事也。變而從時。卽四時以爲柄也。協。合也。分。謂月以爲量也。藝。卽功有藝也。上言義之脩。禮之藏。故此亦始言禮。終言義。居人。猶言在人也。禮雖聖人制作。而皆本於人事當然之義。故云居人曰義也。冠昏而下八者。皆禮也。然行禮者。必有貨財之資。筋力之强。辭讓之節。飲食之品。亦皆當然之義也。○分。去聲。養讀爲義。冠。去聲。朝。音潮。殽。音效。量。去聲。

故禮義也者。人之大端也。所以講信脩睦而固人肌膚之會。筋骸之束也。所以養生送死事鬼神之大端也。所以達天道順人情之大竇也。故唯聖人爲知禮之不可以已也。故壞國喪家亡人。必先去其禮。

肌膚之總會。筋骨之聯束。非不固也。然無禮以維飭之。則情慢傾側之容見矣。故必禮以固之也。竇。孔穴之可出入者。由於禮義則通達。不由禮義則窒塞。故以竇譬之。聖人之能達天道順人情者。以其知禮之不可以已也。彼敗國之君。喪家之主。亡身之夫。皆以先去其禮之故也。○壞。音怪。喪。去聲。去。上聲。見。音現。塞。入聲。

故禮之於人也。猶酒之有糱也。君子以厚。小人以薄。

人以禮而成德。如酒以麴糱而成味。君子厚於禮。故爲君子。小人薄於禮。故爲小人。亦如酒之有醇醨也。

故聖王脩義之柄禮之序以治人情。故人情者。聖王之田也。脩禮以耕之。

劉氏曰。脩者。講明也。柄者。人所操也。聖王講明乎義之所在。使人得所持循而制事之宜也。人皆操義之要。以處禮之序。則皆中節矣。故可以治人情也。禮者。人情之防範。脩道之教。莫先於禮。故治人之清。以禮爲先務。如治田者。必先以耒耜耕之也。○治。平聲。操。平聲。處。上聲。中。去聲。

陳義以種之。

義者。人情之裁制。隨事制宜。而時措之。如隨田之宜。而種所當種也。

講學以耨之。

禮義固可使情之中節。然或氣質物欲蔽之。而私意生焉。則如草萊之害嘉種矣。故必明理欲之辨。去非而存是。如農之耨以去草養苗也。○種。上聲。去。上聲。

本仁以聚之。

講學以耨之者。傳而求之於不一之善。所以得一本萬殊之理。本仁以聚之者。約而會之於至一之理。所以造萬殊一本之妙也。至此則會萬理爲一理。而本心之德全矣。此如穀之熟而斂之也。○造。七到切。

播樂以安之。

聚之者。利仁之事。未能安仁也。故必使之詠歌舞蹈。以陶養其德性。消融其查滓。而使之和順於道德焉。則造於從容自然之域矣。此則如食之而厭飫也。此五者。聖王脩道之教。始終條理如此。而講學居其中。以通貫乎前後。蓋禮耕義種。入德之功。學之始條理也。仁聚樂安。成德之效。學之終條理也。自始至終。於仁義禮樂無所不講。至其成也。則禮義之功著於先。仁樂之效見於後焉。○造。七到切。從。七容切。見。音現。

故禮也者。義之實也。協諸義而協。則禮雖先王未之有。可以義起也。實者定制也。禮者義之定制。義者禮之權度。禮一定不易。義隨時制宜。故協合於義而合當爲者。則雖先王未有此禮。可酌之於義而創爲之禮焉。此所以三代損益不相襲也。義者。藝之分。仁之節也。協於藝。講於仁。得之者強。藝以事言。仁以心言。事之處於外者。以義爲分限之宜。心之發於內者。以義爲品節之制。協於藝者。合其事理之宜也。講於仁者。商度其愛心之親疏厚薄。而協合乎行事之大小輕重。一以義爲之裁制焉。上好義則民莫敢不服。故得義者強。○分去聲。度入聲。仁者。義之本也。順之體也。得之者尊。仁者本心之全德。故爲義之本。是乃百順之體質也。元者善之長。體仁足以長人。故得仁者尊。上文言禮者義之實。此言仁者義之本。實以散體言。本以全體言。同一理也。張子謂經禮三百。曲禮三千。無一事之非仁也。猶之木焉。從根本至枝葉皆生意。此全體之仁也。然自一本至千枝萬葉。先後大小各有其序。此散體之禮也。而其自本至末。一枝一葉。各具一理。隨時榮悴。各得其宜者。義也。故治國不以禮。猶無耜而耕也。爲禮不本於義。猶耕而弗種也。爲義而不講之以學。猶種而弗耨也。講之以學而不合之以仁。猶耨而弗穫也。合之以仁而不安之以樂。猶穫而弗食也。此反譬以申明前段聖學致養之事。有始有卒。其序不可紊。而功不可缺如此。安之以樂而不達於順。猶食而弗肥也。四體既正。膚革充盈。人之肥也。父子篤。兄弟睦。夫婦和。家之肥也。大臣法。小臣廉。官職相序。君臣相正。國之肥也。天子以德爲車。以樂爲御。諸侯以禮相與。大夫以法相序。士以信相考。百姓以睦相守。天下之肥也。是謂大順。大順者。所以養生送死事鬼神之常也。前章至播樂以安之而止。此又益以不達於順猶食而弗肥一節者。蓋安之以樂以前。皆是成已之功。大學明德之事也。達之於順以後。方是成物之效。大學新民之事也。故以人身之肥設譬。而言家國天下之肥。至此乃是聖學之極功。成已成物。合內外之道。大學身脩家齊國治天下平之事也。故謂之大順。大順則無爲而治。所以養生送死事鬼神。各得其常也。以上並劉氏說。○大臣法。盡臣道也。小臣廉。不虧所守也。以德爲車。由仁義行也。以樂爲御。動無不和也。以禮相與。朝聘以時也。以法相序。上不偪下。下不僭上也。以信相考。久要不忘也。以睦相守。出入相友。守望相助。疾病相扶持也。肥者。充盛而無不足之意。故事大積焉而不苑。並行而不謬。細行而不失。深而通。茂而有閒。連而不相及也。動而不相害也。此順之至也。故明於順。然後能守危也。此以下至篇終。皆是發明大順之說。謂以此大順之道治天下。則雖事之大者。積疊在前。亦不至於膠滯。雖事之不同者。一時並行。亦不至舛謬也。雖小事所行。亦不以其微細而有失也。雖深窅而可通。雖茂密而有閒。謂有中閒也。兩物接連而相及。則有彼此之爭。兩事一時而俱動。則有利害之爭。不相及不

相害則無所爭矣。此泛言人君治天下之事。有大有細。有深有茂。有連有動。而自然各得其分
理者。不過一順之至而已。故明於順。然後能守危亡之戒。而不至於危亡也。○苑音尹。昏音杳。
分去聲。故禮之不同也。不豐也。不殺也。所以持情而合危也。故聖王所以順。山者不使居川。不使
渚者居中原而弗敝也。用水火金木飲食必時。合男女頒爵位必當年德。用民必順。故無水旱
昆蟲之災。民無凶饑妖孽之疾。貴賤有等。故禮制不同。應儉者不可豐。應隆者不可殺。所以維持人情。不使之驕縱。保合上下。不使之危亂也。聖王所以順民
之情者。如安於山則不徙之居川。安於渚則不徙之居中原。故民不困敝也。獺祭魚然後虞人
入澤梁。及春獻鼈蜃。秋獻龜魚之類。是用水必時也。春取楡柳之火。夏取棗杏之火。季夏取桑
柘之火。秋取柞楢之火。冬取槐檀之火。又周禮季春出火。季秋納火之類。是用火必時也。卝人
以時取金玉錫石。及月令季春審五庫之量。金鐵爲先。是用金必時也。仲冬斬陽木。仲夏斬陰
木。是用木必時也。飲食則如食齊視春時。羹齊視夏時之類是也。合男女必當其年。頒爵位必
當其德。用民必於農隙。凡此皆是以順行之。故能感召雨暘之和。而無旱乾水溢及螟螣之災
也。凶饑年凶穀不熟也。妖謂衣服歌謠草木之怪。孽謂禽獸蟲豸之怪。史家五行志所載代
有之。疾患也。○殺色介切。當去聲。楢以周切。卝古猛切。如食食音嗣。齊才去聲。乾音干。豸音雉。故
天不愛其道。地不愛其寶。人不愛其情。故天降膏露。地出醴泉。山出器車。河出馬圖。鳳皇麒麟
皆在郊棷。龜龍在宮沼。其餘鳥獸之卵胎。皆可俯而闚也。則是無故。先王能脩禮以達義。體信
以達順。故此順之實也。舊說器爲銀甕丹甑。車爲山車垂鉤。謂不待揉治而自圓曲也。晉時恒山大樹自拔。根下有璧七十。圭七十三。皆光色精奇異常玉。又張掖柳
谷之石。有八卦璜玦之象。亦此類也。棷與藪同。龍之變化叵測。未必宮沼有之。亦極言至順感
名之卓異耳。不以辭害意可也。脩禮以達義者。脩此禮以爲教。而達之天下。無不宜也。體信以
達順者。反身而誠。而達之天下。無不順也。此極功矣。故結之曰此順之實也。○程子曰。君子脩
己以敬。篤恭而天下平。惟上下一於恭敬。則天地自位。萬物自育。而四靈畢至矣。此體信達順
之道。○朱子曰。信是實理。順是和氣。體信是致中。達順是致和。實體此
道於身。則自然發而中節。推之天下而無所不通也。○棷音藪。叵音頗。

禮記卷之五

禮器第十

器有二義。一是學禮者成德器之美。一是行禮者明用器之制。

禮器是故大備。大備盛德也。禮釋回。增美質。措則正。施則行。其在人也。如竹箭之有筠也。如松栢之有心也。二者居天下之大端矣。故貫四時而不改柯易葉。故君子有禮。則外諧而內無怨。故物無不懷仁。鬼神饗德。以禮爲治身之器。故能大備其成人之行。至於大備。則其德盛矣。禮之爲用。能消釋人回邪之心。而增益其材質之美。措諸身則無往不正。施諸事則無往不達。以人之一身言之。如竹箭之有筠。是以致飾於外。如松栢之有心。足以貞固於內。箭。竹之小者也。筠。竹之靑皮也。大端。猶言大節。二物比他草木有此大節。故能貫串四時而柯葉無所改易也。君子之人。惟其有此禮也。故外人之踈遠者無不諧協。內人之親近者無所怨憾。人歸其仁。神歆其德也。先王之立禮也。有本有文。忠信。禮之本也。義理。禮之文也。無本不立。無文不行。先王制禮。廣大精微。惟忠信者能學之。然而纖悉委曲之間。皆有義焉。皆有理焉。無忠信則禮不可立。昧於義理。則禮不可行。必內外兼備而本末具舉。則文因於本而飾之也。不爲過。本因於文而用之也。中其節矣。禮也者。合於天時。設於地財。順於鬼神。合於人心。理萬物者也。是故天時有生也。地理有宜也。人官有能也。物曲有利也。故天不生。地不養。君子不以爲禮。鬼神弗饗也。居山以魚鼈爲禮。居澤以鹿豕爲禮。君子謂之不知禮。合於天時。天時有生也。謂四時各有所生之物。取之當合其時。設於地財。地理有宜也。謂設施行禮之物。皆地之所產財利也。然土地各有所宜之產。不可強其地之所無。如此自然順鬼神。合人心。而萬物各得其理也。人官有能。謂助祭執事之官。各因其能而任之。蓋人各有能有不能也。物曲有利者。謂物之委曲各有所利。如麴蘗利於爲酒醴。桐竹利於爲琴笙之類也。天不生。謂非時之物。地不養。如山之魚鼈。澤之鹿豕之類。故必舉其定國之數。以爲禮之大經。禮之大倫。以地廣狹。禮之薄厚。與年之上下。是故年雖大殺。衆不匡懼。則上之制禮也節矣。定。猶成也。數。稅賦所入之數也。王制言祭用數之仂。禮非財不行。故必以此數爲行禮經常之法也。禮之大倫。以地之廣狹。天子諸侯卿大夫地有廣狹。故禮之倫類不同。地廣者禮備。地狹者禮降也。禮之厚薄。則與年之上下爲等。王制言豐年不奢。凶年不儉。是專言祭禮。此兼言諸禮耳。大殺。謂年凶而稅斂之入大有減殺也。匡。與恇通。恐也。衆不匡懼。謂無溝壑之憂也。此其制禮有節。財不過用。故能如此。○殺。色介切。禮時爲

大順次之體次之宜次之稱次之堯授舜舜授禹湯放桀武王伐紂時也詩云匪革其猶聿追
來孝時者天之所爲故爲大堯舜湯武之事不同者各隨其時耳聖王受命得天下必定一代之禮制或因或革各隨時宜故云時爲大也順體宜稱四者下文析之詩大雅文王有聲
之篇革急也猶與猷通謀也聿惟也言文王之作豐邑初非急於成已之謀惟欲追先人之事而致其方來之孝以不墜先業耳今詩文作匪棘其欲適追來孝○稱去聲革音棘或革華如
字適音聿天地之祭宗廟之事父子之道君臣之義倫也王者父事天母事地故天地宗廟父子君臣四者乃自然之序故曰倫也倫不可紊
故順次之社稷山川之事鬼神之祭體也社稷山川鬼神之禮各隨其體之輕重而爲禮之隆殺故曰體次之喪祭之用賓客之交義
也既於義不得不然必須隨事合宜故曰宜次之羔豚而祭百官皆足大牢而祭不必有餘此之謂稱也諸侯以龜爲
寶以圭爲瑞家不寶龜不藏圭不臺門言有稱也諸侯有國宜知占詳吉凶故以龜爲寶也家謂大夫也大夫卑不當寶藏五等諸侯各有
圭璧以爲瑞信又以天子所賜如祥瑞之降於天故以爲瑞大夫非爲君使不得執故不當藏之臺門者門之兩旁築土爲臺於其上起屋大夫不然各稱其分守也故曰稱次之○大音泰
使去聲分音問禮有以多爲貴者天子七廟諸侯五大夫三士一一廟下士也適士則二廟○適音的天子之豆二十有
六此天子朔食之豆數諸公十有六上公也更相朝時堂上之豆數○更平聲諸侯十有二通侯伯子男也亦相朝時堂上之豆數上大夫八下
大夫六皆謂主國食使臣堂上之豆數○食音嗣使去聲諸侯七介七牢大夫五介五牢介副也上介一人餘爲眾介牢太牢也謂諸侯朝天子時
天子以太牢之禮賜之周禮公九介九牢侯伯七子男五今言七舉中以言之也大夫五介五牢者諸侯之大夫爲君使而來各降其君二等此五介五牢謂侯伯之卿亦舉中言之也天
子之席五重諸侯之席三重大夫再重天子祫祭其席五重諸侯席三重者謂相朝時賓主皆然也三重則四席再重則三席○重平聲下節同天
子崩七月而葬五重八翣諸侯五月而葬三重六翣大夫三月而葬再重四翣此以多爲貴也
五重者謂抗木與茵也茵以藉棺用淺色緇布夾爲之以茅秀及香草著其中如今褥子中用絮然縮者二橫者三爲一重抗木所以抗載於土下棺之後置抗木於椁之上亦橫者三縮者
二上加抗席三此爲一重如是者五則爲五重也翣見檀弓有以少爲貴者天子無介祭天特牲介所以佐賓天子以天下爲家無爲賓之義故無介
也特獨也天子適諸侯諸侯膳以犢諸侯相朝灌用鬱鬯無籩豆之薦大夫聘禮以脯醢天子祭天惟用一牛
若巡守而過諸侯之境則諸侯奉膳亦止一牛其尊君之禮亦如君之尊天也諸侯相朝享禮畢主君酌鬱鬯之酒以獻賓不用籩豆之薦者以其主於相接以芬芳之德不在殽味也大夫

日使行聘禮。主國禮之酌以酒。而又有脯醢之薦。此見少者貴。多者賤也。○守去聲。**天子一食。諸侯再。大夫士三。食力無數。**食。餐也。位尊者德盛。其飽以德。不在於食味。故每一餐輒告飽。須御食者勸侑乃又餐。故云一食也。諸侯則再餐而告飽。大夫士則三餐而告飽。皆待勸侑則再食。食力。自食其力之人。農工商賈庶人之屬也。無德不仕。無祿代耕。禮不下庶人。故無食數。飽即自止也。**大路繁纓一就。次路繁纓七就。**殷世尚質。其祭天所乘之車。木質而已。無別雕飾。謂之大路。繁。馬腹帶也。纓。鞅也。在馬膺前。染絲而織以爲罽。五色一帀曰就。就。猶成也。繁與纓。皆以此罽爲之。車朴素。故馬亦少飾也。大路之下有先路。次路。次路。殷之第三路也。供卑雜之用。故就數多。郊特牲云。次路五就。此蓋誤爲七就。○繁。音盤。罽音寄。帀作答切。俗作匝。**圭璋特。**圭璋。形制見考工記。諸侯朝王以圭。朝后則執璋。[illegible]貴者。不以他物儷之。故謂之特。言獨用之也。周禮小行人掌合六幣。圭以馬。璋以皮。然皮與馬皆不升堂。惟圭璋特升於堂。亦特之義也。**琥璜爵。**琥。爲虎之形。璜。則半環之形也。此二玉下於圭璋。不可專達。必待用爵。蓋天子享諸侯及諸侯自相享。至酬酒時。則以幣將送酬爵。又有琥璜之玉以將幣。故云琥璜爵也。**鬼神之祭單席。**鬼神異於人。不假多重以爲溫煖也。**諸侯視朝。大夫特。士旅之。此以少爲貴也。**君視朝之時。於大夫則特揖之。謂每人一揖也。旅。衆也。士卑。無問人數多少。君一揖而已。**有以大爲貴者。宮室之量。器皿之度。棺椁之厚。丘封之大。此以大爲貴也。有以小爲貴者。宗廟之祭。貴者獻以爵。賤者獻以散。尊者舉觶。卑者舉角。五獻之尊。門外缶。門內壺。君尊瓦甒。此以小爲貴也。**爵一升。觚二升。觶三升。角四升。散五升。○疏曰。特牲云。主人獻尸用角。佐食洗散以獻尸。是尊者小。卑者大。按天子諸侯及大夫皆獻尸以爵。無賤者獻以散之文。禮文散亡。不具也。特牲主人獻尸用角者。下大夫也。少牢禮。尸入。舉奠觶。是尊者舉觶。特牲主人受尸酢。受角飲者。是卑者舉角。此是士禮耳。諸侯祭禮亡。五獻。子男之享禮也。凡王享臣及其自相享。行禮獻數。各隨其命。子男五命。故五獻。是子男列尊之法。門外缶者。缶。尊名。盛酒在門外。壺亦尊也。盛酒在門內。君尊。子男之尊也。子男用瓦甒爲尊。不云內外。則陳之在堂。人君面尊而專惠也。其壺缶但飲諸神。小尊近君。大尊在門。是以小爲貴。壺大一石。瓦甒五斗。缶又大於壺。○量去聲。散如字。觶音志。甒音武。**有以高爲貴者。天子之堂九尺。諸侯七尺。大夫五尺。士三尺。天子諸侯臺門。此以高爲貴也。**九尺以下之數。皆謂堂上高於堂下也。考工記。堂崇三尺。是殷制。此周制耳。臺門。見前章。**有以下爲貴者。至敬不壇。埽地而祭。天子諸侯之尊廢禁。大夫士棜禁。此以下爲貴也。**封土爲壇。郊祀則不壇。至敬無文也。禁與棜。皆承酒尊之器。木爲之。禁長四尺。廣二尺四寸。通局足高三寸。漆赤中。畫青雲氣。菱苕華爲飾。刻其足爲褰帷之形。棜長四尺。廣二尺四寸。深五寸。無足。亦畫青雲氣。菱苕華爲飾也。棜是轝名。禁者。因爲酒戒也。天子諸侯之尊廢禁者。廢去其禁而不用也。大夫士棜禁者。謂大夫用棜。士用禁也。棜。一名斯禁。見鄉飲酒禮。○埽去聲。棜。於據切。轝。輿同。兩手對轝之車也。禮有以文爲貴者。天子龍袞。諸侯黼。大夫黻。士玄衣纁裳。天子之冕朱綠藻。十有二旒。諸侯九。上大夫七。下大夫五。士三。此以文爲貴也。龍袞。畫龍於袞衣也。白與黑謂之黼。黼如斧形。刺之於裳。黑與青謂之黻。其狀兩已相背。亦刺於裳也。纁。赤色。冕。祭服之冠也。上玄下纁。前後有旒。前低一寸二分。以其略俛而謂之冕。冕同而服異。一袞冕。二鷩冕。三毳冕。四絺冕。五玄冕。各以服之異而名之耳。冕之制雖同。而旒有多少。朱綠藻者。以朱綠二色之絲爲繩也。以此繩貫玉而垂於冕以爲旒。周用五采。此言朱綠。或是前代之制。十有二旒者。天子之冕。前後各十二旒。每旒十二玉。玉之色以朱白蒼黃玄爲次。自上而下。徧則又從朱起。袞冕十二旒。鷩冕九旒。毳冕七旒。絺冕五旒。玄冕三旒。此數雖不同。然皆每旒十二玉。繅玉五采也。此皆周時天子之制。諸侯九。上大夫七。下大夫五。士二。此亦非周制。周家旒數隨命數。詳見儀禮冕弁圖。○疏曰。諸侯雖九章。七章以下。其中有黼也。孤絺冕而下。其中有黻。故特舉黼黻而言耳。詩采菽云。玄袞及黼。是特言黼。終南云。黻衣繡裳。是特言黻也。陳氏曰。藻潔而文。衆采如之。故曰藻。

有以素爲貴者。至敬無文。父黨無容。大圭不琢。大羹不和。大路素而越席。犧尊疏布鼏。樿杓。此以素爲貴也。敬之至者。不以文爲美。如祭天而服黑羔裘。亦是尚質素之意。折旋揖讓之禮容。所以施於外賓。見父之族黨。自當以質素爲禮。不爲容也。大圭。天子所搢者。長三尺。不琢。不爲鐫刻文理也。大羹。太古之羹也。肉汁無鹽梅之和。後王存古禮。故設之。亦尚玄酒之意。大路。殷祭天之車。朴素無飾。以蒲越爲席。犧尊。刻爲犧牛之形。讀爲娑音者。謂畫爲鳳羽娑娑然也。此尊以麤疏之布爲覆鼏。樿。白木之有文理者。杓。沃盥之具也。○琢。讀爲篆。大。音泰。和。去聲。越。音活。犧。讀爲莎。鼏。莫力切。樿。音展。杓。市約切。

孔子曰。禮不可不省也。禮不同。不豐不殺。此之謂也。蓋言稱也。省。察也。禮之等雖不同。而各有當然之則。豐則踰。殺則不及。惟稱之爲善。○省。悉井切。殺。色介切。稱。去聲。

禮之以多爲貴者。以其外心者也。德發揚。詡萬物。大理物博。如此則得不以多爲貴乎。故君子樂其發也。用心以致備物之享。則心在於物。故曰外心。然所以貴於備物者。聖人蓋見夫天地之德。發揚昭著。盛大溥徧於萬物。是其理之所該者大。故物之所成者博。如此豈得不以多爲貴乎。此制禮之君子。所以樂其用心於外以制備物也。○詡。音許。樂。吾教切。

禮之以少爲貴者。以其內心者也。德產之致也精微。觀天下之物無可以稱其德者。如此則得不以少爲貴乎。是故君子愼其獨也。散齊致齊。祭神如在。皆是內心之義。惟其主於存誠以期感格。故不以備物爲敬。所以然者。蓋有見夫天地之德。所以發生萬彙者。其流行賦予之理。密緻而精微。卽大傳所言天地絪縕。萬物化醇也。縱使徧取天下所有之物以祭天地。終不能稱其德而報其功。不若事之以誠敬之爲極致。是以行禮之君子。主於存誠於內以交神明也。愼獨者。存誠之事也。○致。音治。直二切。稱。去聲。散。上聲。齊。音齋。予。上聲。

古之聖人。內之爲尊。外之爲樂。少之爲貴。多之爲美。是故先王之制禮也。不可多也。不可寡也。唯其稱也。尊如中庸尊德性之尊。恭敬奉持之意也。尊其在內之誠敬。故少物亦足以爲貴。樂其在外之儀物。必多物乃可以爲美。宜少者不可多。宜多者不可寡。或稱其內。或稱其外也。○樂音洛。稱。去聲。是故君子大牢而祭謂之禮。匹士大牢而祭謂之攘。謂之禮。稱也。謂之攘。不稱也。○疏曰。匹偶也。士賤不得特使。爲介乃行。故謂之匹士。庶人稱匹夫者。惟與妻偶耳。○大音泰。使。去聲。管仲鏤簋朱紘。山節藻梲。君子以爲濫矣。管仲。齊大夫。鏤簋。簋有雕鏤之飾也。紘。冕之繫。以組爲之。自頷下屈而上。屬於兩旁之笄。垂餘爲纓。天子朱。諸侯青。大夫士緇。山節。刻山於柱頭之斗栱也。藻。水草也。藻梲。畫藻於梁上之短柱也。此皆管仲僭禮之事。濫。放溢也。晏平仲祀其先人。豚肩不揜豆。澣衣濯冠以朝。君子以爲隘矣。晏平仲。亦齊大夫。大夫祭用少牢。不合用豚。周人貴肩。肩在俎不在豆。此但喻其極小。謂併豚兩肩。亦不足以掩豆。故假豆言之耳。上言不豐不殺。此舉管晏之事以明之。管仲豐而不稱。晏子殺而不稱者也。隘。陋也。是故君子之行禮也。不可不慎也。衆之紀也。紀散而衆亂。禮所以防範人心。綱維世變。前篇言壞國喪家亡人必先去其禮。○壞音怪。

孔子曰。我戰則克。祭則受福。蓋得其道矣。記者引孔子之言而釋之曰。夫子所以能此二者。蓋以得其行之之道也。

君子曰。祭祀不祈。不麾蚤。不樂葆大。不善嘉事。牲不及肥大。薦不美多品。君子曰。記者自謂也。祭有常禮。不爲祈私福也。周禮大祝掌六祈。小祝有祈福祥之文。皆是有故則行之。不在常祀之列。麾。快也。祭有常時。不以先時爲快。葆。猶褒也。器幣之小大長短。自有定制。不以褒大爲可樂也。嘉事。冠昏之禮。奠告有常儀。不爲善之而更設他祭。牲不及肥大。及。猶至也。如郊牛之角繭栗。宗廟角握。社稷角尺。各有所宜。用不必須並及肥大也。薦祭之品味有定數。不以多品爲美也。○樂音洛。大祝。大音泰。

孔子曰。臧文仲安知禮。夏父弗綦逆祀而弗止也。臧文仲。魯大夫臧孫辰。夏父弗綦。人姓名也。魯莊公薨。立適子閔公。閔公薨。立僖公。僖公者。莊公之庶子。閔公之庶兄也。僖公薨。子文公立。二年八月。祫祭太廟。夏父弗綦爲宗伯。典禮。移閔公置僖公之下。是臣居君之上。逆亂尊卑。不可之大者。時人以文仲爲知禮。孔子以其爲大夫而不能止逆祀之失。豈得爲知禮乎。○夏。上聲。父音甫。綦音忌。燔柴於奧。夫奧者。老婦之祭也。盛於盆。尊於瓶。此亦言臧文仲不能正失禮之事。周禮以實柴祀日月星辰。有大火之次。故祭火神則燔柴也。今弗綦爲禮官。謂爨神是火神。遂燔柴祭之。是失禮矣。禮。祭至尸食竟而祭爨神。宗婦祭饎爨。烹者祭饔爨。其神則先炊也。故謂之老婦。惟盛食於盆。盛酒於瓶。卑賤之祭耳。雖卑賤而必祭之者。以其有功於人之飲食。故報之也。○奧讀爲爨。盛。平聲。

禮也者。猶體也。體不備。君子謂之不成人。設之不當。猶不備也。禮有大有小。有顯有微。大者不可損。小者不可益。顯者不可揜。微者不可大也。故經禮三百。曲禮三千。其致一也。未有入室而不由戶者。體。人身也。先王經制大備。如人體之全具矣。若行禮者設施或有不當。亦與不備同也。大者損之。小者益之。揜其顯。著其微。是不當也。禮以敬爲本。一者敬而已。未有入室而不由戶者。豈有行禮而不由敬乎。○朱子曰。禮儀三百。便是儀禮中士冠諸侯冠天子冠禮之類。此是大節有三百條。如始加再加三加。又如坐如尸立如齊之類。皆是其中小目。呂與叔云。經便是常行底。緯便是變底。恐不然。經中自有常有變。緯中亦自有常有變。○趙氏曰。經禮如冠昏喪祭朝覲會同之類。曲禮如進退升降俯仰揖遜之類。○當。去聲。君子之於禮也。有所竭情盡慎。致其敬而誠若。有美而文而誠若。誠。實也。若。語辭。謂以少者小者下者素者爲貴。是內心之敬無不實者。以多者大者高者文者爲貴。美而有文。是外心之實者。君子之於禮也。有直而行也。有曲而殺也。有經而等也。有順而討也。有摲而播也。有推而進也。有放而文也。有放而不致也。有順而摭也。親始死而哭踊無節。是直情而徑行也。故曰直而行。父在則爲母服期。尊者在則卑者不杖。是委曲而減殺之也。故曰曲而殺。父母之喪。無貴賤皆三年。大夫士魚俎皆十五。是經常之禮。一等行之也。故曰經而等。順而討者。順其序而討去之。若自天子而下。每等降殺以兩是也。摲而播者。芟取在上之物而播施於下。如祭俎之肉及羣臣。而胞翟之賤者亦受其惠是也。推而進者。推卑者使得行尊者之禮。如二王之子孫得用王者之禮。及旅酬之禮。皆得舉觶於其長是也。冕服旗常之章采。樽罍之刻畫。是放而文也。公侯以下之服。其文采殺於天子而不敢極致。是放而不致也。摭猶拾取也。雖拾取尊者之禮而行之。不謂之僭逆。如君沐粱。士亦沐粱。又有君大夫士一節者。是順而摭也。言君子行禮。有此九者。不可不知也。○殺。色介切。摲。音芟。放。上聲。三代之禮一也。民共由之。或素或青。夏造殷因。殷尚白。夏尚黑。素即白也。青近於黑。不言白黑而言素青。變文耳。此類皆制作之末。舉此以例其餘。則前之創造。後之因仍。皆可知矣。○朱子曰。三綱五常。禮之大體。三代相繼。皆因之而不能變。其所損益。不過文章制度小過不及之間而已。周坐尸。詔侑武方。其禮亦然。其道一也。承上夏造殷因而言三代尸禮之異。周之禮。尸即位而坐。詔者告尸以威儀之節。侑者勸尸爲飲食之進。詔與侑皆祝官之職。祝不止一人。無方。謂無常人也。宗廟中可告之事。皆得告之也。亦然。亦如殷之禮也。禮同本於道之同。故云其道一也。○武讀爲無。夏立尸而卒祭。殷坐尸。夏之禮。尸當飲食則暫坐。若不飲食則惟立以俟祭事之終也。殷則尸雖無事亦坐。周旅酬六尸。曾子曰。周禮其猶醵與。周家祫祭之時。羣廟之祖。皆聚於后稷廟中。后稷尸尊。不與子孫爲酬酢。毀廟之祖又無尸。故惟六尸而已。此六尸自爲昭穆次序行旅酬之禮。故曾子言周家此禮。其猶世俗之醵與。醵。斂錢共飲酒也。錢之所斂者均。則酒之所飲必均。此六尸之旅酬。如醵飲之均平也。○醵。其庶切。與。平聲。君子曰。禮之近人情者。非其至者也。郊血。大饗腥。三獻爓。一獻孰。近者爲褻。遠者爲敬。凡行禮之事。與人情所欲者相近。則非禮之極至者。其事本多端。此獨舉血腥爓孰四者之祭以明之者。禮莫重於祭故也。郊。祭天也。郊祀與大饗三獻皆有血腥爓孰。此各言者。據先設者爲主也。郊則先設血。後設腥爓孰。大饗。祫祭宗廟也。腥。生肉也。去人情稍近。郊先薦血。大饗則迎尸時血與腥同時薦。獻。酌酒以薦獻也。祭社稷及五祀。其禮皆三獻。故因名其祭爲三獻也。爓。沉肉於湯也。其色略變。去人情漸近矣。此祭血腥與爓一時同薦。但當先者設之

在前。當後者設之居後。據宗伯社稷五祀。初祭降神時已埋血。據此則正祭薦爓時又薦血也。一
獻。祭羣小祀也。祀卑酒惟一獻。用孰肉。無血腥爓三者。蓋孰肉是人情所食。最爲褻近。以其神卑
則禮宜輕也。○爓音潛。是故君子之於禮也。非作而致其情也。此有由始也。是故七介以相見也。不然則已
慤。三辭三讓而至。不然則已蹙。作。如作聰明之作。過意爲之也。言先王制禮之初。一以誠敬爲本
乃天理人情之極致。後世守而行之。非過意而故爲極致之情也。
此由始於古也。上公之介九人。侯伯七人。子男五人。此舉其中而言之。兩君相見。必有介副之人
以伸賓主之情。不如此。則太愿慤而無禮之文矣。已。太也。三辭三讓者。賓初至大門外。交擯之時。
有三辭之禮。及入大門。主君每門一讓。則賓一辭。凡三辭
三讓而後至廟中也。不如此。則太迫蹙而無禮之容矣。故魯人將有事於上帝。必先有事於頖
宮。晉人將有事於河。必先有事於惡池。齊人將有事於泰山。必先有事於配林。三月繫。七日戒。
三日宿。慎之至也。此因上章言兩君相見之禮漸次而進。故言祭祀之禮亦有漸次。由卑以達
尊者。魯人將祭上帝。必先有事頖宮。頖宮諸侯之學也。魯郊祀以后稷配。先
於頖宮告后稷。然後郊也。虖池。并州川之小者。河之從祀也。配林。林名。泰山之從祀也。帝牛必
在滌三月。繫牲於牢也。七日戒。散齊也。三日宿。致齊也。敬慎之至如此。故以積漸爲之。何敢
迫蹙而行之乎。○頖音判。
惡音呼。池徒何切。從去聲。故禮有擯詔。樂有相步。溫之至也。禮容不可急遽。故賓主相見。有擯
相者以詔告之。樂工無目。必有扶
相其行步者。此二者。皆溫藉之至也。溫藉之義。如玉之有承藉然。言
此擯詔者。是承藉賓主。相步者。是承藉樂工也。○相。去聲。溫。於糞切。禮也者。反本脩古。不忘其
初者也。故凶事不詔。朝事以樂。本心之初。天所賦也。貴於反思而不忘。禮制之初。聖所作也。貴
於脩舉而不墜。二者皆有初。故曰不忘其初。擗踴哭泣。不待詔
告。以其發於本心之自然也。朝廷養老尊賢之事。必作樂
以樂之。亦以愜其本心之願望也。此二者是反本之事。醴酒之用。玄酒之尚。割刀之用。鸞刀
之貴。莞簟之安。而稾鞂之設。醴酒之美。用矣。而列尊在玄酒之下。今世割刀之利。便於用矣。而
宗廟中乃不用割刀而用古之鸞刀。下莞上簟可謂安矣。而設稾
鞂之麤者。爲郊祀之席。此三者是脩古之事。鸞鈴也。刀鐶有鈴。故名鸞刀。割肉欲中其音節。郊
特牲云。聲和而後斷也。莞蒲之細者可爲席。簟竹席也。稾鞂。除去穀之稈也。鞂與禹貢秸字同。
○莞。音官。簟。徒點切。稾。古老
切。鞂。江入切。中。去聲。斷。上聲。是故先王之制禮也。必有主也。故可述而多學也。有主。主於反本
脩古也。但以此
二者求之。則可以稱
述而學之不厭矣。君子曰。無節於內者。觀物弗之察矣。欲察物而不由禮。弗之得矣。故作事
不以禮。弗之敬矣。出言不以禮。弗之信矣。故曰禮也者。物之致也。無節於內。言胸中不能通達
禮之節文也。觀物弗之察。言
雖見行禮之事。不能審其得失也。察物而不由禮以察之。何以能得其是非之實。作事而不由
禮。何以能存其主敬之心。出言而不由禮。何以能使人之信其言。故曰禮者事物之極致也。

是故昔先王之制禮也。因其財物而致其義焉爾。故作大事必順天時。為朝夕必放於日月。為高必因丘陵。為下必因川澤。是故天時雨澤。君子達亹亹焉。

財物。幣玉牲牢黍稷之類。無財無物不可以行禮。故先王制禮。必因財物而致其用之義焉。然財物皆天時之所生。故祭祀之大事。亦必順天時而行之。如啓蟄而郊。龍見而雩。始殺而嘗。閉蟄而烝。皆是也。大明生於東。故春朝朝日必於東方。月生於西。故秋莫夕月必於西方。為高上之祭。必因其丘陵而祭之。為在下之祭。必因其有川澤而祭之。一說。為高為圓丘也。為下為方丘也。祭有輕重。皆須財物。故當天時之降雨澤也。君子知夫天地生成財物之功。如此乎勉勉而不已也。則安得不用財物為禮。以致其報本之誠乎。○朝音潮。放上聲。亹音尾。見音現。春朝朝如字。莫音暮。

是故昔先王尚有德。尊有道。任有能。舉賢而置之。聚衆而誓之。是故因天事天。因地事地。因名山升中于天。因吉土以饗帝于郊。升中于天。而鳳皇降。龜龍假。饗帝于郊。而風雨節。寒暑時。是故聖人南面而立。而天下大治。

置。如置諸左右之置。謂使之居其位也。禮莫重於祭。當大事之時。必擇有道德才能者執其事。又從而誓戒之。周禮冢宰掌百官之誓戒是也。因天之尊而制為事天之禮。因地之卑而制為事地之禮。郊社是也。中。平也。成也。巡守而至方岳之下。必因此有名之大山。升進此方諸侯治功平成之事以告於天。舜典柴岱宗。即其禮也。吉土。王者所卜而建都之地也。兆於南郊。歲有常禮。其瑞物之臻。休徵之應。理或然耳。而後世封禪之說。遂根著於此。牢不可破。皆鄭氏祖緯說啓之也。○假音格。守音狩。應禪並去聲。著陟略切。

天道至教。聖人至德。廟堂之上。罍尊在阼。犧尊在西。廟堂之下。縣鼓在西。應鼓在東。君在阼。夫人在房。大明生於東。月生於西。此陰陽之分。夫婦之位也。君西酌犧象。夫人東酌罍尊。禮交動乎上。樂交應乎下。和之至也。

天道陰陽之運。極至之教也。聖人禮樂之作。極至之德也。無以復加。故以至言。罍尊。夏后氏之尊也。犧尊。周尊也。縣鼓大。應鼓小。設禮樂之器。一以西為上。故犧尊縣鼓皆在西。而罍尊與應鼓皆在東也。天子諸侯皆有左右房。此夫人在西房也。君在東而西酌犧象。夫人在西而東酌罍尊。此禮交動乎堂上也。縣鼓應鼓相應於堂下。是樂交應乎下也。罍尊畫為山雲之形。犧尊畫鳳羽而象骨飾之。故亦曰犧象。此章言諸侯時祭之禮。○犧音莎。縣音玄。應去聲。分音問。夫如字。復扶又切。

禮也者。反其所自生。樂也者。樂其所自成。是故先王之制禮也以節事。脩樂以道志。故觀其禮樂而治亂可知也。蘧伯玉曰。君子之人達。故觀其器而知其工之巧。觀其發而知其人之知。故曰君子慎其所以與人者。

萬物本乎天。人本乎祖。禮主於報本反始。不忘其所由生也。王者功成治定。然後作樂。以文德定天下者。樂文德之成。以武功定天下者。樂武功之成。非泛然為之也。節事。為人事之儀鄭也。道志宜其湮鬱也。世治則禮序而樂和。世亂則禮慝而樂淫。故觀禮樂而治亂可知也。蘧伯玉衛大夫名瑗。言君子之心。明睿洞達。觀器用則知工之巧拙。觀人之發動舉措則知其人之智愚。豈有觀禮樂而不知治亂乎。禮樂者與人交接之具。君子致謹於此。以其所關者大也。故曰蓋古有是言。而記者稱之耳。○樂其樂音洛。之知知音智。

大廟之內敬矣。君親牽牲。大夫贊幣而從。君親制祭。夫人薦盎。君親割牲。夫人薦酒。君出廟門迎牲。親牽以入。然必先告神而後殺。故大夫贊佐執幣而從君。君乃用幣以告神也。殺牲畢而進血與腥。則君親割制牲肝以祭神於室。此時君不親獻酒。惟夫人以盎齊薦獻。盎齊見前篇。及薦孰之時。君又親割牲體。然亦不獻。故惟夫人薦酒也。○大音泰。從去聲。齊去聲。

卿大夫從君。命婦從夫人。洞洞乎其敬也。屬屬乎其忠也。勿勿乎其欲其饗之也。洞洞。敬之表裏無間也。屬屬。誠實無僞也。勿勿。勉勉不已也。一云切切也。命婦。卿大夫之妻也。○從去聲。屬音燭。

納牲詔於庭。血毛詔於室。羹定詔於堂。三詔皆不同位。蓋道求而未之得也。詔告也。牲入在庭以幣告神。故云納牲詔於庭。殺牲取血及毛。入以告神於室。故云血毛詔於室。羹肉汁也。定熟肉也。煮之既熟。將迎尸入室。乃先以俎盛羹及定而告神於堂。此是薦熟未食之前也。道言也。此三詔者各有其位。蓋言求神而未得也。○定丁磬切。

設祭於堂。為祊乎外。故曰於彼乎。於此乎。設祭於堂者。謂薦腥爓之時。設饌在堂也。祊祭之明日繹祭也。廟門謂之祊。設祭在廟門外之西旁。故因名為祊也。記者又引古語云於彼乎於此乎。言不知神於彼饗之乎。於此饗之乎。○祊百彭切。

一獻質。三獻文。五獻察。七獻神。獻酌酒以薦也。祭羣小祀則一獻。其禮質略。祭社稷五祀三獻。其神稍尊。故有文飾。五獻祭四望山川之禮也。察者顯盛詳著之貌。祭先公之廟則七獻。禮重心肅。洋洋乎其如在之神也。

大饗其王事與。三牲魚腊。四海九州之美味也。籩豆之薦。四時之和氣也。內金示和也。束帛加璧尊德也。龜為前列先知也。金次之見情也。丹漆絲纊竹箭與衆共財也。其餘無常貨各以其國之所有。則致遠物也。其出也。肆夏而送之。蓋重禮也。大饗。祫祭也。言王事者。明此章所陳。非諸侯所有之事也。三牲牛羊豕也。腊獸也。少牢禮云。腊用麋。籩豆所薦品味。皆四時和氣之生成。內金納侯邦所貢之金也。示和示諸侯之親附也。一說金性或從或革隨人。故言和也。君子於玉比德。諸侯來朝璧加於束帛之上。尊德也。陳列之序。龜獨在前。以其知吉凶。故先之也。金在其次。以人情所同欲。故云見情也。自三牲以下至丹漆等物。皆侯邦所供貢。並以之陳列。或備器用。與衆共財。言天下公共所有之物也。其餘無常貨。謂九州之外蠻夷之國。或各以其國所有之物來貢。亦必陳之。示其能致遠方之物也。但不以為常耳。諸侯為助祭之賓。禮畢而出。在無算爵之後。樂工歌陔夏之樂章以送之。設施如此。蓋重大之禮也。註讀肆為陔者。周禮鍾師掌九夏。尸出入奏肆夏。客醉而出則奏陔夏。故知此當為陔也。○劉氏曰。後篇言鍾次之。以和居參之。則此言內金示和。亦取其聲之和耳。見情也者。見人情之和也。○與平聲。內音納。

見音現。肆音陔。祀帝於郊。敬之至也。宗廟之祭。仁之至也。喪禮。忠之至也。備服器。仁之至也。賓客之用幣。義之至也。故君子欲觀仁義之道。禮其本也。祭天之禮簡素。至敬無文。所以爲敬之至。仁之實。事親是也。事亡如事存。所以爲仁之至。附於身。附於棺。皆必誠必信。所以爲忠之至。斂之衣服。葬之資具。皆全備無缺。莫非愛親之誠心。故亦曰仁之至。朝聘燕享。幣有常用。故幣帛筐篚將其厚意。義之至也。此仁與義之爲道。皆可於行禮之際觀之。故曰禮其本也。君子曰。甘受和。白受采。忠信之人。可以學禮。苟無忠信之人。則禮不虛道。是以得其人之爲貴也。甘於五味屬土。土無專氣。而四時皆旺。故惟甘味能受諸味之和。諸采皆以白爲質。所謂繪事後素也。以此二者。況忠信乃可學禮。道猶行也。道路人所共行者。人無忠信。則每事虛僞。禮不可以虛僞行也。大傳曰。苟非其人。道不虛行。○和。去聲。王。去聲。孔子曰。誦詩三百。不足以一獻。一獻之禮。不足以大饗。大饗之禮。不足以大旅。大旅具矣。不足以饗帝。毋輕議禮。不學詩。無以言。然縱使誦三百篇之多。而盡言語之長。其於議禮。猶槩乎未有所聞也。一獻小禮。亦不足以行之。使能一獻。不能行大饗之禮。謂祫祭也。能大饗矣。不能行大旅之禮。謂祀五帝也。能具知大旅之禮矣。不能行饗帝之禮也。謂祀天也。禮其可輕議乎。子路爲季氏宰。季氏祭。逮闇而祭。日不足。繼之以燭。雖有強力之容。肅敬之心。皆倦怠矣。有司跛倚以臨祭。其爲不敬大矣。逮。及也。闇。昧爽以前也。偏任爲跛。依物爲倚。○跛。彼義切。他日祭。子路與。室事交乎戶。堂事交乎階。質明而始行事。晏朝而退。孔子聞之曰。誰謂由也。而不知禮乎。室事。謂正祭之時。事尸于室也。外人將饌至戶。內人于戶受之。設于尸前。內外相交承接。故云交乎戶也。正祭之後。儐尸于堂。故謂之堂事。此時在下之人送饌至階。堂上人即階而受取。是交乎階也。質。正也。子路權禮之宜。略煩文而全恭敬。故孔子善之也。○與。去聲。朝。音潮。

郊特牲第十一

陸氏曰。郊者。祭天之名。用一牛。故曰特牲。○石梁王氏曰。此篇皆記祭事而雜昏冠兩段。○冠。去聲。

郊特牲。而社稷大牢。天子適諸侯。諸侯膳用犢。諸侯適天子。天子賜之禮大牢。貴誠之義也。故天子牲孕弗食也。祭帝弗用也。禮有以少爲貴者。故此二者。皆貴特牲而賤大牢也。犢未有牝牡之情。故云貴其誠愨。○朱子曰。萬物本乎天。人本乎祖。故以所出之祖配天地。周之后稷生於姜嫄。以上更推不去。文武之功起於后稷。故配天須以后稷。嚴父莫大於配天。只下配文王於明堂。以配上帝。上帝即天也。聚天之神而言之。則謂之上帝。又日古時天地定是不合祭日月山川百神亦無合其一時祭享之禮又曰五峯言無北郊只祭社便是此說却好○今按召誥用牲于郊牛二蔡氏以爲祭天地非也牛二帝牛稷牛也社于新邑祭地也故用大牢○大音泰孕餘證切名音郤**大路繁纓一就先路三就次路五就郊血大饗腥三獻爓一獻孰至敬不饗味而貴氣臭也**臭亦氣也餘並見前篇○饗音盤**諸侯爲賓灌用鬱鬯灌用臭也大饗尚服脩而已矣**諸侯來朝以客禮待之是爲賓也在廟中行三享畢然後天子以鬱鬯之酒灌之諸侯相朝亦然明貴氣臭之義也周禮作祼字上公再祼而酢侯伯一祼而酢子男一祼不酢祼則使宗伯酌圭瓚而祼之酢則賓酢主也此大饗謂王饗諸侯也脯加薑桂曰服脩行饗之時雖設大牢之饌而必先設服脩於筵前然後設餘饌故云尚服脩也此明不享味之義○服丁亂切**大饗君三重席而酢焉三獻之介君專席而酢焉此降尊以就卑也**此大饗是諸侯相朝主君饗客之禮諸侯之席三重今兩君禮敵故席三重之席而受客之酢爵也若諸侯遣卿來聘卿禮當三獻其上介則是大夫故謂之三獻之介大夫席雖再重今爲介降一等止合專席君席雖三重今徹去兩重就單席受此介之酢爵是降國君之尊以就大夫之卑也○重平聲**饗禘有樂而食嘗無樂陰陽之義也凡飲養陽氣也凡食養陰氣也故春禘而秋嘗春饗孤子秋食耆老其義一也而食嘗無樂飲養陽氣也故有樂食養陰氣也故無聲凡聲陽也**饗春饗孤子也禴春祭宗廟也孤子死事者之子孫食秋食耆老也嘗秋祭宗廟也周之禮春祠夏禴秋嘗冬烝春禴夏殷之禮也饗禮主於酒食禮主於飯周制則四時之祭皆有樂○禘讀爲禴食音嗣**鼎俎奇而籩豆偶陰陽之義也籩豆之實水土之品也不敢用褻味而貴多品所以交於旦明之義也**自一鼎至九鼎皆奇數其十鼎者陪鼎三則正鼎亦七也十二鼎者陪鼎三則正鼎亦九也正鼎鼎別一俎故云鼎俎奇也籩豆偶者據周禮掌客及前篇所舉皆是偶數又詳見儀禮圖○奇居衣切旦讀爲神**賓入大門而奏肆夏示易以敬也卒爵而樂闋孔子屢歎之奠酬而工升歌發德也歌者在上匏竹在下貴人聲也樂由陽來者也禮由陰作者也陰陽和而萬物得**燕禮則大門是寢門饗禮則大門是廟門也肆夏樂章名九夏見周禮易以敬言和易中有嚴敬之節也卒爵而樂闋謂賓至庭而樂作賓受獻爵拜而樂止及主人獻君樂又作君卒爵而樂止也歎之歎美之也奠酬而工升歌謂奠置酬爵之時樂工升堂而歌所以發揚主賓之德故云發德也匏竹笙也樂所以發陽道之舒暢禮所以肅陰道之收斂一闔一闢而萬事得宜也○易以豉切**旅幣無方所以別土地之宜而節遠邇之期也龜爲前列先知也以鍾次之以和居參之也虎豹之皮示服猛也束帛加璧往德也**旅陳也庭實所陳之幣非一方所貢故曰無方以土地之產各有所宜而地里有遠近則入貢之期日有

先後也。前篇言金次之。此言鍾次之。蓋金之爲器莫重於鍾。故變文言之也。金示和而參居庭實之閒。故云以和居參之也。君子於玉比德。往德者。言往進此比德之玉於有德之人也。○別。必列切。

庭燎之百。由齊桓公始也。此以下言朝聘失禮之事。庭燎者。庭中設炬火。以照來朝之臣夜入者。大戴禮。言天子百燎。上公五十。侯伯子男三十。今侯國皆供百燎。自桓公始之。

大夫之奏肆夏也。由趙文子始也。大射禮。公升即席奏肆夏。燕禮。賓及庭奏肆夏。是諸侯之禮。今大夫之僭。自晉大夫趙武始。

朝覲大夫之私覿。非禮也。大夫執圭而使。所以申信也。不敢私覿。所以致敬也。而庭實私覿。何爲乎諸侯之庭。爲人臣者無外交。不敢貳君也。朝覲之禮。國君親往而大夫從。則大夫不當又以己物而私覿主君。故曰非禮也。若大夫執其君之命圭而專使。則當行私覿之禮。以申己之信。故從君朝覲而不敢私覿。是敬己之君也。今從君以來。而私設庭實以爲私覿。大夫何可爲此於諸侯之庭乎。譏其與君無別也。人臣無外交。不敢貳心於他君。所以從君而行。則不敢私覿也。○使。去聲。

大夫而饗君。非禮也。大夫强而君殺之。義也。由三桓始也。大夫富强而具饗禮以饗君。以臣名君。故曰非禮。大夫强橫。僭逆必亂國家。人君殺之。是斷以大義也。三桓。魯之三家。皆桓公之後也。先是成季以莊公之命酖殺僖叔。後慶父賊子般。又弒閔公。於是又殺慶父。故云由三桓始。○疏曰。按三桓之前。齊公孫無知。衞州吁。宋長萬。皆以强盛被殺。此云由三桓始者。據魯而言。○般音班。

天子無客禮。莫敢爲主焉。君適其臣。升自阼階。不敢有其室也。覲禮。天子不下堂而見諸侯。下堂而見諸侯。天子之失禮也。由夷王以下。天子所以無客禮者。以其尊無對。莫敢爲主故也。適臣而升自主階。是爲主之義。不敢有其室者。言人臣不敢以此室爲私有而主之矣。況敢爲主而待君爲客乎。覲禮。天子負斧依南面。侯氏執玉入。是不下堂見諸侯也。惟春朝夏宗。以客禮待諸侯。則天子以車出迎。夷王。康王之玄孫之子。○下。去聲。依。上聲。

諸侯之宮縣而祭以白牡。擊玉磬。朱干設錫。冕而舞大武。乘大路。諸侯之僭禮也。天子之樂。四面皆縣。謂之宮縣。諸侯軒縣。則三面而已。白牡。殷祭之正牲。後代諸侯當用時王之牲也。又諸侯當擊石磬。玉磬。天子樂器。書言鳴球是也。諸侯雖得舞大武。但不得朱干設錫冕服而舞也。干。盾也。錫者。盾背之飾。金爲之。大路。殷祭天所乘之車也。○縣音玄。錫音陽。字從昜。與錫異。

臺門而旅樹。反坫。繡黼丹朱中衣。大夫之僭禮也。此皆諸侯之禮。兩旁起土爲臺。臺上架屋而門當其中。故曰臺門。旅。道也。樹。屏也。立屏當所行之路。以蔽內外爲敬。天子外屏。諸侯內屏。大夫以簾。士以帷。坫在兩楹之間。兩君好會獻酬飲畢。則反爵於其上。故曰反坫。舊讀繡爲綃。今如字。繡黼者。繡刺爲黼文也。丹朱。染繒爲赤色也。繡黼爲中衣之領。丹朱爲中衣之緣。中衣者。朝服祭服之裏衣也。制如深衣。但袖小長耳。冕服是絲衣。則中衣用綃素。皮弁服朝服。玄端是麻衣。則中衣用布也。○石梁王氏曰。繡當依詩文。不可改爲綃。○屏音丙。好。去聲。刺。音戚。緣。去聲。

故天子微。諸侯僭。大夫强。諸侯脅。於此相貴以等。相覿以貨。相賂以利。而天下之禮亂矣。諸侯不敢祖天子。大夫不敢祖諸侯。而公廟之設於私家。非禮也。由三桓始也。相貴以等。謂擅相尊貴以等列也。諸侯不敢祖天子。而左傳云。宋祖帝乙。鄭祖厲王。魯襄十二年。吳子壽夢卒。臨於周廟。禮也。魯以周公之故立文王廟耳。大夫不敢祖諸侯。而左傳云。凡邑有宗廟先君之主曰都。記者以禮之正言之。而又有他義者。舊說謂天子之子以上德爲諸侯者。得祀其所出。故魯以周公之故立文王廟。公子得祖先君。公孫不得祖諸侯。故公子爲大夫者。亦得立宗廟於其采地。故曰邑有宗廟先君之主也。其王子母弟。雖無功德。不得出封。爲諸侯。而食采畿內者。亦得立祖王廟於采地。故都宗人。家宗人。掌祭祖王之廟也。由三桓始。謂魯之三家立桓公廟也。○臨采並去聲。天子存二代之後。猶尊賢也。尊賢不過二代。疏曰。古春秋左氏說。周家封夏殷二王之後。以爲上公。封黃帝堯舜之後。謂之三恪。恪者敬也。敬其先聖而封其後。諸侯不臣寓公。故古者寓公不繼世。諸侯失國而寄寓他國者。謂之寓公。所寓之國不敢以之爲臣。此寓公死。則臣其子矣。故云寓公不繼世。君之南鄉。答陽之義也。臣之北面。答君也。答猶對也。○鄉去聲。大夫之臣不稽首。非尊家臣。以辟君也。諸侯於天子稽首。大夫於諸侯亦稽首。惟家臣於大夫不稽首者。非尊重家臣也。以避國之正君也。蓋諸侯與大夫同在一國。大夫已稽首於君矣。家臣若又稽首於大夫。則似一國而兩君矣。故云以辟君。○辟音避。大夫有獻弗親。君有賜不面拜。爲君之答己也。有獻弗親者。使人往獻。不身自往也。不面拜。不親見君之面而拜也。恐煩君答拜故也。○爲去聲。鄉人禓。孔子朝服立于阼。存室神也。論語。鄉人儺。朝服而立于阼階。卽此事也。舊說。禓是强鬼之名。鄉人驅逐此鬼。孔子恐驚廟室之神。故衣朝服立于廟之東階。以存安廟室之神。使神依己而安也。禮。大夫朝服以祭。故用祭服以依神。○禓音傷。衣去聲。孔子曰。射之以樂也。何以聽。何以射。何以聽。謂射者何以能不失射之容節。而又能聽樂之音節乎。何以射。謂何以能聽樂之音節。而使射之容與樂之節相應乎。言其難而美之也。孔子曰。士使之射。不能。則辭以疾。縣弧之義也。爲士者當習於射。以六藝之一也。不敢以不能辭。惟可以疾辭。蓋生而設弧於門左。已有射道。但未能耳。今辭以疾而未能。則亦與初生之未能相似。故云縣弧之義也。孔子曰。三日齊。一日用之。猶恐不敬。二日伐鼓。何居。齊者不聽樂。恐散其志慮也。今三日之間。乃二日擊鼓。其義何所處乎。怪之之辭。孔子曰。繹之於庫門內。祊之於東方。朝市之於西方。失之矣。繹。祭之明日又祭也。繹是堂上接尸。祊是於室內求神。皆一時之事。繹之禮當於廟門外之西堂。今乃於庫門內。祊當在廟門外西室。今乃於廟門外東方。朝市。卽周禮所謂朝時而市也。當於市內近東。今乃於市內西方。此三事皆違於禮。故曰失之矣。○朝如字。社祭土而主陰氣也。君南鄉於北墉下。答陰之義也。日用甲。用日之始也。地秉陰。社乃陰氣之主。社之主設於壇上北面。而君來北墻下南向祭之。蓋社不屋。惟立之壇。壝而環之以墻。既地道主陰。故其主北向而君南向對之。答。對也。甲爲十干之首天子大社。必受霜露風雨。以達天地之氣也。是故喪國之社屋之。不受天陽也。薄社北牖。使陰明也。薄書作亳。薄社於周爲喪國之社。必存之者。白虎通云。王者諸侯必有誡社。示有存亡也。屋其上。則天陽不入。牖於北。則陰氣可通。陰明則物死也。○喪。去聲。社所以神地之道也。地載萬物。天垂象。取財於地。取法於天。是以尊天而親地也。故教民美報焉。家主中霤而國主社。示本也。聖人知地道之大。故立社以祭。所以神而明之也。美報。美善其報之之禮也。上古穴居。故有中霤之名。中霤與社皆土神。卿大夫之家主祭土神於中霤。天子諸侯之國主祭土神於社。此皆以示其爲載物生財之本也。唯爲社事。單出里。社事。祭社之事也。二十五家爲里。單。盡也。言當祭社之時。一里之人盡出而供給其事。蓋每家一人也。○爲。去聲。下節同。單。音丹。唯爲社田。國人畢作。爲祭社之事而田獵。則國中之人皆行。無畱家者。唯社。丘乘供粢盛。所以報本反始也。祭社必有粢盛。稷曰明粢。在器曰盛。此粢盛則使丘乘供之。井田之制。九夫爲井。四井爲邑。四邑爲丘。四丘爲乘也。報者。酬之以禮。反者。追之以心。○乘。去聲。盛。平聲。季春出火。爲焚也。然後簡其車賦。而歷其卒伍。而君親誓社。以習軍旅。左之右之。坐之起之。以觀其習變也。而流示之禽。而鹽諸利。以觀其不犯命也。求服其志。不貪其得。故以戰則克。以祭則受福。建辰之月。大火心星昏見南方。故出火以焚除草萊。焚後即蒐田。簡。閱視也。賦。兵也。歷。數之也。百人爲卒。五人爲伍。誓社。誓衆於社也。或左或右。或坐或作。皆是軍旅之法。習變。習熟其變動之節也。驅逐之際。禽獸流動紛紜。衆皆見之。故云流示之禽。鹽讀爲艷。艷諸利。謂使之歆艷於利也。禽獸雖甚可欲。而殺獲取舍。皆有定制。犯命者必罰。不使之犯命者。是求以過服其貪利之志。人君亦取之有制。如大獸公之。小禽私之。不踰法而貪下之所得也。以戰則克。習民於變也。祭則受福。獲牲以禮也。○疏曰。祭社既在仲春。此出火爲焚。當在仲春之月。記者誤也。○爲。去聲。鹽。去聲。見。音現。數。上聲。天子適四方。先柴。書曰。歲二月東巡守。至于岱宗。柴。郊之祭也。迎長日之至也。至。猶到也。冬至日短極而漸舒。故云迎長日之至。○朱子曰。以始祖配天。須在冬至。一陽始生。萬物之始。宗祀九月。萬物之成。父者我所自生。帝者生物之祖。故推以爲配。而祀於明堂。此議方正。○問郊祀后稷以配天。宗祀文王以配上帝。帝只是天。天只是帝。却分祭。何也。朱子曰。爲壇而祭。故謂之天。祭於屋下而以神祇祭之。故謂之帝。○今按郊祀一節。先儒之論不一者。有子月寅月之異。有周禮魯禮之分。又以郊與圜丘爲二事。又有祭天與祈穀爲二郊。今皆不復詳辨。而以朱說爲定。大報天而主日也。兆於南郊。就陽位也。埽地而祭。於其質也。器用陶匏。以象天地之性也。郊祭者。報天之大事。而主於迎長日之至。祭義云。配以月。故方氏謂天之尊無爲。可祀之以其道。不可主之以其事。故以日爲之主焉。天秉陽。日者衆陽之宗。故就陽位而立郊兆。陶匏亦氣之質者。質乃物性之本然也。○埽。去聲。於郊。故謂之郊。牲用騂。

尚赤也。用犢。貴誠也。郊之用辛也。問郊之用辛日何謂。周之始郊日以至。謂周家始郊祀。適遇冬至是辛日。自後用冬至後辛日也。卜郊。受命于祖廟。作龜于禰宮。尊祖親考之義也。告于祖廟而行事。則如受命于祖。此尊祖之義。作。猶用也。用龜以卜而于禰宮。此親考之義。曲禮言大饗不問卜。既用冬至。則有定日。此但云卜郊。則非卜日矣。下文言帝牛不吉。亦或此爲卜牲歟。不然。則異代之禮也。卜之日。王立于澤。親聽誓命。受教諫之義也。澤。澤宮也。於其中射以擇士。因謂之澤宮。又其宮近水澤。故名也。其日卜竟。有司即以祭事誓戒命令衆執事者。而君亦聽受之。是受教諫之義也。獻命庫門之內。戒百官也。大廟之命。戒百姓也。有司獻王所以命百官之事。王乃於庫門內集百官而戒之。又於大廟之內。戒其族姓之臣也。○大音泰。祭之日。王皮弁以聽祭報。示民嚴上也。喪者不哭。不敢凶服。氾埽反道。鄉爲田燭。弗命而民聽上。祭報。報白日時早晚及牲事之備具也。氾埽灑水而後埽也。反道。剗道路之土反之。令新者在上也。鄉。郊內六鄉也。六鄉之民各於田首設燭照路。恐王行事之早也。喪者不哭以下諸事皆不待上令而民自聽從。蓋歲以爲常也。○氾音泛。埽去聲。灑去聲。剗音產。祭之日。王被袞以象天。象天。謂有日月星辰之章也。○陳氏曰。合周官禮記而考之。王之祀天。內服大裘。外被龍袞。龍袞所以襲大裘也。戴冕璪十有二旒。則天數也。乘素車。貴其質也。旂十有二旒。龍章而設日月。以象天也。天垂象。聖人則之。郊所以明天道也。璪與藻同。素車。殷之木路也。旂之旒與冕之旒。皆取垂下之義。餘見前。帝牛不吉。以爲稷牛。帝牛必在滌三月。稷牛唯具。所以別事天神與人鬼也。萬物本乎天。人本乎祖。此所以配上帝也。郊之祭也。大報本反始也。郊祀后稷以配天。故祭上帝者謂之帝牛。祭后稷者謂之稷牛。滌者牢中淸除之所也。此二牛皆在滌中。爲猶用也。若至期卜牲不吉。或有死傷。即用稷牛爲帝牛。而別選稷牛也。非在滌三月者不可爲帝牛。故以稷牛代之。稷乃人鬼。其牛但得具用足矣。故云稷牛唯具。人本乎祖。故以祖配帝。是郊之祭。乃報本反始之大者。○別。必列切。註如字。天子大蜡八。伊耆氏始爲蜡。蜡也者索也。歲十二月。合聚萬物而索饗之也。蜡祭八神。先嗇一。司嗇二。農三。郵表畷四。貓虎五。坊六。水庸七。昆蟲八。伊耆氏。堯也。索。求索其神也。合。猶閉也。閉藏之月。萬物各已歸根復命。聖人欲報其神之有功者。故求索而享祭之也。○蜡音乍。耆音其。索色窄切。蜡之祭也。主先嗇而祭司嗇也。祭百種以報嗇也。嗇與穡同。先嗇神農也。主。如前章主日之主。言爲八神之主也。司嗇。上古后稷之官。百種。司百穀之種之神也。報嗇。謂報其教民樹藝之功。○種。上聲。饗農及郵表畷。禽獸。仁之至義之盡也。農。古之田畯。有功於民者。郵者。郵亭之舍也。標表田畔相連畷處。造爲郵舍。田畯居之以督耕者。故謂之郵表畷。禽獸。貓虎之屬也。○畷株劣切。古之君子。使之必報之。迎貓。爲其食田鼠也。迎虎。爲其食田豕也。迎而祭之也。祭坊與水庸。事也。田鼠田豕皆能害稼。故食之者爲有功。迎者。迎其神也。坊。隄也。以蓄水。亦以障水。庸。溝也。以受水。亦以洩水。皆農事之備。故曰事也。眉山蘇氏以爲迎貓則爲貓之尸。迎虎則爲虎之尸。近於倡優所爲。是以子貢言一國之人皆若狂也。○爲去聲。坊音防。

曰。土反其宅。水歸其壑。昆蟲毋作。草木歸其澤。此祝辭也。宅。猶安也。土安則無崩圮。水歸則無泛溢。昆蟲謂螟蝗之屬。害稼者。作。起也。草木各歸根于藪澤。不得生於耕稼之土也。○毋。無通。

皮弁素服而祭。素服。以送終也。葛帶榛杖。喪殺也。蠟之祭。仁之至。義之盡也。物之助成歲功者。至此而老。老則終矣。故皮弁素服葛帶榛杖以送之。喪禮之殺也。此爲義之盡。祭報其功。則仁之至也。周禮籥章云。國祭蠟則龡豳頌。擊土鼓。以息老物。○殺。色介切。龡。吹同。

黃衣黃冠而祭。息田夫也。野夫黃冠。黃冠。草服也。月令。臘先祖五祀。勞農以休息之。此祭是也。黃冠爲草野之服。其詳未聞。○勞去聲。

大羅氏。天子之掌鳥獸者也。諸侯貢屬焉。草笠而至。尊野服也。諸侯鳥獸之貢。屬大羅氏之掌。其使者戴草笠。是尊野服。○使去聲。

羅氏致鹿與女。而詔客告也。以戒諸侯曰。好田好女者亡其國。鹿者田獵所獲。女則所俘於亡國者。客。貢使也。使者將返。羅氏以鹿與女示使者。以王命詔之。使歸告其君。而以王言戒之曰。好田獵好女色者。必亡其國。舊說如此。然鹿可歲得。而亡國之女。不恆有。其詳未聞也。○好去聲。使去聲。

天子樹瓜華。不斂藏之種也。瓜華。瓜與果蓏之屬也。天子所種者瓜華。供一時之用而已。不是收斂久藏之種也。若可收斂久藏之物則不樹之。惡與民爭利也。此亦命使者歸告戒其君之事。○種上聲。

八蜡以記四方。四方年不順成。八蜡不通。以謹民財也。順成之方。其蜡乃通。以移民也。既蜡而收。民息已。故既蜡。君子不興功。記四方者。因蜡祭而記其豐凶也。蜡祭之禮。列國皆行之。若其國歲凶。則八蜡之神。不得與諸方通祭。所以使民知謹於用財。不妄費也。移者。寬縱之義。蓋歲豐則民財稍可寬紓用之也。黨正屬民飲酒。始雖用禮。及其飲食醉飽。則亦縱其酬暢爲樂。夫子所謂一日之澤是也。農民終歲勤動。而於此時得一日之樂。是上之人勞農之美意也。既蜡之後。收斂積聚。民皆休息。故不興起事功也。○移去聲。屬音燭。樂音洛。勞去聲。積音恣。

恆豆之菹。水草之和氣也。其醢。陸產之物也。加豆。陸產也。其醢。水物也。恆豆。每日常進之豆也。周禮醢人所掌朝事之豆。註謂淸朝未食先進口食也。菹。酢菜也。水草。昌本茆菹之類。加豆。周禮註謂尸既食后亞獻尸所加進之豆。但醢人所掌。是天子之禮。此言諸侯之禮。物既不同。此朝事之豆與祭禮饋食薦孰之豆。俱爲恆豆。而加豆。則祭末酳尸所用也。水物若蠃醢魚醢是也。菹醢皆以豆盛之。○菹。茲居切。

籩豆之薦。水土之品也。不敢用常褻味而貴多品。所以交於神明之義也。非食味之道也。先王之薦。可食也。而不可耆也。卷冕路車。可陳也而不可好也。武壯而不可樂也。宗廟之威而不可安也。宗廟之器可用也而不可便其利也。所以交於神明者不可同於所安樂之義也。不可耆謂食之有節不可貪愛舊說謂質而無味不能悅口。不可好謂尊嚴之服器不可以供玩愛。武。萬舞大武也。以示壯勇之容。不可常爲娛樂。宗廟威嚴之地。不可寢處以自安。宗廟行禮之器。不可利用以爲便。交神明之義如此。○耆音嗜。褻音衮。好去聲。樂音洛。酒醴之美。玄酒明水之尚。貴五味之本也。黼黻文繡之美。疏布之尚。反女功之始也。莞簟之安。而蒲越稾鞂之尚。明之也。大羹不和。貴其質也。大圭不琢。美其質也。丹漆雕幾之美。素車之乘。尊其樸也。貴其質而已矣。所以交於神明者。不可同於所安褻之甚也。如是而后宜。未有五味之初。先有水。故水爲五味之本。未有黼繡。先有麤布。故疏布爲女功之始。周禮司烜氏掌以鑒取明水於月。蓋取其潔也。明之。昭其禮之異也。雕。刻鏤之也。幾。漆飾之畿限也。安褻之甚。言甚安甚褻也。宜。猶稱也。餘並見前。○越音活。大音泰。和去聲。幾音祈。乘去聲。稱去聲。鼎俎奇而籩豆偶。陰陽之義也。黃目。鬱氣之上尊也。黃者中也。目者氣之清明者也。言酌於中而清明於外也。黃目。黃彝也。卣罍之類。以黃金鏤其外以爲目。因名焉。用秬鬯之酒。有芬芳之氣。故云鬱氣。中。中央之色也。奇偶見前。○奇音基。祭天埽地而祭焉。於其質而已矣。醓醢之美。而煎鹽之尚。貴天產也。割刀之用。而鸞刀之貴。貴其義也。聲和而后斷也。鹽以煎鍊而成。故曰煎鹽。必用鸞刀者。取其鸞鈴之聲調和而後斷割其肉也。貴其義。是貴聲和之義。○埽去聲。斷上聲。冠義。始冠之緇布之冠也。大古冠布。齊則緇之。其緌也。孔子曰。吾未之聞也。冠而敝之可也。冠義。言冠禮之義也。冠禮三加。先加緇布冠。是太古齊時之冠也。緇布爲之。不用笄。用頍以圍髮際而結於項中。因綴之以固冠耳。不聞有垂下之緌也。此冠後世不復用。而初冠暫用之。不志古也。冠禮既畢。則敝棄之可矣。玉藻云緇布冠繢緌。是諸侯位尊盡飾故也。然亦後世之爲耳。○石梁王氏曰。冠一段當附冠義。○冠義始冠冠而。去聲。之冠古冠。如字。齊側皆切。緌如追切。頍犬蘂切。適子冠於阼。以著代也。醮於客位。加有成也。三加彌尊。喩其志也。冠而字之。敬其名也。著代。顯其爲主人之次也。酌而無酬酢曰醮。客位在戶牖之間。加有成。加禮於有成之人也。三加。始冠緇布冠。次加皮弁。又次加爵弁也。喩其志者。使其知廣充志意以稱尊服也。此適子之禮。若庶子則冠於房戶外南面。醮亦戶外也。夏殷之禮。醮用酒。每一加而一醮。周則用醴。三加畢乃總一醴也。○適音的。冠去聲。稱去聲。委貌。周道也。章甫。殷道也。毋追。夏后氏之道也。委貌章甫毋追。皆緇布冠。但三代之易名不同。而其形制亦應異耳。是皆先王制禮之道。故皆以道言之。委貌。即玄冠。舊說委。安也。言所以安正容貌。章。明也。所以表明丈夫。毋發聲之辭。追猶椎也。以其形名之。此一條。是論三加始加之冠。○毋音牟。追音堆。周弁。殷冔。夏收。周之弁。殷之冔。夏之收。各是時王所制。以爲三加之冠。舊說弁名出於槃。槃大也。冔名出於幠。幠覆也。收所以收斂其髮也。形制未聞。○冔音詡。覆去聲。三王共皮弁素積。皮弁以白鹿皮爲之。其服則十五升之布也。白與冠同。以素爲裳。而辟積其要中。故云皮弁素積也。三代皆以此爲再加之冠服。無大夫冠禮。而有其昏禮。古者五十而後爵。何大夫冠禮之有。諸侯之有冠禮。夏之末造也。諸侯大夫之冠。一如士禮行之。下章所謂無生而貴者也。夏之末造。言夏之末世所爲耳。天子之元子。士也。天下無生而貴者也。繼世以立諸侯。象賢也。以官爵人。德之殺也。死而謚。今也。古者生無爵。死無謚。元子。適長子也。其冠亦行士之冠禮。無生而貴。言有德乃有位也。立諸侯以繼其先世。以其能法前人之賢行也。以官爵人。必隨其德之大小而爲降殺也。死必有謚。今日之變禮也。殷以前。大夫以上乃爲爵。死則有謚。周制雖爵及命士。死不謚也。○殺。色介切。禮之所尊。尊其義也。失其義。陳其數。祝史之事也。故其數可陳也。其義難知也。知其義而敬守之。天子之所以治天下也。先王制禮。皆有精微之理。所謂義也。禮之所以爲尊。以其義之可尊耳。玉帛俎豆。各有多寡厚薄之數。數之陳列者。人皆可得而見。義之精微者。不學則不能知也。祝史其能知之乎。中庸曰。明乎郊社之禮。禘嘗之義。治國其如示諸掌乎。此總結前章冠義以下。天地合而后萬物興焉。夫昏禮。萬世之始也。取於異姓。所以附遠厚別也。幣必誠。辭無不腆。告之以直信。信事人也。信婦德也。壹與之齊。終身不改。故夫死不嫁。附遠。附猶託也。託於遠嫌之義也。厚別。重其有別之禮也。幣誠辭腆。是欲告戒爲婦者以正直誠信之行。信其能盡事人之道。信其能有爲婦之德也。此以下言昏禮之義。○鄭氏曰。齊謂共牢而食。同尊卑也。○石梁王氏曰。昏一段。當附昏義。○取。遠。並去聲。別。必列切。男子親迎。男先於女。剛柔之義也。天先乎地。君先乎臣。其義一也。執摯以相見。敬章別也。男女有別。然後父子親。父子親。然後義生。義生。然後禮作。禮作。然後萬物安。無別無義。禽獸之道也。先謂倡道之也。執摯奠鴈也。行敬以明其有別。故云敬章別也。有別則一本而父子親。親親之殺。則義生禮作。而萬物各得其所矣。禽獸知有母而不知有父。無別故也。○迎。先。並去聲。別。必列切。壻親御授綏。親之也。親之也者。親之也。敬而親之。先王之所以得天下也。出乎大門而先。男帥女。女從男。夫婦之義由此始也。婦人從人者也。幼從父兄。嫁從夫。夫死從子。夫也者夫也。夫也者。以知帥人者也。親御婦車而授之綏。是親愛之義也。親之乃可使之親已。故曰親之也者親之也。太王爰及姜女。文王親迎于渭。皆是敬而親之之道。以至於有天下。故曰先王之所以得天下也。大門。女家之門也。先。壻車在前也。女從男。婦車隨之也。夫也者。丈夫也。丈夫者。以才智帥人者也。○先。去聲。帥。入聲。知。音智。玄冕齊戒。鬼神陰陽也。將以爲社稷主。爲先祖後。而可以不致敬乎。服玄冕而致齊戒。是事鬼神之道。鬼者陰之靈。神者。陽之靈。故曰鬼神陰陽也。今昏禮者。蓋將以主社稷之祭祀。承先祖之宗廟也。可不以敬社稷與先祖之禮敬之。而玄冕齊戒乎。○齊。音齋。共牢而食。同尊卑也。故婦人無爵。從夫之爵。坐以夫之齒。器用陶匏。尚禮然也。三王作牢用陶匏。厥明。婦盥饋。舅姑卒食。婦餕餘。私之也。舅姑降自西階。婦降自阼階。授之室也。昏禮不用樂。幽陰之義也。樂。陽氣也。昏禮不賀。人之序也。牢。俎也。尚禮然。謂古來所尚之禮如此。共牢之禮。雖三王所作。而俎之外。器用皆如古者之用陶匏。重夫婦之始也。厥明。昏禮之明日也。盥饋。盥潔而饋食也。人之序。謂相承代之次序也。○卒。子恤切。餕。音俊。

有虞氏之祭也。尚用氣。血腥爓祭。句用氣也。尚用氣。以用氣爲尚也。初以血詔神於室。次薦腥肉於堂。爓次腥。亦薦於堂。皆未熟。故云用氣。此以下至篇末。皆言祭禮。殷人尚聲。臭味未成。滌蕩其聲。樂三闋。然後出迎牲。聲音之號。所以詔告於天地之閒也。牲未殺。則未有臭味。故云臭味未成。滌蕩。宣播之意。鬼神在天地閒。與陰陽合散同一理。而聲音之感。無閒顯幽。故殷人之祭。必先作樂三終。然後出而迎牲於廟門之外。此是欲以此樂之聲音號呼而詔告於兩閒。庶幾其聞之而來格來享也。殷人先求諸陽。凡聲。陽也。○號。平聲。無閒閒。去聲。幾。平聲。周人尚臭。灌用鬯臭。鬱合鬯。臭陰達於淵泉。灌以圭璋。用玉氣也。既灌。然後迎牲。致陰氣也。周人尚氣臭。而祭必先求諸陰。故牲之未殺。先酌鬯酒灌地以求神。以鬯之有芳氣也。故曰灌用鬯臭。又擣鬱金香草之汁。和合鬯酒。使香氣滋甚。故云鬱合鬯也。以臭而求諸陰。其臭下達於淵泉矣。灌之禮。以圭璋爲瓚之柄。用玉之氣。亦是尚臭也。灌後乃迎牲。是欲先致氣於陰以求神。故云致陰氣也。○石梁王氏曰。四臭字本皆句絕。然細別之。鬯灌之地。此臭之陰者也。蕭爓上達。此臭之陽者也。亦有義。姑從釋文。蕭合黍稷。臭陽達於牆屋。故既奠。然後焫蕭合羶薌。凡祭慎諸此。蕭。香蒿也。取此蒿及牲之脂膋合黍稷而燒之。使其氣旁達於牆屋之閒。是以臭而求諸陽也。此是周人後求諸陽之禮。既奠。謂薦孰之時。蓋堂上事尸禮畢。延尸於戶內而薦之孰。祝先酌酒奠於鉶羹之南。而尸猶未入。蕭脂黍稷之燒。正此時也。馨香。即黍稷也。既奠以下。是明上文焫蕭之時。非再焫也。此是天子諸侯之禮。非大夫士禮也。○焫。如悅切。羶。音馨。薌。音香。膋。音聊。魂氣歸于天。形魄歸于地。故祭求諸陰陽之義也。殷人先求諸陽。周人先求諸陰。詔祝於室。坐尸於堂。用牲於庭。升首於室。直祭祝于主。索祭祝于祊。不知神之所在。於彼乎。於此乎。或諸遠人乎。祭于祊。尚曰求諸遠者與。詔。告也。詔祝於室。謂天子諸侯之祭。朝事之時。祝取牲之膟膋燎於爐炭。

而入告神於室也坐尸於堂者灌鬯之後尸坐戸西南面也用牲於庭謂殺牲也升首於室升牲之首也直祭正祭也祭以薦孰爲正正祭之時祝官以祝辭告於神主如云薦歲事于皇祖伯某甫是也索求也求索其神靈而祭之則祝官行祭于祊也祊有二一是正祭時設祭于廟又求神於廟門之內而祭之詩云祝祭于祊此則與祭同日一是明日繹祭祭於廟門之外也於彼於此言神在於彼室乎在於此堂乎或諸遠人者或遠離於人而不在廟乎尚庶幾也祭于祊庶幾可求之於遠處乎○索音色遠去聲與平聲膟音律離去聲**祊之爲言倞也所之爲言敬也富也者福也首也者直也相饗之也嘏長也大也尸陳也毛血告幽全之物也告幽全之物者貴純之道也**倞遠也承上文求諸遠者而言尸有所俎是主人敬尸之俎也人君嘏辭有富以福言也牲體首在前升首而祭取其與神坐相直也相詔侑也所以詔侑於尸欲其享此饌也尸使祝致嘏辭于主人嘏有長久廣大之義也尸神象當爲主之義今以訓陳記者誤耳殺牲之時先以毛及血告神者血在內是告其幽毛在外是告其全也貴純者貴其表裏皆善也○倞音諒肵音祈相去聲**血祭盛氣也祭肺肝心貴氣主也祭黍稷加肺祭齊加明水報陰也取膟膋燔燎升首報陽也明水涗齊貴新也凡涗新之也其謂之明水也由主人之絜著此水也**有血有氣乃爲生物血由氣以滋死則氣盡而血亦枯矣故血祭者所以表其氣之盛也肺肝心皆氣之所舍故云氣主周祭肺殷祭肝夏祭心也祭黍稷加肺者謂尸隋祭之時以黍稷兼肺而祭也祭齊加明水謂尸正祭之時陳列五齊之尊又加明水之尊也祖考形魄歸地屬陰而肺於五行屬金金水陰也故加肺加明水是以陰物而報陰靈也膟膋腸閒脂也先燔燎于爐至薦孰則合蕭與黍稷燒之黍稷陽也牲首亦陽體魂氣歸天爲陽此以陽物報陽靈也明水陰鑑所取月中之水涗猶清也泲漉五齊而使之清故云涗齊所以設明水及涗齊者貴其新潔也凡涗新之也專主涗齊而言故下文又釋明水之義絜著絜淨而明著也自月而生故謂之明周禮五齊一泛齊二醴齊三盎齊四緹齊五沈齊○齊去聲膟音律膋音僚涗音稅隋音灰**君再拜稽首肉袒親割敬之至也敬之至也服也拜服也稽首服之甚也肉袒服之盡也祭稱孝孫孝子以其義稱也稱曾孫某謂國家也祭祀之相主人自致其敬盡其嘉而無與讓也**服者服順於親也拜服也謂再拜是服順也稽首爲服順之甚肉袒爲服順之盡言服順之誠在內今又肉袒則內外皆服矣故云服之盡祭主於孝士之祭稱孝孫孝子是以祭之義爲稱也諸侯有國卿大夫有家不但祭祖與禰而已其祭自曾祖以上惟稱曾孫故云稱曾孫某謂國家也蓋大夫三廟得事曾祖也上士二廟事祖禰中下士一廟祖禰共之相詔侑於尸也相者不告尸以讓蓋是主人敬尸自致其誠敬盡其嘉善無所與讓也**腥肆爓腍祭豈知神之所饗也主人自盡其敬而已矣舉斝角詔妥尸古者尸無事則立有事而后坐也尸神象也祝將命也**祭之爲禮或進腥體或薦解剔或進湯沈或薦煮孰豈知神果何所享乎主人不過盡其敬心而已耳斝與角

皆爵名。詔告也。妥安也。尸始即席舉斝角之時。祝告主人拜尸以妥安其坐。前篇言夏立尸而卒祭。此言古者蓋指夏時也。夏之禮。尸無事則立。有飲食之事。然後得坐也。尸所以象所祭者。故曰神象。爲祝者。先以主人之辭告神。後以神之辭報主人。故曰將命。○肆讀爲剔。脸而審切。**縮酌用茅。明酌也。**縮泲也。酌斟酌也。謂醴齊濁泲而後可斟酌。故云縮酌也。用茅者。以茅覆藉而泲之也。周禮三酒。一曰事酒。二曰昔酒。三曰清酒。事酒爲事而新作者。其色清明。謂之明酌。言欲泲醴齊。則先用此明酌和之。然後用茅以泲之也。○泲音姊。齊去聲。覆去聲。爲去聲。**醆酒涗于清。汁獻涗于醆酒。**醆酒盎齊也。涗泲也。清謂清酒也。清酒冬釀。接夏而成。盎齊差清。先和以清酒而後泲之。故云醆酒涗于清。以其差清。故不用茅也。汁獻謂摩挲秬鬯及鬱金之汁也。秬鬯中有煮鬱。又和以盎齊摩挲而泲之。出其香汁。故云汁獻涗于醆酒也。○疏曰。以事酒泲醴齊。清酒泲盎齊。今泲秬鬯。乃用盎齊。而不以三酒者。五齊卑。故用三酒泲之。秬鬯尊。故用五齊泲之也。○醆側眼切。獻讀爲莎。齊去聲。差楚宜切。和去聲。**猶明清與醆酒于舊澤之酒也。**上文所泲三者之酒。皆天子諸侯之禮。作記之時。此禮已廢。人不能知其法。故言此以曉之曰。泲醴齊以明酌。泲醆酒以清酒。泲汁獻以醆酒者。即如今時明清醆酒泲于舊醳之酒也。猶若也。舊謂陳久也。澤讀爲醳。醳者。和醳醴釀之名。後世謂之醳酒。○澤音亦。**祭有祈焉。有報焉。有由辟焉。**此泛言祭禮又有此三者之例。如周禮所云祈福祥求永貞。祈年于田祖。詩言春夏祈穀之類。是祈也。報謂獲福而報之。祭禮多是報本之義。由用也。辟讀爲弭。如周所謂弭災兵遠罪疾之類。由弭者。用此以消弭之也。○辟音弭。遠去聲。**齊之玄也。以陰幽思也。故君子三日齊。必見其所祭者。**齊而玄冠玄衣。順鬼神幽黯之意。且以致其陰幽之思也。見其所祭之親。精誠之感也。

內則第十二

疏曰。閨門之內。軌儀可則。故曰內則。

附　石梁王氏曰。此篇於曲禮之義爲多。

后王命冢宰降德于衆兆民。冢宰掌邦治。而治國者必先齊家。降德者。下其德教於民也。孝爲德之本。故首言子事父母之道。○石梁王氏曰。註分后王作兩字解不通。書說命后王君公。后王猶言君王。天子之別稱也。鄭註皆非記者本意。但據周禮太宰掌建邦之六典。則教典在所兼統。如此亦可解。鄭分天子諸侯。甚無意義。○治國治平聲。**子事父母。雞初鳴。咸盥漱。櫛縰笄總。拂髦冠緌纓。端韠紳。搢笏。**盥洗手也。漱滌口也。櫛梳也。縰黑繒韜髮者。以縰韜髮作髻。說即橫插笄以固髻。總亦繒爲之。以束髮之本。而垂餘於髻後。以爲飾也。拂髦。振去髦上之塵也。髦用髮爲之。象幼時剪髮爲鬌之形。此所陳皆以先後之次。櫛訖加縰。次加笄。加總。然後加髦。著冠。冠之纓結於頷下以爲固。結之餘者下垂謂之緌。端玄端服也。衣用緇布而裳不同。上士玄裳。中士黃裳。下士雜裳也。服玄端著韠。又加紳大帶也。搢插也。插笏於帶中。韠以韋爲之。古者席地而坐。以臨俎豆。故設蔽膝以備濡漬。韠之言蔽也。在冕服謂之韍。他服則謂之韠。○項氏曰。髦者以髮作爲髻垂兩眉之上。如今小兒用一帶連雙髻。橫繫額上是也。○漱先奏切。縰所買切。冠如字。

緌儒追切。鞸音畢。搢音薦。髻音垂。又音朶。又音安。左右佩用。左佩紛帨刀礪小觽金燧。所佩之物。皆是備尊者使令之用。紛以拭器。帨以拭手。皆巾也。
刀礪。小刀與礪石也。觽狀如錐。象骨爲之。小觽所以解小結者。金燧用以取火於日中者。○帨音稅。觽音兮。右佩玦捍管遰大觽木燧。玦。射者著於右手大指所
以鉤弦而開弓體也。捍。拾也。韝左臂而收拾衣袖以利弦也。管。舊註云。筆彄。其形制未聞。遰。刀室也。大觽所以解大結。木燧。鑽火之器。晴則用金燧以取火。陰則用木燧以鑽火也。○玦音決
捍音汗。遰音逝。著音斫。偪。即詩所謂邪幅也。偪束其脛。自足至膝。故謂之偪也。屨著綦。綦。屨頭之飾。即絇也。說見曲禮。著猶施也。○朱子曰。綦。鞋日帶也。古人皆旋繫。今人只從
簡易。綴之於上。如假帶然。○著音斫。綦音忌。旋。去聲。婦事舅姑。如事父母。雞初鳴。咸盥漱。櫛縰。笄總。衣紳。笄。今之簪也。衣紳。玄端綃衣之
上加紳帶。士妻之服也。○衣。如字。左佩紛帨刀礪小觽金燧。右佩箴管線纊。施縏袠。大觽木燧。衿纓綦屨。以適
父母舅姑之所。箴管。箴在管中也。縏袠。皆囊屬。施縏袠者。爲貯箴線纊也。衿。結也。纓。香囊也。○纊音曠。縏音盤。袠。陳乙切。衿。其鴆切。爲。去聲。及所。下氣怡聲。
問衣燠寒。疾痛苛癢。而敬抑搔之。出入。則或先或後。而敬扶持之。進盥。少者奉槃。長者奉水。請
沃盥。盥卒授巾。問所欲而敬進之。柔色以溫之。苛。疥也。抑。按。搔。摩也。溫。承藉之義。謂以柔順之色承藉尊者之意。若藻藉之承玉然。○燠音郁。
癢以想切。少。去聲。奉長。並上聲。溫。於糞切。饘酏酒醴。芼羹菽麥。蕡稻黍粱秫。唯所欲。饘。厚粥。酏。薄粥也。芼羹。以菜雜肉爲羹也。蕡。大麻子。○酏音移。
芼音冒。蕡音焚。秫音述。棗栗飴蜜以甘之。堇荁枌榆免薧滫瀡以滑之。脂膏以膏之。父母舅姑必嘗之而
後退。飴。餳也。堇。菜名。荁。似堇而葉大。榆之白者名枌。免。新鮮者。薧。乾陳者。言堇荁枌榆四物。或用新。或用舊也。滫。說文久泔也。瀡。滑也。滫瀡之滑者也。凝者爲脂。釋者爲膏。甘之滑之
膏之。皆謂調和飲食之味也。此篇所記飲食珍羞諸物。古今異制。風土異宜。不能盡曉。然亦可見古人察物之精。用物之詳也。○飴音怡。堇音謹。荁音丸。免音問。薧音考。滫。思酒切。瀡音髓。膏
之膏音告。和去聲。男女未冠笄者。雞初鳴。咸盥漱。櫛縰。拂髦。總角。衿纓。皆佩容臭。昧爽而朝。問何食飲
矣。若已食則退。若未食則佐長者視具。總角。總聚其髮而結束之爲角。童子之飾也。容臭。香物也。助爲形容之飾。故言容臭。以纓佩之。後世香囊即其
遺制。昧。晦也。爽。明也。昧爽。欲明未明之時。○冠。去聲。朝音潮。凡內外。雞初鳴。咸盥漱。衣服。斂枕簟。灑埽室堂及庭。布席。各從
其事。孺子蚤寢晏起。唯所欲。食無時。古人枕席之具。夜則設之。曉則斂之。不以私褻之用示人也。○簟。徒點切。埽。去聲。由命士以上。父
子皆異宮。昧爽而朝。慈以旨甘。日出而退。各從其事。日入而夕。慈以旨甘。慈。愛也。謂敬愛其親。故以旨甘之味致其

受。各從其事者。各治其所當爲之事也。晩朝爲夕。○鄭氏曰。異宮崇敬也。○上上聲。父母舅姑將坐。奉席請何鄉。將衽。長者奉席請何趾。少者執牀與坐。御者舉几。斂席與簟。縣衾篋枕。斂簟而襡之。將坐且起時也。奉坐席而鋪者。必問何向。衽。臥席也。將衽。謂更臥處也。長者奉此臥席而鋪。必問足向何所。牀。說文云。安身之几坐。非今之臥牀也。將坐之時。少者執此牀以與之坐。御。侍者。舉几進之。使之憑以爲安。臥必簟在席上。旦起則斂之。而簟又以襡韜之者。以親身恐穢汙也。衾則束而縣之。枕則貯於篋也。○奉上聲。鄉去聲。縣音玄。篋結叶切。襡音獨。更平聲。父母舅姑之衣衾簟席枕几不傳。杖屨祇敬之。勿敢近。敦牟卮匜。非餕莫敢用。與恒食飲。非餕莫之敢飲食。傳。移也。謂此數者。每日置之有常處。子與婦不得輒移置他所也。近。謂挨偪之也。敦與牟皆盛黍稷之器。牟讀爲堥。土釜也。此器則木爲之。象土釜之形耳。卮。酒器。匜。盛水漿之器。此四器皆尊者所用。子與婦非餕其餘。無敢用此器也。與。及也。及尊者所常食飲之物。子與婦非餕餘不敢擅飲食之也。○敦音對。卮音支。匜音移。餕音俊。父母在。朝夕恒食。子婦佐餕。既食恒餕。父沒母存。冢子御食。羣子婦佐餕如初。旨甘柔滑。孺子餕。佐餕者。勸勉之使食。而後餕其餘也。既食恒餕者。盡食其常食之餘也。御食。侍母食也。如初。如父在時也。在父母舅姑之所。有命之。應唯敬對。進退周旋慎齊。升降出入揖遊。不敢噦噫嚏咳欠伸跛倚睇視。不敢唾洟。應之辭。唯爲恭。噦。嘔逆之聲也。莊子大塊噫氣。詩願言則嚏。咳。嗽聲也。氣乏則欠。體疲則伸。偏任爲跛。依物爲倚。睇視。傾視也。洟自鼻出者。○應去聲。唯上聲。齊音齋。噦於月切。噫於界切。嚏音帝。咳苦愛切。跛彼義切。睇音第。洟音替。寒不敢襲。癢不敢搔。不有敬事。不敢袒裼。不涉不撅。褻衣衾不見裏。襲。重衣也。袒與裼皆禮之敬。故非敬事不袒裼也。不因涉水則不揭裳。不見裏。爲其可穢。○撅音鱖。見音現。爲去聲。父母唾洟不見。冠帶垢。和灰請漱。衣裳垢。和灰請澣。衣裳綻裂。紉箴請補綴。唾洟不見。謂卽刷除之。不使見示於人也。漱澣皆洗濯之事。和灰。如今人用灰湯也。以線貫箴爲紉。○見音現。漱平聲。澣胡管切。綻直莧切。紉女陳切。綴音拙。五日則燂湯請浴。三日具沐。其閒面垢。燂潘請靧。足垢。燂湯請洗。少事長。賤事貴。共帥時。燂。溫也。潘。淅米汁也。靧。洗面也。共帥時。皆循是禮也。○燂詳廉切。潘音翻。靧音悔。帥音率。男不言內。女不言外。非祭非喪。不相授器。其相授。則女受以篚。其無篚。則皆坐句奠之而后取之。男正位乎外。不當於外而言內庭之事。女正位乎內。不當於內而言梱外之事。惟喪祭二事。乃得以器相授受者。以祭爲嚴肅之地。喪當急遽之時。乃無他嫌也。非此二者。則女必執篚。使授者置之篚中也。皆坐。男女皆跪也。授者跪而置諸地。則受者亦跪而就地以取之也。○梱閫同。外內不共井。不共湢浴。不通寢席。不通乞假。男女不通衣裳。內言不出。外言不入。男子入內。不嘯不指。夜行以燭。無燭則止。女子出門。必擁蔽其面。夜行以燭。無燭則止。道路。男子由右。女子由左。湢。浴室也。不嘯不指。謂聲容有異。駭人視聽也。舊讀嘯爲叱。今詳嘯非家庭所發之聲。宜其不可叱。或有當發者。如見非禮舉動。安得不叱以儆之乎。讀如本字爲是。擁猶障也。由右由左見王制。○湢音逼。

子婦孝者敬者。父母舅姑之命。勿逆勿怠。子而孝。父母必愛之。婦而敬。舅姑必愛之。然猶恐其恃愛而於命或有所違也。故以勿逆勿怠爲戒。若飲食之。雖不耆。必嘗而待。加之衣服。雖不欲。必服而待。嘗而待。服而待。皆謂俟尊者察其不耆不欲而改命之。則或置之。或藏去。乃敢如已意也。○飲。去聲。食。音嗣。耆。音嗜。加之事。人代之。已雖弗欲。姑與之。而姑使之。而后復之。尊者任之以事。而已既爲之矣。或念其勞。又使他人代爲。已意雖不以爲勞而不欲其代。然必順尊者之意而姑與之。若慮其爲之不如已意。姑教使之。及其果不能而後已。復爲之也。

子婦有勤勞之事。雖甚愛之。姑縱之。而寧數休之。謂雖甚愛此子婦。而不忍其勞。然必且縱使爲之。而寧數數休息之。必使終竟其事而後已。不可以姑息爲愛。而使之不事事也。○數音朔。子婦未孝未敬。勿庸疾怨。姑教之。若不可教。而后怒之。不可怒。子放婦出。而不表禮焉。庸。用也。怒之。譴責之也。不可怒。謂雖譴責之而不改也。雖放逐其子。出棄其婦。而不表明其失禮之罪。亦不終絕之也。

父母有過。下氣怡色。柔聲以諫。諫若不入。起敬起孝。說則復諫。不說。與其得罪於鄉黨州閭。寧孰諫。父母怒不說。而撻之流血。不敢疾怨。起敬起孝。疏曰。孰諫。謂純熟殷勤而諫。若物之成熟然。○說音悅。復。扶又切。

父母有婢子若庶子庶孫。甚愛之。雖父母沒。沒身敬之不衰。婢子。賤者之所生也。若。及也。或也。沒身。終身也。父母之所愛亦愛之。至於犬馬盡然。而況於人乎。

子有二妾。父母愛一人焉。子愛一人焉。由衣服飲食。由執事。毋敢視父母所愛。雖父母沒不衰。由。自也。不敢以私愛違父母之情故也。

子甚宜其妻。父母不說。出。子不宜其妻。父母曰。是善事我。子行夫婦之禮焉。沒身不衰。宜猶善也。大戴禮。婦有七出。不順父母一。無子二。淫三。妬四。惡疾五。多言六。竊盜七。三不去。有所受無所歸不去。嘗經三年喪不去。前貧賤後富貴不去。○說音悅。

父母雖沒。將爲善。思貽父母令名。必果。將爲不善。思貽父母羞辱。必不果。舅沒則姑老。冢婦所祭祀賓客。每事必請於姑。介婦請於冢婦。老謂傳家事於長婦也。然長婦猶不敢專行。故祭祀賓客之事。必稟問焉。介婦。衆婦也。

舅姑使冢婦。毋怠。不友無禮於介婦。石梁王氏曰。友謂當作敢者是。○劉氏曰。使以事使之也。毋。禁止辭。不友者。不愛也。無禮者。不敬也。言舅姑以事命冢婦。則冢婦當自任其勞。不可怠於勞而怨介婦不助己。遂不愛敬之也。舅姑若使介婦。毋敢敵耦於冢婦。劉氏曰。敵耦者。欲求分任均勞之意。言舅姑若以事使介婦爲之。則介婦亦當自任其勞。不可謂已與冢婦爲敵耦。欲求均配其勞也。不敢並行。不敢並命。不敢並坐。又言介婦之與冢婦。分有尊卑。非惟任事毋敢敵耦。亦且不敢比肩而行。不敢並受命於尊者。不敢並出命於卑者。蓋介婦當請命於冢婦也。坐次亦必異列。凡婦不命適私室。不敢退。婦將有事。大小必請於舅姑。子婦無私貨。無私畜。無私器。不敢私假。不敢私與。鄭氏曰。家事統於尊也。○適。如字。畜。許六切。婦或賜之飲食衣服布帛佩帨茝蘭。則受而獻諸舅姑。舅姑受之則喜。如新受賜。若反賜之。則辭。不得命。如更受賜。藏以待之。或賜之。謂私親兄弟也。茝蘭。皆香草也。受之。則如新受賜。不受。則如更受賜。孝愛之至也。不得命者。不見許也。待乏之待。尊者之乏也。○茝。昌改切。又音齒。婦若有私親兄弟。將與之。則必復請其故。句賜而后與之。故。卽前者所獻之物。而舅姑不受者。雖藏於私室。今必請於尊者。旣許。然後取以與之也。適子庶子。祗事宗子宗婦。雖貴富。不敢以貴富入宗子之家。雖衆車徒。舍於外。以寡約入。疏曰。適子。謂父及祖之適子。是小宗也。庶子。謂適子之弟。宗子。謂大宗子。宗婦。謂大宗子之婦。○適。音的。舍。如字。去聲。子弟猶歸器衣服裘衾車馬。則必獻其上。而后敢服用其次也。若非所獻。則不敢以入於宗子之門。不敢以貴富加於父兄宗族。猶。若也。謂子弟中若有以功德顯榮而蒙尊上歸遺之以器用衣服等物。則必獻其上等者於宗子。而自服用其次者。若非宗子之爵所當服用而不可獻者。則已亦不敢服用之以入宗子之門也。加。高也。○遺。去聲。若富。則具二牲。獻其賢者於宗子。夫婦皆齊而宗敬焉。終事而后敢私祭。賢。猶善也。齊而宗敬。謂齊戒而往助祭事。以致宗廟之敬也。私祭祖禰。則用二牲之下者。飯。黍稷稻粱白黍黃粱稰穛。飯之品有黃黍。稷。稻。白粱。白黍。黃粱。凡六。其穀熟而穫之。則曰稰。生穫之曰穛。穛是斂縮之名。以生穫。故其物縮斂也。此諸侯之飯。天子又有麥與苽。○飯。諸飯之品。稰。胥上聲。穛。音捉。膳。膷臐膮醢牛炙。膷。牛臛。臐。羊臛。膮。豕臛。皆香美之名也。醢字衍。當刪。牛炙。炙牛肉也。此四物爲四豆。其爲一行。○膳。目諸膳之品。膷。音香。臐。音熏。膮。音曉。炙。音柘。炙牛如字。臛。音壑。行。音杭。醢牛胾醢牛膾。醢。肉醬也。牛胾。切牛肉也。并醢與牛膾四物爲四豆。是第二行。○胾。側吏切。羊炙羊胾醢豕炙。此四物爲四豆。是第三行。醢豕胾芥醬魚膾。此四物爲四豆。是第四行。共十六豆。下大夫之禮也。雉兔鶉鴽。此四物爲四豆。列爲第五行。共二十豆。則上大夫之禮也。○鶉。音淳。鴽。音晏。飲。重醴。稻醴清糟。黍醴清糟。粱醴清糟。或以酏爲醴。黍酏。漿。水。醷。濫。醴者。稻黍粱三者各爲之。已泲者爲清。未泲者爲糟。是三醴各有清有糟也。以清與糟相配重設。故云重醴。蓋致飲於賓客。則兼設之也。以酏爲醴。釀粥爲醴也。黍酏。以黍爲粥也。漿。醋水也。醷。梅漿也。濫。雜糗飯之屬和水也。○飲曰諸飲之品。重平聲。醷音倚。酒。清。白。清清酒也。祭祀之酒。事酒昔酒俱白。故以白名之。有事而飲者謂之事酒。無事而飲者名昔酒。羞。糗餌。粉酏。周禮羞籩之實糗餌粉餈。此酏字當讀爲餈。記者誤耳。許愼云。餈稻餅也。炊米擣之。粉餈以豆爲粉。糝餈上也。糗炒乾米麥也。擣之以爲餌。蓋先屑爲粉。然後溲之。餌之言堅潔若玉珥也。餈之言滋也。○糗起九切。餌音二。酏自私切。食。蝸醢而苽食雉羹。麥食脯羹雞羹。折稌犬羹兔羹。和糝不蓼。此言進飯之宜。蝸與螺同。苽彫胡也。脯羹析脯爲羹也。稌稻。折稌謂細折稻米爲飯也。此五羹者宜以五味調和米屑爲糝。不須加蓼。故云和糝不蓼也。○食音嗣。下同。蝸力戈切。苽音孤。稌音杜。和去聲。糝思散切。蓼音了。濡豚。包苦實蓼。濡雞。醢醬實蓼。濡魚。卵醬實蓼。濡鼈。醢醬實蓼。濡讀爲胹。亨煑之也。胹豚者包裹之以苦菜而實蓼於腹中。此四物皆以蓼實其腹而煑之也。卵醬魚子爲醬也。三物之用醬。蓋以調和其汁耳。○濡音而。卵音鯤。腶脩蚳醢。脯羹兔醢。麋膚魚醢。魚膾芥醬。麋腥醢醬。桃諸梅諸卵鹽。腶脩見前。蚳醢以蚳蜉子爲醢也。謂食腶脩者以蚳醢配之。食脯羹者以兔醢配之。餘倣此。麋鹿之大者。膚切肉也。麋腥生麋肉也。諸菹也。桃梅皆爲菹藏之。欲藏必令稍乾。故周禮謂之乾䕩。食之則和以卵鹽。大鹽形似鳥卵。故名卵鹽也。○蚳音遲。卵力管切。蚍音皮。蜉音浮。令平聲。乾音干。䕩音老。凡食齊視春時。羹齊視夏時。醬齊視秋時。飲齊視冬時。鄭氏曰。飯宜溫。羹宜熱。醬宜涼。飲宜寒也。○食音嗣。齊去聲。凡和。春多酸。夏多苦。秋多辛。冬多鹹。調以滑甘。酸苦辛鹹。木火金水之所屬。多其時味。所以養氣也。四時皆調以滑甘。象土之寄也。牛宜稌。羊宜黍。豕宜稷。犬宜粱。鴈宜麥。魚宜苽。上云折稌犬羹兔羹。此云牛宜稌者。上是人君燕食。以滋味爲美。此據尊者正食而言也。春宜羔豚。膳膏薌。夏宜腒鱐。膳膏臊。秋宜犢麛。膳膏腥。冬宜鮮羽。膳膏羶。牛膏薌。犬膏臊。雞膏腥。羊膏羶。如春時食羔豚。則煎之以牛膏。故云膳膏薌也。餘倣此。腒乾雉。鱐乾魚。麛鹿子。鮮生魚。羽鴈也。舊說此膳所宜。以五行衰王相參。及方氏燥濕疾遲強弱之說。今皆略之。○腒音渠。鱐音搜。臊音騷。麛音迷。鮮音仙。王去聲。牛脩。鹿脯。田豕脯。麋脯。麕脯。麋鹿田豕麕。皆有軒。雉兔皆有芼。疏曰。麋鹿田豕麕皆有軒者。言此等非但爲脯。又可腥食。腥食之時。皆以藿葉起之而不細切。故云皆有軒。不云牛者。牛惟可細切爲膾。不宜大切爲軒。雉兔皆有芼者。爲雉羹兔羹皆有芼菜以和之。○鄭氏曰。軒讀爲憲。憲謂藿葉切也。○麕俱倫切。軒音憲。爵。鷃。蜩。范。芝。栭。蔆。椇。棗。栗。榛。柹。瓜。桃。李。梅。杏。柤。梨。薑。桂。蜩蟬。范蜂。芝如今木耳之類。栭韻會註云。江淮呼小栗爲栭栗。蔆芰也。椇形似珊瑚。味甜美。一名白石李。○鄭氏曰。自牛脩至此三十一物。皆人君燕食所加庶羞也。周禮天子羞用百有二十品。記者不能次錄。○蜩音條。栭音而。蔆音陵。椇音矩。柤側加切。大夫燕食。有膾無脯。有脯無膾。士不貳羹胾。庶人耆老不徒食。因上文言人君燕食之物。而言大夫燕食。士不貳羹胾。亦謂燕食也。徒猶空也。不徒食。言必有饌。○

疏曰若朝夕常食則下云羹食自諸侯以下至於庶人無等膾春用葱秋用芥豚春用韭秋用蓼脂用葱膏用薤三牲用藙和用醯獸用梅芥芥醬也肥凝者爲脂釋者爲膏三牲牛羊豕也藙茱萸也和用醯以醯和三牲也獸用梅以梅和獸也○薤胡介切藙音毅和去聲鶉羹雞羹鴽釀之蓼魴鱮烝雛燒雉薌無蓼鴽不爲羹惟烝煮而已故不曰羹此三味皆切蓼以雜和之故曰釀之蓼魴鱮二魚烝而食之故曰魴鱮烝雛鳥之小者燒熟然後調和故云雛燒雉則或燒或烝或以爲羹皆可鄭謂香草若白蘇紫蘇之屬也言烝魴鱮燒雛及亨雉皆調和之以香草無用蓼也○鴽音如釀尼亮切魴音防鱮音序不食句雛鱉狠去腸狗去腎狸去正脊兔去尻狐去首豚去腦魚去乙鱉去醜此九者皆爲不利於人雛鱉伏乳者魚體中有骨如篆乙之形去之爲鯁人也醜竅也或云頸下有骨能毒人○去上聲尻苦刀切爲去聲肉曰脫之魚曰作之棗曰新之栗曰撰之桃曰膽之柤梨曰攢之脫者剝除其筋膜作者搖動之以觀其鮮鯘一說作猶斮也謂削其鱗棗則拭治而使之新潔撰猶選也栗多蟲螙宜選擇之桃多毛拭治令青滑如膽攢之者鑽治其螙處也此皆治擇之名○撰須兗切柤側加切攢吝官切鯘與餒同斮音勺治平聲螙與蠹同牛夜鳴則庮羊泠毛而毳羶狗赤股而躁臊鳥皫色而沙鳴鬱豕望視而交睫腥馬黑脊而般臂漏牛之夜鳴者其肉庮臭羊之毛本稀泠而毛端毳結者其肉羶氣狗股裏無毛而舉動急躁者其肉臊惡皫色色變而無潤澤也沙嘶也鳴而其聲沙嘶者鬱謂腐臭也望視舉目高也交睫目睫毛交也腥讀爲星肉中生小息肉如米者也般臂前脛毛斑也漏讀爲螻謂其肉如螻蛄臭也牛至馬六物若此者皆不可食○庮音由泠音零毳昌銳切皫滂表切睫音接般音斑漏平聲雛尾不盈握弗食舒鴈翠鵠鴞胖舒鳧翠雞肝鴈腎鴇奧鹿胃舒鴈鵞也翠尾肉也胖脇側薄肉也舒鳧鴨也鴇似鴈而大無後指奧脾肶也藏之深奧處也此九物亦不可食○鴞于嬌切胖音判鴇音保奧音郁肶音皮肉腥細者爲膾大者爲軒或曰麋鹿魚爲菹麕爲辟雞野豕爲軒兔爲宛脾切葱若薤實諸醯以柔之細縷切者爲膾大片切者爲軒或用葱或用薤故云切葱若薤肉與葱薤皆置之醢中故云實諸醯浸漬而熟則柔軟矣故曰柔之○疏曰爲記之時無菹軒辟雞宛脾之制作之未審舊有此言記者承而用之故稱或曰其辟雞宛脾及軒之名其義未聞○軒音憲辟音壁宛音苑羹食自諸侯以下至於庶人無等大夫無秩膳大夫七十而有閣羹與飯常日所食故無貴賤之等差秩常也五十始命未爲甚老故無常膳七十有閣則有秩膳矣閣以板爲之所以庋飲食之物○食音嗣差楚宜切庋音已天子之閣左達五右達五公侯伯於房中五大夫於閣三士於坫一疏曰宮室之制中央爲正室正室左右爲房房外有序序外有夾室天子尊庖廚遠故左夾室五閣右夾室五閣諸侯卑庖廚宜稍近故於房中惟一房之中而五閣也大夫卑而無嫌故亦於夾室而

三闔。士卑不得爲閣。但於室中爲土坫以庋食。五者三牲之肉及魚腊。三者豕魚腊也。凡養老。有虞氏以燕禮。夏后氏以饗禮。殷人以食禮。周人脩而兼用之。凡五十養於鄉。六十養於國。七十養於學。達於諸侯。八十拜君命。一坐再至。瞽亦如之。九十者使人受。五十異粻。六十宿肉。七十貳膳。八十常珍。九十飲食不違寢。膳飲從於遊可也。六十歲制。七十時制。八十月制。九十日脩。唯絞紟衾冒。死而后制。五十始衰。六十非肉不飽。七十非帛不煖。八十非人不煖。九十雖得人不煖矣。五十杖於家。六十杖於鄉。七十杖於國。八十杖於朝。九十者天子欲有問焉。則就其室以珍從。七十不俟朝。八十月告存。九十日有秩。五十不從力政。六十不與服戎。七十不與賓客之事。八十齊喪之事弗及也。五十而爵。六十不親學。七十致政。凡自七十以上。唯衰麻爲喪。凡三王養老皆引年。八十者一子不從政。九十者其家不從政。瞽亦如之。凡父母在。子雖老不坐。有虞氏養國老於上庠。養庶老於下庠。夏后氏養國老於東序。養庶老於西序。殷人養國老於右學。養庶老於左學。周人養國老於東膠。養庶老於虞庠。虞庠在國之西郊。有虞氏皇而祭。深衣而養老。夏后氏收而祭。燕衣而養老。殷人冔而祭。縞衣而養老。周人冕而祭。玄衣而養老。此一節。並說見王制。曾子曰。孝子之養老也。石梁王氏曰。此一養字蒙上文。當從上聲。忠養之養。當從去聲。樂其心。不違其志。樂其耳目。安其寢處。以其飲食忠養之。孝子之身終。終身也者。非終父母之身。終其身也。是故父母之所愛亦愛之。父母之所敬亦敬之。至於犬馬盡然。而況於人乎。樂其心。喻父母於道也。不違其志。能養志也。飲食忠養以上。是終父母之身。愛所愛。敬所敬。則終孝子之身也。○樂音洛。處上聲。養去聲。上上聲。凡養老。五帝憲。三王有乞言。五帝憲養氣體而不乞言。有善則記之爲惇史。三王亦憲。既養老而后乞言。亦微其禮。皆有惇史。憲。法也。養老之禮。五帝之世。主於法其德行而已。至三王之世。則又有乞言之禮焉。惇史。所以記其惇厚之德也。三王亦未嘗不法其德行。然於乞言之際。其禮微略。不誠切以求之。故云微其禮。然亦皆有惇史焉。○方氏曰。五帝之憲也。而老者未嘗無言。要之以德爲主耳。故曰有善則記之。蓋可記者言故也。三王之乞言。而老者未嘗無德。要之以言爲主耳。故曰三王亦憲。○有音又。行去聲。要平聲。淳熬。煎醢加于陸稻上。沃之以膏。曰淳熬。淳。沃也。熬。煎也。陸稻
陸地之稻也。以陸稻爲飯。煎醢加于飯上。又恐味薄。故更沃之以膏。此八珍之一也。○淳之純切。熬音敖。淳毋。煎醢加于黍食上。沃之以膏。曰淳毋。
疏曰。毋是禁辭。非膳羞之體。故讀爲模。模。象也。蓋法象淳熬而爲之。但用黍飯爲異耳。此八珍之二也。○毋音模。食音嗣。炮。取豚若將。刲之刳之。實棗於其
腹中。編萑以苴之。塗之以謹塗。炮之。塗皆乾。擘之。濯手以摩之。去其皽。爲稻粉。糔溲之以爲酏。
以付豚。煎諸膏。膏必滅之。鉅鑊湯。以小鼎薌脯於其中。使其湯毋滅鼎。三日三夜毋絕火。而后
調之以醯醢。此珍主於塗而燒之。故以炮名。牂。牡羊也。刲之刳之。殺而去其五藏也。萑。蘆葦之類。苴。裹也。謹讀爲墐。說文。黏土也。擘之者。擘去乾塗也。濯手以摩之。去其皽。謂擘
泥手不淨。又兼肉熱。故必濯其手。然後摩去其皽膜也。糔與前章滫瀡之滫同。以稻米爲粉。滫溲之爲粥。若豚則以此粥敷其外。若羊則解析其肉。以此粥和之。而俱煎以膏。滅。沒也。謂所用
膏沒此豚與羊也。鉅鑊湯。以大鑊盛湯也。脯。解析之薄如脯也。薌脯。香美此脯也。脯在小鼎內。而小鼎則置在鑊湯內。湯不可沒鼎。沒鼎則水入壞脯也。毋絕火。微熱而已。不熾之也。至食則
又以醯與醢調和之。此八珍之三四也。○將音牂。刲音聧。刳音枯。萑音丸。苴子餘切。謹音芹。乾音干。擘音百。去上聲。皽音展。糔息酒切。溲所九切。藏去聲。擣珍。取牛羊麋鹿
麕之肉必脄。每物與牛若一。捶反側之。去其餌。孰出之。去其皽。柔其肉。脄。夾脊肉也。與牛若一。謂與牛肉之多寡均也。捶。擣也。反捶之。又側捶之。然後去其筋餌。既孰。乃去其皽膜。而柔之以醯醢。此八珍之五也。○擣音島。脄音每。捶主蘂切。漬。取牛肉必新殺者。薄切之。必絕
其理。湛諸美酒。期朝而食之以醢若醯醷。絕其理。橫斷其文理也。湛亦漬也。期朝。今日至明日。醷。梅漿也。此八珍之六也。○漬音自。湛音尖。期音
基。爲熬。捶之。去其皽。編萑。布牛肉焉。屑桂與薑。以灑諸上而鹽之。乾而食之。施羊亦如之。施
麋施鹿施麕皆如牛羊。欲濡肉則釋而煎之以醢。欲乾肉則捶而食之。此肉於火上爲之。故名曰熬。生擣而去其皽膜。然後布於編萑之上。先以桂薑之屑灑之。次用鹽。釋。謂以水潤釋之也。此八珍之七也。○鹽去聲。糝。取牛羊豕之肉。三如一。小切之。與稻
米。稻米二。肉一。合以爲餌煎之。三如一。謂三者之肉多寡均也。稻米二。肉一。謂二分稻米。一分肉也。此即周禮糝食。肝膋。取狗肝一。幪
之以其膋。濡炙之。舉燋其膋。不蓼。舉。皆也。謂炙膋皆熟而焦。食之不用蓼也。此八珍之八。記者文不依次。故間雜在糝食酏食之間。○幪音蒙。取
稻米。舉糔溲之。小切狼臅膏。以與稻米爲酏。狼臅膏。狼胸臆中之膏也。此蓋以滫溲稻米之粉而煎之以膏。註讀酏爲餰者。以酏是粥。非豆

賓也。此卽周禮之酏食。○臅音獨。酏之然切。飦饘同。禮始於謹夫婦。爲宮室。辨外內。男子居外。女子居內。深宮固門。閽寺守之。男不入。女不出。夫婦爲人倫之始。不謹則亂其倫類。故禮始於謹夫婦也。○鄭氏曰。閽掌守中門之禁。寺掌內人之禁令。男女不同椸枷。不敢縣於夫之楎椸。不敢藏於夫之篋笥。不敢共湢浴。夫不在。斂枕篋簟席襡器而藏之。少事長。賤事貴。咸如之。椸枷見曲禮。植者曰楎。橫者曰椸。楎椸同類之物。椸以竿爲之。故鄭云竿謂之椸。餘見前。○椸音移。枷音架。縣音玄。楎音揮。笥音四。夫婦之禮。唯及七十。同藏無閒。故妾雖老。年未滿五十。必與五日之御。將御者。齊。漱澣。愼衣服。櫛縰。笄總。角拂髦。衿纓綦屨。雖婢妾。衣服飲食必後長者。妻不在。妾御莫敢當夕。櫛縰以下說見篇首。角字衍。天子之御妻八十一人。當九夕。世婦二十七人。當三夕。九嬪九人。當一夕。三夫人當一夕。后當一夕。凡十五日而徧。五日之御。諸侯制也。諸侯一娶九女。夫人及二媵各有姪娣。此六人當三夕。次二媵當一夕。次夫人專一夕。凡五日而徧也。當夕。當妻之夕也。○閒與並去聲。齊音齋。漱平聲。澣音浣。妻將生子。及月辰。居側室。夫使人日再問之。作而自問之。妻不敢見。使姆衣服而對。至于子生。夫復使人日再問之。夫齊。則不入側室之門。正寢在前。燕寢在後。側室者。燕寢之旁室也。作。動作之時也。姆。女師也。○見音現。姆音茂。復扶又切。齊側皆切。子生。男子設弧於門左。女子設帨於門右。三日始負子。男射女否。弧。弓也。帨。佩巾也。以此二物爲男女之表。負。抱也。國君世子生。告于君。接以大牢。宰掌具。三日。卜士負之。吉者宿齊。朝服寢門外。詩負之。射人以桑弧蓬矢六。射天地四方。保受乃負之。宰醴負子。賜之束帛。卜士之妻。大夫之妾。使食子。接以大牢者。以大牢之禮接見其子也。宰。宰夫也。掌具。掌其設禮之具也。卜士負之者。卜其吉者而使之抱子也。詩。承也。儀禮言尸酢主人。詩懷之。亦承義。射天地四方者。期其有事於遠大也。保。保母也。受乃負之。受子於士而抱之也。蓋士之負子。特爲斯須之禮而已。宰旣掌具。故以醴禮負子之士。仍賜束帛以酬之。食子。謂乳養之也。今按此言世子生接以大牢。特言其常禮如此耳。下文又言接子擇日。則亦或在始生三日之後也。鄭氏謂食其母。使補虛強氣。讀接爲捷。而訓爲勝。其義迂。方氏讀如本字。今從之。○大音泰。齊音齋。射音石。食音嗣。凡接子擇日。冢子則大牢。庶人特豚。士特豕。大夫少牢。國君世子大牢。其非冢子。則皆降一等。冢子大牢。謂天子之元子也。○大音泰。少去聲。異爲孺子室於宮中。擇於諸母與可者。必求其寬裕慈惠溫良恭敬愼而寡言者。使爲子師。其次爲慈母。其次爲保母。皆居子室。他人無事不往。諸母。衆妾也。可者。謂雖非衆妾之列。或傅御之屬。可爲子師者也。此人君養子之禮。師教以善道者。慈母審其欲惡者。保母安其寢處者。他人無事不往。恐兒驚動也。三月之末。擇日翦髮爲鬌。男角女羈。否則男左女右。是日也。妻以子見於父。貴人則爲衣服。由命士以下。皆漱澣。男女夙興。沐浴衣服。具視朔食。夫入門。升自阼階。立于阼西鄉。妻抱子出自房。當楣立東面。鬌所存留不翦者也。夾囟兩旁當角之處。留髮不翦者謂之角。留頂上縱橫各一相交通達者謂之羈。嚴氏云。夾囟曰角。兩髻也。午達曰羈。三髻也。貴人。大夫以上也。由。自也。具視朔食者。所具之禮如朔食也。朔食。天子大牢。諸侯少牢。大夫特豕。士特豚也。入門。入側室之門也。側室亦南向。故有阼階西階。出自房。自東房而出也。○鬌音朶。囟音蕙。姆先相曰。母某敢用時日。祗見孺子。夫對曰。欽有帥。父執子之右手。咳而名之。妻對曰。記有成。遂左還授師。子師辯告諸婦諸母名。妻遂適寢。某。妻姓某氏也。時日。是日也。孺。稚也。欽。敬。帥。循也。言當敬教之。使循善道也。咳而名之者。說文。咳。小兒笑聲。謂父作咳聲笑容。以示慈愛而名之也。記有成。謂當記識夫言。教之成德也。授師。以子授子師也。諸婦。同族卑者之妻也。諸母。同族尊者之妻也。後告諸母。欲名成於尊也。妻遂適寢。復夫之燕寢也。○相。去聲。見。音現。帥。入聲。咳。戶才切。還。音旋。辯。音徧。識。音志。夫告宰名。宰辯告諸男名。書曰。某年某月某日某生而藏之。宰告閭史。閭史書爲二。其一藏諸閭府。其一獻諸州史。州史獻諸州伯。州伯命藏諸州府。夫入食如養禮。宰。屬吏也。諸男。同宗子姓也。藏之者。以簡策書子名而藏于家之書府也。二十五家爲閭。二千五百家爲州。州伯。則州長也。閭史。州史。皆其屬吏也。閭府。州府。皆其府藏也。夫入食如養禮。謂與其妻禮食。如婦始饋舅姑之禮也。○疏曰。此經所陳。謂卿大夫以下。故以名徧告同宗諸男。諸男卑者尚告。則告諸父可知。若諸侯絕宗。則不告也。○養。去聲。世子生。則君沐浴朝服。夫人亦如之。皆立于阼階西鄉。世婦抱子升自西階。君名之。乃降。諸侯朝服。玄端素裳。夫人亦如之者。亦朝服也。當是展衣。註云褖衣者。以見子畢即侍御於君。故服進御之褖衣也。人君見世子於路寢。此升自西階。是自外而入也。凡生子。無問妻妾。皆在側室。適子庶子見於外寢。撫其首。咳而名之。禮帥初。無辭。此適子。蓋世子之弟。庶子。則妾子也。外寢。君燕寢也。燕寢在內。以側室在旁處內。故謂此爲外也。○疏曰。庶子見於側室。此以撫首咳名無辭之事同。故與適子連文。云見於外寢耳。○適。音的。帥。入聲。處。上聲。凡名子。不以日月。不以國。不以隱疾。大夫士之子。不敢與世子同名。說見曲禮。妾將生子。及月辰。夫使人日一問之。子生三月之末。漱澣夙齊。見於內寢。禮之如始入室。君已食。徹焉。使之特餕。遂入御。此言大夫士之妾生子之禮。宮室之制。前有路寢。次則君之燕寢。次夫人正寢。卿大夫以下。前有適室。次則燕寢。次則適妻之寢。此言內寢正謂適妻寢耳如始入室者如初來嫁時也特餕使此生子者獨餕不如常時衆妾同餕也公庶子生就側室三月之末其母沐浴朝服見於君擯者以其子見君所有賜君名之衆子則使有司名之擯者傅姆之屬也君所有賜者此妾君所偏愛而特加恩賜者故其子君自名之若衆妾之子恩寵輕略者則使有司名之也○疏曰前文已云適子庶子見異於世子今更重出者以前庶適連文故此特言庶子之禮庶人無側室者及月辰夫出居羣室其問之也與子見父之禮無以異也問之之禮與執手咳名之事欽帥記成之辭皆與有爵者同故云無以異也凡父在孫見於祖祖亦名之禮如子見父無辭應氏曰辭者夫婦所以相授受也祖尊故有其禮而無其辭食子者三年而出見於公宮則劬食子者士之妻大夫之妾也子三年則免懷抱故食者出還其家見於公宮而告辭則君必有賜劬者有賜以勞其劬勞也○食音嗣上勞去聲大夫之子有食母士之妻自養其子食母乳母也士卑故自養○食音嗣由命士以上及大夫之子旬而見註讀旬爲均謂適子妾子有同時生者雖是先生者先見後生者後見然皆在夫未與婦禮食之前故曰均而見也○應氏曰子固以禮見於父父則欲時時見之又不可瀆故每旬而一見之若庶人則簡略易通故不必以旬而見今詳二說俱可疑闕之可也○上上聲旬音均冢子未食而見必執其右手適子庶子已食而見必循其首疏曰此天子諸侯之禮未與后夫人禮食而先見冢子急於正也禮食之後乃見適子庶子緩於庶耳○食如字子能食食教以右手能言男唯女兪男鞶革女鞶絲食飯也唯兪皆應辭鞶小囊盛帨巾者男用韋女用繒帛○上食與註如字下食音嗣唯上聲飯上聲六年教之數與方名七年男女不同席不共食八年出入門戶及即席飲食必後長者始教之讓數謂一十百千萬方名東西南北也九年教之數日十年出就外傅居宿於外學書計數日知朔望與六甲也外傅教學之師也書謂六書計謂九數○數上聲九數如字衣不帛襦袴禮帥初朝夕學幼儀請肄簡諒曲禮曰童子不衣裘裳不以帛爲襦袴亦爲太溫也禮帥初謂行禮動作皆循習初教之方也肄習也簡書篇數也諒言語信實也皆請於長者而習學之也一說簡者簡要謂使之習事務從其要不爲迂曲煩擾也○襦音儒衣去聲亦爲爲去聲十有三年學樂誦詩舞勺成童舞象學射御樂八音之器也詩樂歌之篇章也成童十五以上象說見文王世子射謂五射御謂五御也六藝詳見小學書○朱子曰酌即勺也內則曰十三舞勺即以此詩爲節而舞也二十而冠始學禮可以衣裘帛舞大夏惇行孝弟博學不教內而不出始學禮以成人之道當兼習吉凶軍賓嘉之五禮也大夏禹樂樂之文武兼備者也孝弟百行之本故先務惇行於孝弟而後博學也不教恐所學未精故不可爲師以教人也內而不出言蘊畜其德美於中而不自表見其能也一說謂不出言以爲人謀畫○冠

去聲。衣去聲。弟音悌。百行。行去聲。畜許六切。見音現。爲人爲去聲。三十而有室。始理男事。博學無方。孫友視志。室。猶妻也。男事受田給政役也。方猶常也。學無常在志所慕則學之。孫友。順交朋友也。視志。視其志意所尚也。○孫去聲。四十始仕。方物出謀發慮。道合則服從。不可則去。五十命爲大夫。服官政。七十致事。凡男拜尚左手。朱子曰。物猶事也。方物出謀則謀不過物。方物發慮則慮不過物。問何謂不過物。曰。方猶對也。比方以窮理。

女子十年不出。姆教婉娩聽從。執麻枲。治絲繭。織紝組紃。學女事以共衣服。觀於祭祀。納酒漿籩豆菹醢。禮相助奠。十年不出。謂十歲則恆處於內也。姆。女師也。婉謂言語。娩謂容貌。司馬公云。柔順貌。紝。繒帛之屬。組亦織也。詩。執轡如組。紃之制似條。古人以置諸冠服縫中者。○姆音茂。娩音晚。枲音徙。從朮。諸本誤從木。治平聲。紝。女金切。組音祖。紃音巡。共音恭。相去聲。條音叨。縫去聲。十有五年而笄。二十而嫁。有故。二十三年而嫁。聘則爲妻。奔則爲妾。凡女拜尚右手。十五許嫁則笄。未許嫁者二十而笄。故謂父母喪。妻。齊也。妾之言接。言得接見於君子。不得伉儷也。尚左尚右。陰陽之別。○別。必列切。

國家圖書館出版品預行編目資料

禮記集說 /（宋）衛湜著. -- 初版. -- 新北市：華夏出版有限公司, 2024.02
冊；　公分. --（傳世經典；03-04）
ISBN 978-626-7296-90-5（上冊；平裝）.
ISBN 978-626-7296-91-2（下冊；平裝）
1.CST：禮記 2.CST：注釋

531.22　　112015586

傳世經典 003
禮記集說（上）

著　作　（宋）衛湜
出　版　華夏出版有限公司
220 新北市板橋區縣民大道 3 段 93 巷 30 弄 25 號 1 樓
電話：02-32343788　傳真：02-22234544
E-mail：pftwsdom@ms7.hinet.net
印　刷　百通科技股份有限公司
電話：02-86926066 傳真：02-86926016
總經銷　貿騰發賣股份有限公司
新北市 235 中和區立德街 136 號 6 樓
電話：02-82275988　傳真：02-82275989
網址：www.namode.com
版　次　2024 年 2 月初版一刷
特　價　新台幣 300 元（缺頁或破損的書，請寄回更換）

ISBN-13：978-626-7296-90-5